敬敷求是集

汪孔丰　金松林　主编

黄梅戏与古代戏曲卷
安庆师范大学人文学院
高峰培育学科建设丛书

# 曲苑拈梅

汪超　方盛汉　编

复旦大学出版社

# 总　序

"雨打振风塔，风动扬子江。红楼育学子，百年话沧桑。"这几句饱含深情的歌词，出自安庆师范大学的校歌。歌中的"红楼"，如今已是全国文物重点保护单位，它是学校的标志性建筑，也是全校师生共同的精神家园。这座由红砖砌成的两层高楼，是民国时期安徽大学的主教学楼，建成于1935年，迄今已伫立近百年。在漫长的岁月中，她见证着安徽现代高等教育的启航与远行，见证着民国时期姚永朴、刘文典、吕思勉、刘大杰、周予同、苏雪林等大批知名学者在此弘文励教的身影，也见证着人文学院披荆斩棘、笃实前行的学科建设历程。

目前在红楼办公的人文学院，是一所既新又老的学院。说其新，是因为她到2020年才成立，由原来的文学院和人文与社会学院合并组建而成，共设有汉语言文学、历史学、汉语国际教育、秘书学等四个专业；说其老，是因为原有的两个学院办学历史都比较悠久，学术积淀也比较深厚。如果从学校1977年恢复本科招生算起的话，原文学院的中国语言文学学科、原人文与社会学院的中国史学科迄今都有四十余年的人才培养历史。特别是进入21世纪以来，这两个学科的发展都取得了飞跃性的进步。2006年，中国古代文学学科获批硕士学位授权点，是学校首批四个硕士学位授权点之一。2008年，文艺学学科入选安徽省重点学科。2011年，中国语言文学学科获批一级学科硕士学位授权点。2018年，中国史学科获批一级学科硕士学位授权点。2019年，中国语言文学学科成为学校博士点学位授予立项建设学科，中国史学科则是博士点立项建设学科的重要支撑学科。2022年，学院又担负起建设安徽省高峰培育学科"戏曲与曲艺"学科的重任。可以说，这一连串的成就和突破，是全院师生长期群策群力、不懈拼搏进取的结果。

经过数十年的持续建设，以及几代人的艰苦奋斗，人文学院目前已形成了桐城派研究、黄梅戏与戏曲文化研究、明清诗学研究、皖江区域历史文化研究等四个较为鲜明的学科特色方向，涌现了大量的高水平科研成果，同时也获得了良好的社会声誉。

为了更好地总结和展示新世纪以来学院的学科建设成果，同时也是为了进一步强化学院博士点立项学科及安徽省高峰培育学科的建设，经学院党政领导班子研究，我们决定出版一套学科建设丛书。这套丛书根据学院学科建设实际情况，侧重收录近二十年来学院教师发表过的高水平论文，因受篇幅限制，总共遴选出134篇论文，挂一漏万，在所难免。丛书分七册，其中五册是展现中文、历史两个学科的建设成就，它们依次是：《谈文论道：文艺理论卷》（方锡球、王谦编）、《文海探骊：中国古代文学卷》（梅向东、徐文翔编）、《菱湖撷英：中国现当代文学卷》（陈宗俊、冯慧敏编）、《语路探幽：语言学卷》（鲍红、张莹编）、《史海拾萃：历史学卷》（金仁义、沈志富编）；还有两册是展现我们学科的特色优势，它们是《栖居桐城：桐城派卷》（叶当前、宋豪飞编）、《曲苑拈梅：黄梅戏与古代戏曲卷》（汪超、方盛汉编）。

这套丛书最终定名为《敬敷求是集》，也是大有深意。安庆师范大学的前身可追溯至清代的敬敷书院，后又合并过求是学堂，在长期办学过程中，形成了"敬敷、世范、勤学、笃行"之校训。这里的"敬敷"二字，出自《尚书》，意为"恭敬地布施教化"。我们希望这套丛书的出版，既能反映出学院教师敬敷育人的精神风范，又能展现出他们作为学者实事求是的治学态度。

对于我们来说，这套丛书的出版，既是一次总结，也是一种传承，更是一次启航和一份期待。最后，还是用校歌里的歌词来表达我们的办学心声："日照振风塔，霞染扬子江。红楼哺英才，代代耕耘忙。"

汪孔丰

癸卯年秋作于红楼

# 目 录

(按作者姓氏笔画排序)

001 **总序**

―――――――――――――――――――――――― **黄梅戏研究** ――

003 王 平 时新中：论黄梅戏"多祖现象"

011 王 平 王春霞：民国二十九至三十年怀宁县禁演黄梅戏相关档案及其研究

024 方 寅 从言语社区视角谈地方戏改革中的语言选用问题
——以黄梅戏为例

034 方锡球 时新中：黄梅戏《天仙配》改编的文化美学问题

047 叶当前 影视传媒对黄梅戏的传播与发展

059 江结宝 "黄梅小戏"科诨艺术的语言策略和方式

074 吴春平 黄梅戏改革路在何方

083 储著炎 基于地域文化视野的黄梅戏审美范式的历史形成与审美张力

091 鲍 红 黄梅戏舞台方言的语音变异考察

―――――――――――――――――――――――― **古代戏曲研究** ――

103 王 平 论贵池傩戏"非故事性剧目"

115 方盛汉 古代戏曲"关目"发展及其演变

130 方盛汉 明清园林构筑与戏曲结构理论的发展

142 汤德伟 高人雄 元明杂剧中那吒形象与密教关系研究

161 吴 彬 在娱乐中"表现真实的人生"——论杨逵的戏剧观

179 吴 彬 "花开桃李梅"引发的思考——兼论戏曲的传承和接受问题

| | | |
|---|---|---|
| 188 | 汪　超 | 从"诗品"到"曲品":论吕天成、祁彪佳的曲品批评 |
| 201 | 汪　超　谭　帆 | 古代曲家的身份认同与观念阐释 |
| 217 | 胡祥云 | 戏曲欣赏的三种境界 |
| 225 | 胡　瑜 | 论两部早期聊斋戏的"写心"旨趣 |
| 233 | 胡　瑜 | 晚清曲家蒋学沂及其孤本戏曲考论 |
| 245 | 储著炎 | 百廿回本《红楼梦》第八十五回折子戏《达摩渡江》考论 |
| 254 | 魏远征 | 论《牡丹亭》性心理及其生命意识的升华<br>——以蔼理士性心理学理论来观照杜柳爱情 |

267 **后记**

黄梅戏研究

# 论黄梅戏"多祖现象"

王　平　时新中

在追寻各体文学的缘起时,一些学者运用了"多祖理论"。比如小说,杨义先生就认为"从小说文体自身发展的角度来看,它早期和文体'史前期'与其他文体,没有分离、独立的状态,就是多祖现象"[①]。作为戏曲文学的一支黄梅戏,关于其起源,过去就有"湖北黄梅说"、"安庆宿松说"、"安庆怀宁说"、"江西说"、"皖鄂赣交界地区说"等多种说法,但这些观点皆不同程度地存在有漏洞和片面性,有些提法显然带有一定的功利性目的。客观分析黄梅戏发生发展过程,我们认为:抛弃黄梅戏来源于某一地域的观念,从唱腔曲调发生发展角度来探索其缘起,当是可取的。而唱腔曲调溯源的结果显示:黄梅戏也存在"多祖现象"。

要解释黄梅戏的"多祖现象",必须梳理早期黄梅戏的唱腔曲调系统,这个系统涉及黄梅戏"二小戏"和"三小戏"阶段表演所运用的唱腔。"三小戏"作为"原始"阶段[②]的黄梅戏,有"小旦、小丑和小生三个角色,故又叫三角班"[③],它"表现的大都是农民和农村手工业者的生活片段,常称之为生活小戏"[④]。"二小戏"更早于"三小戏",只有小旦和小丑两个角色。"三小戏"和"二小戏"阶段的唱腔曲调已经相当丰富,主要来自民歌,包括"采茶歌、花鼓、莲花落、花鼓腔、小调、山歌",并已发展成采茶戏、花鼓戏等"花腔小戏"[⑤]。综合分析早期黄梅戏唱腔曲调,我们发现它们主要分属于采茶戏、

---

① 杨义著:《中国古典小说史论》,人民出版社1998年版,第10页。
② 王兆乾编著:《黄梅戏音乐》,安徽文艺出版社1957年版,第17页。
③ 时白林著:《黄梅戏音乐概论》,人民音乐出版社1989年版,第4页。
④ 陆洪非编著:《黄梅戏源流》,安徽文艺出版社1985年版,第24页。
⑤ 王兆乾编著:《黄梅戏音乐》,第35页。

花鼓戏、莲花落和渔鼓道情等系统,来源不一致,以下对之进行分别探讨,祈望方家指正。

## 一、采茶戏系统

黄梅戏大量吸收采茶戏的营养成分,许多剧目不同程度的使用其唱腔曲调,如《扳竹笋》、《卖杂货》、《夫妻观灯》、《蓝桥汲水》、《苦媳妇自叹》、《夫妻种麦》、《三保游春》、《闹黄府》、《三字经》等[1],这些都或多或少的残留了萌芽时期采茶戏的遗迹。

从历史上看,采茶戏由采茶歌(或采茶调)发展而来,流行于产茶地区,明末清初文人陈文端有《南安竹枝词》云:

> 淫哇小唱数营前,妆点风流美少年。
> 长日演来三脚戏,采茶歌到试茶天。[2]

陈文端在这里歌咏的是福建南安一带"三脚戏"中表演"采茶歌"的情状,这也说明了采茶歌与戏曲联系到一起已经有较长的历史。采茶歌在江南一带一直传播,流行区域以江西、湖北、湖南、安徽、福建、广东、广西等地区为主,清代泾县水东翟村人、嘉庆年秀才翟金生(1774—?)有《豫章景物竹枝词》记录江西采茶戏云:

> 二月街头唱采茶,村童扮作髻双丫。
> 土音方语无腔调,笑杀吴姬与楚娃。[3]

---

[1] 以上曲目参考王兆乾《黄梅戏音乐》"第一 黄梅戏及其音乐的历史沿革"。
[2] 雷梦水等编:《中华竹枝词》(第三册),北京古籍出版社1997年版,第2311页。
[3] 雷梦水等编:《中华竹枝词》(第三册),第2400页。

豫章为南昌旧称,也是江西的代称。江西与安徽的安庆毗邻,方言相近,皆属赣方言区,诗中提及的"采茶""腔调"(即"采茶戏")也在安庆一带流行过,尤其在两省的交界处宿松一带流行,相关文献可以证明。据民国《宿松县志》"卷八风俗志·民族志·风俗"转录载康熙二十四年(1685)《宿松县志》云:

> 十月立冬后上冢增土,始修筑塘堰。是月树麦已毕,农功寝息,报赛渐兴,吹笙击鼓,近或杂以新声,溺情惑志,号曰"采茶"。长老摒斥,亦绌郑之意云。①

这则资料表明,在清初,安庆宿松一带就出现了"采茶戏"表演。不过这种"采茶戏"表演的季节不是春季采茶时节,而是在十月立冬之后,它是当地百姓所举行的"报赛"祭祀活动的重要内容。从该志还可以看出,"采茶戏"是"近"期传入宿松不久的事。具体地说:"采茶戏"传入宿松应在康熙二十四年之前,这比嘉庆年秀才翟金生所看到的江西采茶戏要早得多。宿松当时的"采茶戏"不同于以往本乡本土"吹笙击鼓"的表演,而是"杂以新声",其影响相当大,居然能使人"溺情惑志",以致招来了一些卫道士们(如"长老")的反对。

清初宿松的采茶戏从何处传来?王兆乾先生认为"大体证实了黄梅戏是从湖北传来,是采茶戏的民间传说。并且也说明黄梅戏的名称是因黄梅县而来。因黄梅季节演唱而得名的说法,比较牵强,没有根据"②。尽管王兆乾先生是根据实地调查所得出的结论,但还是没有提出更多的证据证明黄梅戏与除湖北黄梅之外其他地区的采茶戏无关,尤其与安徽江南、江北采茶戏、江西采茶戏等无关。王先生的结论可备为一说。

笔者认为,宿松地区的采茶戏与周边湖北黄梅、江西九江、南昌等地流行的采茶戏同属一类,它们与陈文端《南安竹枝词》中所描写的福建采茶戏

---

① 《民国宿松县志》(中国地方志集成·安徽府县志辑14),江苏古籍出版社1998年版,第149页下。
② 王兆乾编著:《黄梅戏音乐》,第1—2页。

应是一个系统,明末清初以来组成了一个大的采茶戏流行区。宿松、黄梅、九江等地区相互毗邻,地理位置接近,民众来往密切,利于采茶戏流行,形成了一个皖、鄂、赣采茶戏流行圈。这个采茶戏流行圈处于三省交界之地,远离官府统辖,有利于那些被官方所禁演的、"溺情惑志"的剧目的传播。此外,这个采茶戏流行圈有其方言基础,它基本上属于赣方言区黄孝片或北方方言的江淮官话区,语言相通、相近,这成为采茶戏的流播的重要基础。在皖、鄂、赣采茶戏流行圈中,究竟哪个地区最早出现采茶戏,由于没有确切的记载,所以现在只能存疑。但,这并不影响我们形成这样一种看法:不妨将这个"采茶戏流行圈"看作一个整体,黄梅戏就是在这个"圈"中开始萌芽的。

## 二、花鼓戏系统

黄梅戏曾经"也叫花鼓腔、花鼓调、花鼓戏",其主要曲调之一为[花腔],是[花鼓腔]的简称,也有叫[彩腔]、[打彩调]的,常用在讨"彩头"的时候。[①]黄梅戏常常借用一些花鼓戏的曲调,如《瞎子闹店》一剧中的"凤阳调"和《挑牙虫》一剧中的"凤阳歌"。此外在皖、鄂、赣采茶戏流行圈中,花鼓戏与采茶戏往往相互交融、互相影响,比如湖北黄梅县采茶戏的"和流行在黄陂、黄冈、英山、罗田、麻城、浠水等地的花鼓戏(却是楚剧前身的花鼓戏)是有密切关系的。它们的三小戏剧目大都相同,唱腔也近似"[②]。由此可见,花鼓戏对黄梅戏的影响应该是很深的。

花鼓戏由说唱曲艺发展而来,与花鼓、灯戏以及采茶戏等歌舞表演密切相关,皖、鄂、赣、湘等地多有流行,如凤阳花鼓(安徽)、东路子花鼓(湖北)、岳阳花鼓(湖南)等,其中皖、鄂、赣交界处就有黄孝花鼓。黄孝花鼓以流行湖北黄冈、孝感而得名,也有称西路子花鼓。它"是鄂东花鼓戏的代表剧种,同时也是湖北花鼓戏的一个尖端",它与采茶戏为近亲,在清代中叶就传

---

[①] 时白林著:《黄梅戏唱腔欣赏》,第4页。
[②] 王兆乾编著:《黄梅戏音乐》,第15、21、103页。

到黄冈、孝感一带，并接受了弋阳腔（高腔）的影响，"黄孝花鼓所唱声调，主要为近腔、悲腔、四平腔、纽丝调四项，他如倒板、快板、僚子（摇板），则皆近腔或悲腔的板式。"①

皖、鄂、赣一带的花鼓戏有悠久的历史，凤阳花鼓戏在明末就传唱到江西一带，此事见陈文端《西江竹枝词》，诗云：

> 弹弦卖唱都卢橦，多年邻封逐此邦。
> 还有逃荒好身手，生涯花鼓凤阳腔。
> 
> ——《瘦松柏斋外集》②

清代乾隆时期花鼓戏流行于大江南北，连"花部"也出现了以《花鼓》命名剧目的小戏，许多演员都演得很好。乾隆五十年（1785）成书的《燕兰小谱》记北京宜庆部罗荣官、施兴儿善演之，并赋诗赞曰：

> 腰鼓声圆若播鼗，临风低唱月轮高。
> 玉容无限婆娑影，不是狂奴性也豪。
> 
> ——诗下附记云：是日演《花鼓》，甚佳。③

另据李斗乾隆《扬州画舫录》卷五中记载：

> 谢寿子扮花鼓妇，音节凄婉，令人神醉。陆三官花鼓得传。而熟于京秦两腔。④

---

① 周贻白著：《中国戏曲发展史纲要》，上海古籍出版社1979年版，第525页。
② 雷梦水等编：《中华竹枝词》（第三册），第2377页。
③〔清〕吴太初：《燕兰小谱》，见张次溪编纂：《清代燕都梨园史料》（上），中国戏剧出版社1991年版，第30页。
④〔清〕李斗撰，汪北平、涂雨公点校：《扬州画舫录》（清代史料笔记丛刊），中华书局2004年版，第131页。

这些反映出当时花鼓戏通常是夫妻两人表演的原生状态。

至少在清代咸丰年间，花鼓戏已传入安庆宿松一带。花鼓戏在宿松的演出，事见民国《宿松县志》卷二十七"武备志·兵事"中所附"邑廪生张际和著《偬田纪事》"，按该《县志》所云，张际和的《偬田纪事》"言咸丰间兵事甚晰"，以下详录之：

> 多（多隆阿）在军有机密辄喜作伎舞以眩乱贼谍。一日，闻贼来甚众，佯不设备，于城内民房中为剧楼演花鼓戏，邀各营队长洎众文吏聚观。翌日方晡，忽报公破贼，观剧者皆不知之。将十一月冬至日也，贼探知诸营冬至日皆作贺，继潜过宿界上窜，及探知城中演剧，愈喜，兵尽出，延至仙田铺邓家店一带，多、鲍二帅各率伏兵一队伏道旁。①

本记载反映的是清军统领多隆阿、鲍超于咸丰末年（约1858年前后）在宿松一带利用演戏的机会，多次诱使太平军上当并取得胜利的事。这里提到在宿松城里所演的戏就是"花鼓戏"，当是黄梅戏的早期形态之一，影响了后来黄梅戏的形成。由于皖、鄂、赣（尤其是湖北黄梅县）一带多圩畈，易遭受洪涝灾害，当地百姓往往在大灾之年出外逃荒，很多艺人靠唱花鼓戏乞食谋生，所以亦称之为"化谷戏"。"化谷"即乞讨、化缘之意，"化谷戏"乃"花鼓戏"之谐音。

## 三、道情和莲花落系统

"道情"和"莲花落"出于宗教音乐，前者源于道家乐曲，后者来自佛教音乐，"随着佛道二教的广泛流传，使这两种宗教歌曲逐步脱离宗教内容，与民俗结合，成为民间的说唱艺术。"② 后来，它们也成为乞丐乞讨时唱曲

---

① 民国《宿松县志》(中国地方志集成·安徽府县志辑14)，第574页（上）。
② 倪钟之著：《曲艺民俗与民俗曲艺》，百花文艺出版社1993年版，第31页。

所用。

"道情"也称"黄冠体",较早可追溯至道教音乐在唐代宫廷中的传播。唐高宗、玄宗曾命宫廷乐官制作"道调"和"道曲",后传到民间即为"道情",宋代"道情"亦在民间流行(见《武林旧事》卷六"诸色伎艺人"条)。"至清代道情与各地民俗结合,成为各地的曲艺艺术,如四川道情由于演唱者手持竹制渔鼓,故称'竹琴'。……河南流行的道情与当地的民歌'英哥溜'(即'鹅歌柳')结合,成为今日的河南坠子。流行在山西,陕西、甘肃的道情及山东、湖北、广东的渔鼓等,也都是这种宗教歌曲的流变。"①

关于"莲花落",较早见于南宋僧人普济的《五灯会元》:

> 俞道婆,金陵人,卖油餈为业。常随众参问琅邪,邪以临济无位真人话示之。一日,闻丐者唱莲华乐云:"不因柳毅传书信,何缘得到洞庭湖?"忽大悟。②

这里的"莲华乐"即为"莲花落",当时已为乞丐所演唱。"莲花落"在元、明两代继续为民间俗曲所袭用,清代,胡怀琛《中国民歌研究》曾引郑板桥所作《道情十首》之一可为证明:

> 尽风流,小乞儿。数"莲花",唱"竹枝"。千门打鼓沿街市,桥边日出犹酣睡,竹外斜阳已早归,残羹冷炙饶滋味。醉倒在回廊、古庙,凭他雨打风吹。③

清代"莲花落"也有称为"什不闲"的,嘉庆年间泾县秀才翟金生(1774—?)作《竹枝词》,云:

---

① 倪钟之著:《曲艺民俗与民俗曲艺》,第32页。
② 〔宋〕普济著,苏渊雷点校:《五灯会元》(下),中华书局1984年版,第1271页。
③ 胡怀琛编:《中国民歌研究》,《民国丛书》(第三编),商务印书馆民国十四年(1925)版,第60页。

梁园子弟日奔波,处处笙竽笛管和。

除却僧庵与道观,拦街闲戏又偏多。

——《逊敏堂丛书》①

  黄梅戏的早期演唱与"道情"和"莲花落"也有密切关系,因为当时的艺人常常就使用这两种方式,并为后来的黄梅戏所吸收。黄梅戏老艺人丁永泉就说过:"黄梅调是逃荒的人用渔鼓筒子唱过来的。"②"渔鼓筒子"就是唱"道情"所用的乐曲。至于"莲花落",王兆乾指出:"黄梅戏吸收莲花落的唱腔有四种之多,计:《闹黄府》的'十不亲调'('十不亲'或为'十不闲'之讹)、《吐绒记》的大、中、小莲花落。……另外,《闹花灯》这个戏也可以看出莲花落的痕迹,那就是'花开花谢什么花黄……'一段。"③这些早期艺人或敲渔鼓、或打连厢,或打莲花落,唱着民歌小曲四处传唱。

……

  应该说,以上诸种唱腔曲调体系在不同程度上对早期黄梅戏产生了影响,黄梅戏正是在它们的合力作用下,才逐渐形成和发展起来的。从发生学角度看,黄梅戏也像小说等其他艺术形式一样,具有多源性,表现出明显的"多祖现象"。

(本文原载《文艺争鸣》2011年3月号下)

---

① 雷梦水等编:《中华竹枝词》(第三册),第2400页。
② 陆洪非编著:《黄梅戏源流》,第5页。
③ 王兆乾编著:《黄梅戏音乐》,第24页。

# 民国二十九至三十年怀宁县禁演黄梅戏相关档案及其研究

王 平　王春霞

民国二十九年至三十年（1940—1941），黄梅戏在安徽怀宁县被禁——该县政府的相关机构在一年的时间内，连续颁布多种文告来禁演这个土生土长的剧种。相关的文书档案弥足珍贵，不仅是黄梅戏发展史上的重要史料，也是近代中国禁戏的典型案例。[①]

关于那些文书档案，曾有学者予以披露[②]，但可惜的是未说明文献来源，且对某些文告的判读有误。尤其遗憾的是：由于一直缺乏深入研究，学界对相关文告的内容与背景、颁令县长徐梦麟的个人情况等了解甚少，以致造成一些模糊甚至错误的认识。基于此，笔者踏访相关部门，在安徽省档案馆调阅了那批档案。本文拟依据原始文献，迻录相关文字，考证相关问题，并结合时代背景及黄梅戏发展史，客观评价其价值和意义。

## 一、相关文告的文字迻录及状貌描述

安徽省档案馆所藏民国时期怀宁县禁演黄梅戏的档案有8件，分归5个卷宗[③]，由怀宁县档案馆移交至此。以下按文告时间先后顺序迻录档案中可

---

① 如：《中国戏曲志·安徽卷》摘引了其中的一条"训令"；傅谨的《二十世纪中国戏剧导论·近五十年"禁戏"略论》、张亭的《抗日战争时期石牌镇的戏曲活动》、金芝的《优势论——黄梅戏发展的历史经验》、徐冰的《从田野走向学术殿堂——20世纪民间小戏研究述略》等皆引用相关文献。
② 田丁：《野火烧不尽　春风吹又生》，《黄梅戏艺术》1986年第4期，第107—112页。
③ 档号为L001-001(2)-565-35（档名：关于怀宁各地禁演黄梅小剧问题的训令）的卷宗内误收王者兴给茂公秘书的"函呈"2页，事涉乡民法律纠纷，不属禁戏档案。

辨认文字,并在注释中注明省档案馆立档之档号、档名,并简要描述该文档状貌。

档案一[①]

### 全衔布告(民字第70号)

查表演戏剧,原为宣传故事,发扬民族之精神,引起人群之观感。乃怀宁各地所演之黄梅小剧,不惟浪费金钱,有损物力,淫词靡语,败俗伤风,且失演剧之本意,犹虑伏莽之潜踪。何以人民趋之若鹜,官吏视之无睹。积习相沿,殊堪痛恨。本县长下车伊始,为改良风俗起见,亟应严加取缔,以挽颓风。合行布告禁止,嗣后如再有表演黄梅小剧者,定当执法以绳。乡镇保甲长如匿情不报者,一并惩撤不贷。邦人君子,其各周知。

此布

县长:徐

中华民国二十九年三月二十九日

县长:(徐梦麟印)　秘书:(蒋茂生印)　科长:(张茂华印)

档案二[②]

查黄梅小戏,虽经布告禁止,但现不敢在石牌开演,而到乡村胡闹。仰即令饬各区乡,严厉取缔。此致

第一科

(民国二十九年四月一日)

---

[①] 此布告用纸为灰暗色棉纸,2张,钤有"怀宁县政府"官印。安徽省档案馆藏档号为:L001-001(2)-565-36;档名为:关于怀宁各地禁演黄梅小剧问题的布告。
[②] 此布告用纸为灰黄色红框纸。安徽省档案馆藏档号为:L001-001(2)-565-37;档名为:饬令各乡镇严格取缔黄梅小剧问题的公函。

## 档案三①

另将布告抄送报社披露一天□

为令饬从严取缔表演黄梅小剧由

全衔训令（民字第142号）

令各（区署、乡镇公所）

查表演戏剧原为宣传故事，发扬民族之精神，引起人群之观感。乃怀宁各地所演之黄梅小剧，不惟浪费金钱，……（原照录至"不贷"）除布告周知外，合行令仰遵□□□□（取）缔，并转饬所属，一体遵照。嗣后如有上项情事发生□□□□将剧班拘送究办□□徇纵为要。

此令

县长：徐

中华民国二十九年四月二日

（徐梦麟印）

（蒋茂生印）　（张茂华印）　科员：张行

## 档案四②

中华民国二十九年4月8日（第190号）

为呈请设法禁止怀、望两县交界处之演黄梅小戏由

呈

窃查花鼓淫戏，早经钧府布告及明令禁止在案，本县各地当自依法禁止，自无待言。惟属乡地接怀、望两县，民多习狡。因本县禁令之森

---

① 本布告破烂，用纸为灰暗色棉纸，钤有政府官印。安徽省档案馆藏档号为：L001-001(2)-565-35；档名为：关于怀宁各地禁演黄梅小剧问题的训令。

② 此档案用纸为灰黄色棉纸，安徽省档案馆藏档号为：L001-001(2)-565-39；档名为：关于禁止在怀宁望江交界处演黄梅小剧问题的来往文书。本档案为金鸡乡乡长张曙光上呈县府的呈请，该呈请在第二日（四月九日）得到县长徐梦麟"严禁"的批示。

严，竟至怀、望交界处设台，日夜排演，并藉为聚赌场合。地虽属于望江，而观戏聚赌者，属乡民众为数占多，长此以往，淫乱之风势必兴起。职再四思维，莫可如何？只得呈请钧府做主，或转函该望江县政府，同样查禁，以恤民力，而杜淫乱之风，实为公便。

谨呈

县长：徐

金鸡乡乡长：张曙光（张曙光印）

## 档案五①

8（甲）　　19查禁卷

全衔指令（民字第252号）

令金鸡乡公所：

呈乙件（为呈请设法禁止怀、望两县交界处之演黄梅小戏由）

呈悉。查黄梅小剧业经本府一再严禁，该乡与望江交界处仍有不遵法令，排演黄梅小剧者，殊属玩（顽）固已极，仰即晓谕民众，严加禁止，违则送府重惩不贷。仰即遵照。

此令

中华民国二十九年四月十二日

县长：徐梦麟（印）（蒋茂生印）（张茂华印）

王文采代拟　四、十二

---

① 此布告用纸为灰暗色棉纸，钤有政府官印。安徽省档案馆藏档号为：L001-001(2)-565-39；档名为：关于禁止在怀宁望江交界处演黄梅小剧问题的来往文书。

档案六①

速通令布告,严予取缔各处演唱黄梅淫调。如违,即依省令处罚。
　　　　此致
第一科

县长:(徐梦麟印)

二、四

档案七②

## 怀宁县政府训令(民字第131号)

中华民国卅年二月五日丑时

(特速)

令饬查禁黄梅小剧以挽颓风由

令(各政务督导员、各区署、各乡镇公所、政警队)

查黄梅小剧,词意淫亵,败俗伤风,莫此为甚。迭经严令,查禁在案。近查各地,一般流浪之徒,仍多不遵法令,设台私演,喧嗔扰攘,竟夕不安。以致伏莽乘机思逞,窃盗时有所闻。亟应重申前令,切实查禁,以挽颓风,而安闾里。除布告并分令外;合行令仰遵照!(严密查禁为要,并特饬所属,一体严密查禁为要!)

此令

县长:徐○○

---

① 此布告用纸为"怀宁县政府印制",钤有政府官印。安徽省档案馆藏档号为:L001-001(2)-565-33;档名为:关于禁演黄梅小剧问题的训令。
② 此布告用纸为"怀宁县政府印制",钤有"怀宁县政府"官印。安徽省档案馆藏档号为:L001-001(2)-565-33;档名为:关于禁演黄梅小剧问题的训令。《中国戏曲志·安徽卷》亦摘录本资料。但误引文号为"民字第31号",且"竟夕不安"以下文字亦多误,下引出以便查对:"以致□□□□□,窃盗时有所闻。亟应重申前令,切实查禁,以挽颓风,而安乡里……合行,令仰遵照,严密查禁为要。"(见《中国戏曲志·安徽卷》,中国ISBN中心,1993年,第703页。)

档案八①

事由（晓谕查禁黄梅小剧，违者法办由）

全衔布告（民字第132号）

照得黄梅小剧，淫亵败俗伤风，迭经明令查禁，何啻三令五申。一般流浪游子，耽溺不返迷津。仍自设台私演，扰攘辄到深更。贼匪乘机匿迹，社会时感不宁。特此查申前令，不惜诲之谆谆。倘再故意违犯，拿获决不从轻。仰尔阖邑民众，其各一体凛遵。

中华民国三十年二月十一日

县长：徐〇〇

县长：徐梦麟（印）

秘书：（蒋茂生印）

科长：（王□印）

科员：（萧炳辉印）

## 二、相关考辨

### （一）关于文告内容的考察

上文所录的八件档案中，除1条为金鸡乡乡长张曙光给县府所上的禁戏呈请外，其他7条皆为怀宁县相关部门所颁布的禁戏文告，内含4条（全衔）布告和3条训令（指令、令）。

文告显示，本次禁戏的时间始于民国二十九年（1940）3月29日，最后一条禁戏令是民国三十年（1941）2月11日颁布，与第一条禁令时间相隔将近一年。禁戏的原因在于新县长徐梦麟"下车伊始"即进行"改良风俗"，禁戏的对象是"黄梅小剧"、"黄梅小戏"、"花鼓淫戏"。要说明的是，所谓

---

① 此布告用纸为"怀宁县政府印制"，钤有政府官印。安徽省档案馆藏档号为：L001-001(2)-565-33；档名为：关于禁演黄梅小剧问题的训令。

的"黄梅小剧"等名称皆是黄梅戏在民国时期的别称。

应该说,开始的禁戏效果很明显:从1940年3月29日到4月1日仅仅4天,"黄梅小戏"就从怀宁县政府所在地的石牌镇撤离,转到"乡村胡闹"了;10天以后(4月8日),黄梅戏班在怀宁县境内诸乡村也待不下去了,不得不辗转"竟至怀、望交界处"金鸡乡"设台"演出,但还是遭到金鸡乡政府的驱赶。

然而,迅猛的势头并没有持续下去。按怀宁县相关文告的说法:这种具有极强生命力乡邦小戏种,"属玩(顽)固已极",虽经政府"明令查禁,何啻三令五申",但全县各地还有演出者,到1941年的2月,仍无法禁断,将近一年的禁戏无果而终。

## (二)关于颁令县长徐梦麟的考证

7条禁戏文告中,有1条为怀宁县第一科所颁布,由于怀宁县政府第一科(科长)"掌管立法、人事任免、民政等重大权力"[①],因此,该科有发布禁戏布告的权限;其余6件文告,皆是怀宁县长徐梦麟署名颁布。

从8件文告中可以看出,徐梦麟是此次禁演黄梅戏的关键人物。然而,检阅相关文献,仅在《怀宁县志》中找到此人的直接记载,寥寥数语:"徐梦麟,广西人,民国二十九年3月—三十年5月任县长。"[②]除此之外,别无其他信息。为使学界更为透彻地了解此人,笔者特搜罗有关文献中的相关信息,并加以考证。

查广西《陆川县志》,在"第三十三编·第二章·第二节"之"民国时期政界人员表"发现一条材料:该县乌石镇人徐梦麟,曾任广西"天河县"县长。[③]天河县为旧称,1952年并入罗城县,是今天罗城仫佬族自治县的一

---

① 参阅徐闻嘉、徐承伦:《革命、坎坷、奉献一生——记胡允恭》(下),《江淮文史》1996年第2期,第116页。
② 怀宁县地方志编纂委员会编:《怀宁县志》,黄山书社1996年版,第202页。
③ 陆川县志编纂委员会编:《陆川县志》,广西人民出版社1993年版,第887页。

部分。

这里提到的徐梦麟曾任广西天河县长,并未言及他在其他地方的任职。此人与曾任怀宁县长的徐梦麟是同一人吗?考察安徽抗战史,就可解开此谜。

"抗日战争时期,新桂系李宗仁、廖磊、李品仙先后主持皖政。"①新桂系在安徽组织了积极有效的抗战活动,也大量地培植新桂系力量。据载:1938年10月武汉会战结束后,"廖磊仿照广西的做法,并由广西调来干部推行训练国民兵团组织,由县长兼国民兵团团长,副团长为军人,协助县长训练国民兵团。"②1939年10月廖磊病逝于立煌,其接任者李品仙依然延续扩充广西地方势力的策略。

怀宁县就是受广西新桂系掌控的重要县份。从民国二十七年(1938)11月到民国三十五年(1946)11月,县长走马灯似地换了8任,但他们大多与新桂系关系密切,如胡邦宪、陶若存、徐梦麟、王汉昭、马炯等。胡邦宪(胡允恭),安徽寿县人,早期参加北伐军,抗战时"应叶挺之约,通过李宗仁引荐,回安徽出任怀宁县长"③;陶若存,安徽省舒城人,早年在桂系的国民革命军第九路军任职,1938年春到1940年春,"曾任安徽舒城、无为、怀宁三县国民党县长"④;马炯是"广西战时工作人员训练班卒业"⑤;而徐梦麟和王汉昭,本身就是广西人。广西陆川是徐梦麟的故乡,也是时任安徽省主席的廖磊的故乡。徐谋职于安徽、后来得任怀宁县长一职,或与廖有关。

据确切记载:《陆川县志》中提到的徐梦麟,担任天河县县长至少是在民国三十一年(1942)之后,此前天河县长是任敏,此在《广西方志提要》中有明确记载。任敏在民国三十年主修《天河县志》,《广西方志提要》中记载

---

① 武菁:《论抗日战争时期安徽的新桂系》,《安徽史学》1992年第4期,第60页。
② 韩信夫:《试论国民党抗日游击战场》,《民国档案》1990年第3期,第75页。
③ 参阅徐闻嘉、徐承伦:《革命、坎坷、奉献一生——记胡允恭》(下),《江淮文史》1996年第2期,第115—118页。
④ 陶若存:《抗战时期,我任舒城、无为、怀宁国民党县长时的一些回忆》,《安徽文史资料》(第25辑),安徽人民出版社1986年版,第140页。
⑤ 怀宁县地方志编纂委员会编:《怀宁县志》,第202页。

说他"别号一樵,广西隆安县人,民国二十六年4月至三十一年2月任天河县长。"①

曾任安徽怀宁县长的徐梦麟在民国三十年(1941)已不再续任,而曾任广西天河县长的徐梦麟继任时间至少是在1942年之后,时间上正好可以衔接。因此我们认为这两个徐梦麟应是一人。

综合相关材料,徐梦麟1940—1942年的大致经历应该是这样:可能是得到了桂系廖磊(或李品仙)的提携,徐梦麟来安徽为宦,并在1940—1941年得任怀宁县长,离职后辗转回到广西。至少在1942年以后,他又在天河县谋得新县长一职。关于徐梦麟更多的信息,由于资料的缺失已无从考证。

### (三)民国二十九至三十年禁戏与旧时代黄梅戏的"淫亵败俗"问题

民国二十九至三十年怀宁县的系列文告指出:那些"黄梅小戏",存在"淫亵败俗"的不良风气。

这是个问题,黄梅戏发展史研究不应回避。

黄梅戏是一个来源于民间、深受广大群众喜爱的剧种。但建国前的黄梅戏确实沾染了某些弊病,有时会产生不良的社会影响。因此,常常为人所诟病、指责,遭到多方排斥、驱逐甚至禁演。相关史料甚多,下举若干:

清光绪初年的《申报》记载:黄梅戏艺人在安庆的郊区北关外活动,"一班有二十余人,并无新奇动人耳目。惟正戏后总有一、二出小戏,花旦、小丑演出,百般丑态……伤风败俗,莫此为甚……屡经地方官示禁,终不能绝。刻下已届秋成,此风又将复炽,有地方之责者,宜禁之于早也"②。

怀宁籍学者、民国时曾任安徽大学校长的程演生在1939春所撰的《皖优谱》中写道:"今皖上各地乡村中,江以南亦有之,有所谓草台小戏者,所唱皆黄梅调。戏极淫靡,演来颇穷形尽相,乡民及游手子弟莫不乐观之,但

---

① 广西壮族自治区通志馆编:《广西方志提要》,广西人民出版社1988年版,第154页。
② 《申报》清光绪五年八月廿九日(1879年10月14日),转引自安徽省艺术研究所:《黄梅戏通论》,安徽人民出版社2000年版,第128页。

不用以酹神,官中往往严禁搬演,他省无此戏也。"①

《申报》记者报道是详细的;程演生是根据亲眼目睹所记载的。他们言及"黄梅调"的巨大影响力,但都坦承该戏当时的表演有"百般丑态"、"极淫靡"的不良成分,并认为这是导致官府"示禁"、"严禁搬演"的原因之一。

除官方禁演外,民间也常常排斥这种黄梅戏。

《民国宿松县志》记载:"邑境西南与黄梅接壤,梅俗好演采茶小戏,亦称'黄梅戏',其实则为诲淫之剧品。邑青年子弟尝逢场作戏,时亦或有习之者,然父诏兄勉,取缔极为严厉。"②我们知道,宿松是黄梅戏的发源地之一,但黄梅戏最初在此发展是不顺利、充满曲折和艰辛的:当地宗族长老和家庭父兄,利用权威、家规、亲情,"摒斥"、抵制、取缔黄梅小戏。

除此之外,民间还利用乡村教育,向学生宣传其危害。比如怀宁当地有一位私塾先生,就编写教课本《四言杂字》(手抄本),宣讲"黄梅歌曲,风俗颓伤"③,让学生远离这种低俗的艺术形式。

诸如此类的史料还有很多,此处不再列举。

必须要指出的是:这不是主流,黄梅戏的主流是清新、活泼、充满泥土芬芳、健康的。所谓的"淫亵败俗",应是旧时代官方和某些卫道士"放大"黄梅戏某些弊端的言辞。尽管如此,我们不能忽视:旧时代黄梅戏为了生存发展,有时在表演中穿插、仿拟一些调笑的、低俗的、甚至带"荤"的段子,以招徕观众,这种情况是存在的(此在其他剧种发展史中也常见,相关案例不胜枚举)。从建国后经过整理加工并精选的黄梅戏传统剧目中,我们还能看到其遗留痕迹,尤其在一些传统"花腔小戏"作品中。如《打哈叭》、《补碗》、《染罗裙》、《瞎子捉奸》等,其中有将残疾、智障者作为调笑对象的;有表现社会风气浇薄、人性不善的;还有渲染偷情、甚至有悖伦理的奸

---

① 天柱外史撰:《皖优谱·引论》,安徽省文化局剧目研究室1952年据1929年世界书局本翻印,第6页。
② 民国《宿松县志》(中国地方志集成·安徽府县志辑14),江苏古籍出版社1998年版,第395页(上)。
③ 张亭:《黄梅戏诞生在石牌》,《黄梅戏艺术》2007年第3期,第7—8页。

情……如此种种,不一而足。

更要予以说明的是:中华人民共和国成立后,黄梅戏的某些弊端得以彻底改变。首先,广大黄梅戏从业者"翻身"了,他们从旧社会的"草"变成了新社会的"宝",身份也从被人歧视的"戏子"而变成受人尊重的艺术家。其次,随着社会地位的提高,广大的黄梅戏工作者焕发了前所未有的生命活力,自爱自重,不演低俗的戏曲。再次,50年代初从中央到地方进行一系列戏曲改革①,黄梅戏艺术工作者同全国其他戏曲艺术工作者一样,积极响应并热情参与。他们改良旧剧目、移植新剧目,在严凤英、王少舫、王兆乾、陆洪非等一批黄梅戏艺术家的努力下,打造出《天仙配》、《女驸马》、《柳树井》、《打猪草》、《补背褡》等艺术精品,黄梅戏从此跻身于中国名剧种之列。

中华人民共和国成立初,黄梅戏还是一个名不见经传的民间小戏种,第一届全国戏曲观摩演出大会就未邀请其参加。她作为一个成熟的、具有现代意义的剧种出现在世人眼前,不能不提1952年11月安徽省地方戏在上海举行的观摩公演。正是这次公演,让人们领略了这个经过改良、"充满活力的民间戏曲"②的艺术魅力,她的成功"给上海文艺工作者以深刻的印象"③,征服了沪上观众,一夜间黄梅戏的腔调响遍上海的大街小巷。从此,黄梅戏走向全国,并得到了全国人民的喜爱。1953年春,"安徽省黄梅戏剧团"成立,黄梅戏最终定名下来。④

## (四)民国二十九至三十年的黄梅戏被禁的时代背景及意义

早在民国二十年(1931)的5月14日,"怀宁县行政会议决定禁演黄梅

---

① 如五十年代初毛泽东关于"百花齐放 推陈出新"方针的提出、中央政务院《关于戏曲改革工作的指示》的颁布、第一届全国戏曲观摩演出大会的及时召开,以及安徽省相关政策(如皖北人民行政公署《关于戏剧改革工作的指示》)的发布,等等。
② 张拓:《民间戏曲艺术的两朵花——看过黄梅戏和泗州戏的演出之后》,《文汇报》(上海版),1952年11月15日第3版。
③ 贺绿汀:《安徽省地方戏在沪演出观后感》,《文汇报》(上海版),1952年11月15日第3版。
④ 参考陆洪非编著:《黄梅戏源流》,安徽文艺出版社1985年版,第1—4页。

戏"①,这比民国二十九至三十年的禁戏早9年。但是,后者的背景及意义迥异于前者。

抗日战争是中华民族奋起抵御外侮的救亡战争,民国二十九至三十年正值抗战相持阶段,抗战异常艰苦卓绝。这个时期怀宁县禁演黄梅戏,具有特殊意义。

1938年3月底4月初,国民党临时全国代表大会通过了《抗战建国纲领》。尽管该纲领没有专门制定文化宣传的政策,但是其"(庚)教育·第二十九条"规定抗战时期必须"注重国民道德之精神",国民党中执委宣传部所编的《抗战建国纲领宣传指导大纲》对此所做的阐发是这样的:"晚近以来,持急功近利之见者,往往以道德之修养视为纡谈。殊不知抗战期间,所最要者莫过于提高国民之精神。""由此可知,道德之修养,若更能普及更能深造,则本实既茂,体用并备,抗战必胜建国必成。"②因此,以激励民众、救国图存为主旋律的文艺活动在国统区和解放区蓬勃开展起来,得到了官方和民众的支持。

然而也有一些文娱表演活动无视抗战形势,不仅不去振奋民心、起"宣传故事,发扬民族之精神,引起人群之观感"③的作用,反而传播低俗文化,沦为少数权豪势要的赚钱工具,当时在怀宁一带活动的某些黄梅小戏班就是如此。根据张亭的《抗日战争时期石牌镇的戏曲活动》记载:"国民党怀宁县党部书记长黄定文和县长丁耀宗为饱私囊,就在石牌镇开起了戏园子和赌场,抽头聚赌,捞了好多钱。上街(石牌人称上石牌为上街,下石牌为下街)一班大戏(唱徽调、皮簧);下街一班小戏(黄梅调)。"④曾经在1939年初至1939年下半年短期担任过怀宁县长的胡允恭,在其回忆录中也提道:"县党部没有经济来源,他们就搞了戏班子,上石牌、下石牌各一黄梅戏

---

① 怀宁县地方志编纂委员会编:《怀宁县志》,第202页。
② 国民党中执委宣传部编:《抗战建国纲领宣传指导大纲》,衡阳区书刊供应处,1938年6月,第37、38、39页。
③ 见"档案一":全衔布告(民字第70号)《关于怀宁各地禁演黄梅小剧问题的布告》。
④ 张亭:《抗日战争时期石牌镇的戏曲活动》,《黄梅戏艺术》1987年第2期。

班子。……书记长(黄定文)有几十支武装,尽是些流氓。上石牌一班黄梅戏,下石牌又一班黄梅戏,还抽头聚赌,他们搞了好多钱。……怀宁秩序太乱,一共只有两三千人的上、下石牌就有两戏班子,赌场林立,流浪卖淫的塞满街头。"[1]

应该说,抗战相持阶段怀宁县境内的某些黄梅戏班没有摆脱低俗、淫亵的弊病,更没有成为能唤醒"国民道德"之精神力量。相反,一些班社为了生存,置民族大义于不顾,依附权贵,扰乱、破坏当地的社会秩序,给抗战带来了不利的影响。当时的禁演,应具有一定的进步意义。

(本文原载《中华戏曲》第51辑,文化艺术出版社2015年版)

---

[1] 胡允恭:《1939年在安徽的斗争》,《安徽党史研究》第3期。

# 从言语社区视角谈地方戏改革中的语言选用问题
## ——以黄梅戏为例

方 寅

## 一 引 言

方言和地方戏是重要的语言文化资源。保护语言资源的重要性已成为当代学者的共识[①],保护地方戏资源同样刻不容缓。地方戏近些年来发展式微,这是一个不争的事实。为了生存发展和文化传承,众多地方戏纷纷尝试改革创新。改革既为地方戏发展带来了契机,也随之带来了一些问题。其中,语言选用问题尤为突出并亟待关注,原因在于地方戏和方言有着紧密联系。一方面,一体而万殊的汉语方言被认为是地方戏生成的特殊"语境"[②];另一方面,方言成为地方戏舞台语言后(以下简称为"地方戏方言")也就成了地域语言与文化资源的复合体并有着其特定的服务对象、应用范围、使用目的和个性价值,但它同时也可能成为其他方言操持者的理解障碍。以黄梅戏为例,各家对其语言选用问题的看法就存在着三种观点之间的争议,它们分别是:可以使用普通话;应该坚持使用安庆方言;使用安庆方言和普通话各有利弊。[③]

要解决上述争议问题显然需要运用社会语言学的理论与方法进行分

---

[①] 陈章太:《论语言资源》,《语言文字应用》2008年第1期,第9—14页。
[②] 郑传寅:《地域性·乡土性·民间性——论地方戏的特质及其未来之走势》,《湖北大学学报(哲学社会科学版)》2010年第6期,第1—6页。
[③] 江龙生:《黄梅戏舞台方言及其衍变》,《黄梅戏艺术》2001年第3期,第28页。

析;而对历来强调语言与社会共变的社会语言学来说,它也越来越关注语言的社会环境和国家的重大社会语言问题,进而开展了大量以实证为方式、以寻求对策机制为导向的研究。[①]这当中的不少研究又常常自觉或不自觉地将言语社区当作重点和突破点并逐步形成了成熟的理论模型和技术路线,如徐大明[②]在前人研究基础上提出的言语社区理论[③]。该理论认为,言语社区作为一个可观察、可度量的实体,在很大程度上与社会学意义上的社区相互重合,能先从其构成要素入手进行发现和鉴定,然后再通过一系列定量的指标组合来进行限定和测定。参照这些观点及已有的研究案例不难发现,作为社会学意义上的地方戏社群也合乎社会语言学意义上的言语社区标准,可以鉴定为地方戏言语社区;而且它还具有较强的实体存在性、要素完备性、特征显著性以及由这些特征带来的特殊研究价值。故此,本文就以中国五大戏曲剧种之一的黄梅戏为例进行地方戏言语社区的要素分析并进而谈谈地方戏改革中的语言选用问题。

## 二 黄梅戏言语社区异质性的地域分布

无论是界定社会学意义上的社区还是社会语言学意义上的言语社区,地域都是首先需要考察和度量的因素。就地方戏而言,作为某个特定地域诞生和存续的剧种,其言语社区的地域要素是完备的,而且这一要素不仅仅包括地方戏存在的空间领域还包括其上的文化,这两者共同构成了地方戏言语社区存在的文化生态环境。

拿黄梅戏来说,它发源于以安庆为中心的皖江流域,并最终以完整的独立剧种的形式诞生、成长和兴盛于该地域。[④]这一区域也就构成了黄梅戏言

---

① 夏中华:《新世纪我国社会语言学研究的发展趋势》,《语言文字应用》2011年第3期,第55—64页。
② 徐大明:《言语社区理论》,《中国社会语言学(澳门)》2004年第1期,第18—19页。
③ "言语社区"译自"speech community","语言社会"、"语言集团"、"语言社团"、"言语社团"、"言语共同体"等提法也有学者使用。
④ 吴功敏:《探寻黄梅戏的源头》,《黄梅戏艺术》2007年第1期,第16—17页。

语社区的核心地域。此外，在邻近该地域的鄂、赣、苏、浙等省以及距离更远的港台地区也有黄梅戏社群分布，我们可以视之黄梅戏言语社区的外围地域。另外，我们还应该看到现代交通通信以及影视传媒技术进步带来的社区外围区域辐射扩散，如著名剧目《天仙配》的电影上映就将黄梅戏传播到香港、南洋乃至世界诸多角落。据考察，随着全国黄梅戏剧团数量上的先增后减，黄梅戏言语社区分布的地域也相应经历了先扩展后收缩的变化[①]。这反映出当前黄梅戏言语社区存在着地域离失的事实。

戏曲是综合艺术，具有很高的文化融合能力。作为戏曲大家族中的一员，黄梅戏也具有高度的地域文化融合能力。在黄梅戏的发展过程中可以清晰地看到其所在地域上的文化对它的滋养，无论是湖北的黄梅调、江西的采茶戏、还是安庆本地的民歌、通俗文学等都曾经对黄梅戏的艺术特质的形成产生了重大影响。

地域和地域文化的差异性也必然导致黄梅戏等地方戏言语社区的核心地域和外围地域呈异质性形态分布。这种分布特点在解决地方戏改革中的语言选用问题时应当被充分考虑，并相应地采取在地方戏核心区域坚持使用方言表演、在外围区域适度改革等区别性对待措施以避免社区地域的进一步萎缩离失。

## 三 黄梅戏言语社区流动性的人口组成

言语社区的存在需要以一个相对稳定而适量的人群为前提。[②]编、导、演、评、研、教等从业者和观众一起构成了地方戏言语社区的人口要素。拿黄梅戏言语社区来说，目前仅核心地域安庆市就有1所学校、2个市团、8个县团、1个剧院、1本杂志、1家博物馆和1所高校的专业院系，从业人员达到

---

① 夏玢、黄成林：《黄梅戏文化区的演变》，《安徽师范大学学报（人文社会科学版）》2006年第6期，第726—729页。
② 杨晓黎：《关于"言语社区"构成基本要素的思考》，《学术界》2006年第5期，第82—86页。

1 000多人,这还不包含200多个民间剧团。①

黄梅戏发展中涌现出一大批知名或不知名的表演者,现今想对他们进行准确统计和穷尽列举是很难以实现的。胡亏生《黄梅戏人物》②一书选择了他们当中的老、中、轻三代代表性人物进行了介绍。我们对这些代表性人物的组成情况进行了统计分析。结果显示,他们当中原籍在黄梅戏言语社区核心地域的占91%,原籍在外围地域的仅占9%。查阅这些原籍在外围地域的人口的有关记载又能发现,他们都是核心地域的融入者。具体的融入途径主要有两种:一是出生在核心地域或在早年时期迁入;二是直接带着学习黄梅戏的动机进入到核心区域。这反映了核心黄梅戏言语社区人口构成上的内部一致性以及地域、人口两要素之间的相关性。

除了表演者及其共同体的班社、剧团之外,还有广大戏迷和观众也是构成黄梅戏言语社区的人口。他们广泛分布于安庆以及安庆之外的其他省份和地区。这里面既包括讲安庆方言、热爱安庆方言黄梅戏表演的安庆方言操持者,也包括讲普通话或其他方言(语言)但能听懂并欣赏安庆方言黄梅戏表演的人口,还包括既不会讲也听不懂安庆方言但能接受黄梅戏艺术表演的人口。社区人口的这种差异性类聚自然形成层次性特征。层次性既是言语社区内部结构系统的基本特征之一又表现为言语社区各要素的层次性。③因此,我们可以参照地域来源、语言能力、语言认同和语言使用等要素标准对黄梅戏言语社区人口进行核心黄梅戏社区人口、次核心黄梅戏言语社区人口以及外围黄梅戏言语社区人口等层次划分(如图1)。图示中的文字描述了不同层次言语社区人口的典型性特征,而用开放曲线替代封闭实线则标示了不同层次言语社区人口之间的动态流动。

---

① 赵晓和:《黄梅戏及其产业发展调研》,《安庆师范学院学报(社会科学版)》2010年第11期,第1—3, 7页。
② 胡亏生著:《黄梅戏人物》,安徽人民出版社2010年版。
③ 李现乐:《试论言语社区的层次性》,《东北大学学报(社会科学版)》2010年第3期,第264—272页。

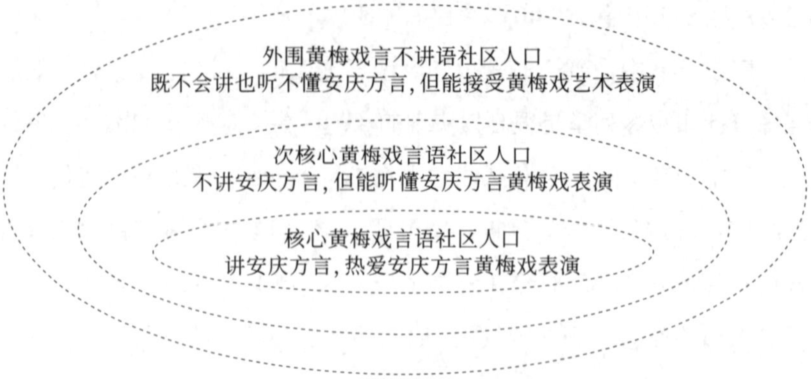

```
外围黄梅戏言不讲语社区人口
既不会讲也听不懂安庆方言,但能接受黄梅戏艺术表演

    次核心黄梅戏言语社区人口
    不讲安庆方言,但能听懂安庆方言黄梅戏表演

        核心黄梅戏言语社区人口
        讲安庆方言,热爱安庆方言黄梅戏表演
```

**图1 黄梅戏语言社区的人口构成**

综上,由社区人口分层组成的黄梅戏言语社区兼具内部一致性和对外开放性的双重特征。这里的内部一致性指的是言语社区人口在地域来源、语言使用、语言认同等方面的相同或相似。它是言语社区的区别性特征和形成存续的基础;而对外开放性则指的是言语社区人口的动态流动性,它既包括不同言语社区人口之间的流动又包括言语社区内部不同层次人口之间的流动。这种动态流动性在很大程度上影响着言语社区的语言生活,并最终造成了不同言语社区之间的叠加、交错以及社区内人口的双语或多语面貌。[①]显然,黄梅戏等地方戏言语社区的人口也受这种人口流动态势的影响。因此,我们在考虑语言选用问题时需要充分调研社区人口的分布情形和流动态势,并重点弄清是哪些社区人口掌握地方戏方言资源作为信息工具、认同工具和文化载体。他们将是地方戏存续最后依托的群体。

## 四 黄梅戏言语社区专属性的设施构成

具有某种共享的语言资源也是言语社区存在必不可少的要素。这一要素和社会学意义上社区的公共设施基础具有一定的可比性。它们两者如同

---

① 武小军、樊洁:《交际空间与话语选择——流动人口在务工流入地语言实态调查》,《语言文字应用》2012年第4期,第27—37页。

计算机的软件和硬件,都必不可少但存在着物化程度不同的差异。[①]构成地方戏言语社区的设施主要表现为地方戏方言和行话。这两者以语言变体的形式从属于语言符号和语言规范的范畴。

对于黄梅戏,以安庆方言为基础的舞台语言是其言语社区的设施基础之一。这一设施基础有其自身的特质,主要体现在:语音层上有着独特的声韵配合和音律特征;词汇上有着丰富的方言语汇;语法层上有着丰富地方性语尾助词和特殊的结构组配。这些特质也是促使黄梅戏迅速流传、兴盛的重要因素。同时,行话的存在又进一步完善了黄梅戏戏曲言语社区的设施要素并凸显了地方戏言语社区的实体性,如桂遇秋[②]就对"七紧八缓九逍遥"、"三打七唱"、"铺堂"、"上四角"、"下四角"、"踩台"、"么锣"等行话进行了介绍和释义。

安庆方言是地域方言,黄梅戏行话是社会方言。它们的形成和地理阻隔、行业分割等因素有关,同时又反映了这些因素所造成的不同语言社区人口互动密度差异。它们作为语言变体的存在则使得黄梅戏言语社区设施相应带有专属性特征。这是解决黄梅戏改革中的语言选用问题时必须重视的。2012年12月至2013年3月,我们采取分层抽样的方式在黄梅戏受众的样本框架内抽取了各种样本共450份进行问卷调查,样本人群在职业、性别、年龄等方面都有合理地分布覆盖,调查收回问卷419份,其中388份为有效问卷。分析之后发现,愿意使用安庆方言的群体规模小于愿意使用普通话的群体规模并且随着年龄段的趋小而逐渐缩小;同时,安庆青少年中存在着不愿意使用安庆方言的状况(分年龄段统计的调查结果见图2)。究其原因,有普通话普及后使用面更广的客观现实以及个体的从众心理等内外因素。[③]

---

① 周明强:《言语社区构成要素的特点与辩证关系》,《浙江教育学院学报》2007年第5期,第59—64页。
② 桂遇秋:《黄梅戏行话小释》,《黄梅戏艺术》1982年第1期,第84—85页。桂遇秋:《黄梅戏行话小释(二)》,《黄梅戏艺术》1984年第2期,第44—45页。
③ 方寅、金孟玲:《黄梅戏观众的语言认同调查》,《合肥学院学报(社会科学版)》2014年第4期。

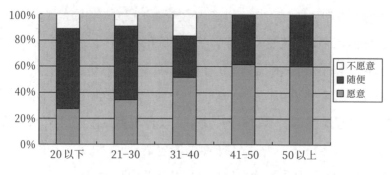

图2 "您是否愿意使用安庆方言"调查结果图

同时,调查还反映出调查对象大多不能对黄梅戏行话进行准确地解释。这说明黄梅戏言语社区设施在某种程度上地慢慢丧失。因此,考虑改革中的语言选用问题时显然需要考虑和应对这一客观实际,一方面努力顺应方言及行话设施自身的衍变,另一方面注意这些设施的内部维护和外部传播、扩散。

## 五 黄梅戏言语社区常态化的方言互动

言语互动是言语社区的关键要素,它指的是认同、归属同一言语社区的人口在本社区地域内使用本社区设施进行相互交际的行为过程。从本质上来看,言语互动是一种使用言语社区设施参与言语社区交往的社会实践活动。作为参与者的个体,他一方面需要具备了解、掌握和使用言语社区设施的行为能力,另一方面还需要认同、选择及使用这些的意向动机[①]。具体就黄梅戏言语社区而言,它存在着安庆方言表演、欣赏及交际等常态化的言语互动。

黄梅戏言语社区既往互动情形的描述散见于有关史料的记载。[②]迄今

---

① 抛开译法差异不说,"共同体"和"社区"两术语的所指在很大程度上也是交叉、重合的,因此有关它们的研究能相互借鉴、印证。比如参看祝畹瑾主编:《新编社会语言学概论》,北京大学出版社2013年版,第283—285页。
② 王长安主编:《中国黄梅戏》,安徽文艺出版社2009年版,第1128页。

为止,安庆已经连续举办了六届中国黄梅戏文化艺术节。艺术节既是黄梅戏向外推介的大舞台,也是最能体现黄梅戏言语社区内的表演者和欣赏者之间言语互动的平台。此外,安庆黄梅戏会馆、公园、广场,常年都有黄梅戏表演活动。分布甚广、队伍庞大的黄梅戏票友会更使得黄梅戏言语社区成员之间有常态化的言语互动机会。在这些互动过程中,观众,不只是被动的、单纯接受的对象,还是编、导、演之外的第四个创作成员,他们通过参与、反馈和调整等形式参与了戏曲艺术创作的全过程。[①]

从上文看,黄梅戏言语社区存在着安庆方言互动这一言语社区要素。但在普通话推广的大形势下,我们也应该看到方言互动在一定程度上缺失的客观事实。因此,我们在考虑黄梅戏改革中的语言选用问题首先需要弄清安庆方言互动出现在哪些语言使用域。因为人们在语言互动中选择使用普通话还是方言最终取决于掌握和控制它的人群,而人们在这一权衡取舍之中又必然受环境、需要、动机及认同等因素的作用。考虑其他地方戏改革中的语言选用问题时也是如此。

## 六 黄梅戏言语社区趋同化的语言认同

语言认同是言语社区人口习得和使用本社区语言设施进行言语交际活动的内在驱动。它一方面决定着个体的语言选择和语言使用,另一方面关系着群体之间使用本社区设施进行互动行为的频度与领域。换句话说,语言认同直接决定着社区人口的语言使用和社区整体的形成与存废。[②]

就黄梅戏言语社区而言,方言与地方戏的紧密联系促成了社区人口(尤其是核心人口)对社区语言设施趋同化认同态度的形成。比如说,江龙生[③]

---

① 谢清泉:《黄梅戏与地方观众》,《黄梅戏艺术》1987年第4期,第31—35页。
② 王玲:《言语社区内的语言认同与语言使用——以厦门、南京、阜阳三个"言语社区"为例》,《南京社会科学》2009年第2期,第124—130页。
③ 江龙生:《黄梅戏舞台方言及其衍变》,《黄梅戏艺术》2001年第3期,第28页。

就指出应以安庆方言为黄梅戏方言并使之得到美化和规范。安庆地区以外的黄梅戏院团的舞台演出方言也应以安庆方言为基本方言。这体现了对黄梅戏方言的喜爱与维护,这也正是内在语言认同的外在体现,而且这种认同具有一定程度上的趋同化。为了收入了解,我们做了关于"黄梅戏是用方言表演好还是普通话表演好"的调查(调查时间、样本抽取等方面和第三节的相同),具体结果请见下面的图3:

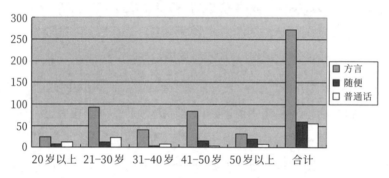

图3 "黄梅戏是用安庆方言好还是普通话表演好?"调查结果图

从对调查结果的统计来看,回答中选"安庆方言"的占70.10%;选"随便"的占15.46%;选"普通话"占14.43%。各年龄层之间的差异显著。这表明,受众对使用安庆方言表演黄梅戏有较高的认同度。这一结果与调查对象对普通话的认同并不矛盾,因为对于普通话的认同是源自它作为标准体的高附加值和推普后的言语交际现实需要,而认同黄梅戏表演用安庆方言则是基于对黄梅戏的艺术特色的接受与喜爱。[①②]这也体现了双语或多语社会环境下的语言认同上的多样态。

同时,那种无视黄梅戏语言社区地域、人口、设施及互动等方面要素特点进而一味追求改腔改调的行为也是现实存在的并且带有一定的危害性[③],

---

① 祝畹瑾对影响语言转用和语言保持的因素进行过归纳,认为大致有以下几个方面:经济地位和社会声望、人口因素、大众传媒和宗教以及教育政策。具备可参阅祝畹瑾:《新编社会语言学概论》,第241—243页。
② 方寅、金孟玲:《黄梅戏观众的语言认同调查》,《合肥学院学报(社会科学版)》2014年第4期。
③ 徐庆寿:《黄梅戏现状与发展的思考》,《黄梅戏艺术》2005年第1期,第51页。

它们既违背了客观规律又从侧面反映出了部分言语社区人口的认同迷失。认同迷失又必然带来言语社区其他要素的变化，如地域离失、人口走失、设施丧失、互动缺失，并最终导致社区整体的消失。故此，在解决黄梅戏等地方戏的语言选用问题时要充分重视语言认同的重要性，并通过对社区内外人口语言认同的了解、维护甚至是影响、改变的方式来保障社区人口对本社区语言的持有一定程度的认同。

## 七 结 语

综合全文的讨论可得出，保护方言资源和地方戏资源都刻不容缓，地方戏改革中的方言和普通话选用矛盾问题体现得尤为突出并亟待关注，而解决这一问题又需要社会语言学理论与方法的引入。参照该学科领域的理论观点及已有研究案例能得出，社会学意义上的地方戏社群也合乎社会语言学意义上的言语社区标准，可以鉴定为地方戏言语社区；而且它还具有较强的实体存在性、要素完备性和特征显著性。

以黄梅戏为例，其社群同时也是以安庆及周边地区为地域核心，以安庆方言操持者为核心人口的地方戏言语社区。该社区存在着异质性的地域分布、流动性的人口组成、专属性的设施构成、常态化的方言互动以及趋同化的语言认同。解决改革中的语言选用问题要重视这些特点，并防止其言语社区继续出现地域离失、人口走失、设施丧失、互动缺失、认同迷失等问题。这就要求我们保护言语社区所在地域的方言与文化生态，顺应方言及行话设施自身的衍变，摸清地方戏言语社区的人口分布与流动、语言使用与认同。对地方戏言语社区的这种调查、研究与维护，既有益于对语言文化职能的规划，又能为地域语言文化资源的保护、开发提供依据。

（本文原载《语言文字应用》2014年第4期）

# 黄梅戏《天仙配》改编的文化美学问题

方锡球　时新中

黄梅戏的改革与传承应学习以往黄梅戏改革的成功经验，目的是思考当下黄梅戏改革的路径和应有的价值取向、艺术表达方式。本文研究对象《天仙配》，指的是1954年9月参加华东区戏曲观摩演出大会的版本，1955年由上海海燕电影制片厂拍成电影，严凤英和王少舫主演，导演石挥，音乐设计时白林。

黄梅戏对《天仙配》改编之前，有十七个剧种演绎着大致相同的故事[①]，其题材是明代地方声腔形成以来各地方声腔、剧种的共享戏曲资源。黄梅戏与《天仙配》题材结缘，虽然在解放前，但是，结下不解之缘却是在解放后。严凤英曾谈到解放前她演出《天仙配》的感受："演老《天仙配》时，我很为难，《路遇》里唱腔不多，这还不在话下，到底这个七仙女下凡来是干什么的呢？……为了糊口，我唱也唱，心里却不喜欢。"[②]可见，整理、改编前的《天仙配》不在黄梅戏演出中占有地位，也还不是成熟的艺术话语体系。为什么改编后的《天仙配》却在全国范围内产生惊人的轰动效应，并在海内外引起强烈反响呢？

## 一、黄梅戏《天仙配》对原有剧本的"特征化"审美提升

黄梅戏《天仙配》对原有剧本的审美提升，使之成为戏曲美学追求的典范。

---

① 纪永贵著：《董永遇仙传说研究》，安徽大学出版社2006年版，第80—81页。
② 严凤英：《我演七仙女》，《中国电影》1956年第3期。

在故事结构范式上，以特征性代替完整性，天才地运用了古典艺术意境的审美优势，并对之进行了创造性的现代转化。与传统故事有头、有尾、有身的完整情节追求不同，《天仙配》选择那些最具特征性的细节，引导受众在传统联想的基础上，展开自己的联想和想象，观众不仅是欣赏者，而且参与着戏剧的创造，所以看《天仙配》，受众不知不觉地投入了全副神情，甚至用自己的生命去体验故事的奇妙境界，开拓着艺术的空间。《天仙配》通过特征化去实现整体性，获得了极大的成功。因为特征性是创作客体的本质属性。黑格尔曾称赞费希特为"现代一位最大的欣赏家"，原因就是费希特在《论艺术美》一文中提出"正确地评判艺术美和培养艺术鉴赏力的基础就在于特性的概念"①。黑格尔认为"特性"就是"组成本质的那些个别标志"。是"艺术形象中个别细节把所要表现的内容突出地表现出来的那种妥帖性"②。所以黑格尔把"特征化"当作艺术创作的重要原理加以提倡。就外延而言，特征可以是一个细节、一个场景、一句话、一个人物动作、一个事件、一种人物关系……。就内涵来说，特征具有三层含义，一是其外在形象十分具体可感、真实生动、独特个别；二是这一形象所表达或暗示的意义和情致是极其丰富和深刻的；三是受众在感受艺术境界时的体验空间是可以拓展的。因此，在有限的感性形象中凝聚着无限的情意和生生不息的体验，是特征化的基本特征。艺术创作若是抓住了特征性的细节，就意味着能够创造出新鲜的艺术境界和具有独创性的文本。

《天仙配》就是以其"特征化"实现了对原有剧本或内容的重大审美提升。

从戏剧本身的改编看，虽然改编前演绎这一故事的剧种较多，但黄梅戏《天仙配》从青阳腔《槐荫记》，以及岳西高腔里汲取了营养。特别是《槐荫记》的细腻描写，成为改编《天仙配》的最为有效的资源。黄梅戏《天仙配》的整理始于1952年9月，当时抽调大量各个艺术领域的艺术家合作，他们

---

① ［德］黑格尔著，朱光潜译：《美学》第一卷，商务印书馆1982年版，第22页。
② ［德］黑格尔著，朱光潜译：《美学》第一卷，第23页。

天天在剧场讨论演出和剧本。王兆乾先生回忆道："演员一边演，我们坐在台下一边讨论，可以随时停下来。《天仙配》选的是'路遇'一折，因为比较长，要写成剧本，就由班友书同志执笔。"①《天仙配·路遇》的修改，是"牵一发而动全局的"。首先，是对剧中主要人物的形象从内涵到外表进行改造，赋予较为丰富的审美蕴含。主人公董永是《二十四孝》中的孝子，传统戏董永是穷书生打扮。改稿将其定为农民。而按照传统戏，农民的装扮是丑扮，为了改变这一服饰，只有进行重新设计，这才有现在董永的服装定型。其次是对故事情节内容的改造和文人化处理。本来，七女是奉玉帝之命下凡匹配百日姻缘，班友书改为七仙女羡慕人间，由同情进而爱上了董永，把戏剧的主题做了社会性和情感性的双重升华。若说董永的孝行感天动地，还处于传统的伦理层面，而七女因羡慕人间和同情董永，则是主动的情感反应，它展示的是人类美好的一面。而且，使得民间的情绪上升为典雅的文人之情、之境，有一个由俗到雅的改变。再次，在价值取向方面的改变。对董永身份的改变，将傅员外由善人形象改为恶人形象，显然是回应当时的时代精神，但从文化进化的角度看，则是一种人性化的处理。因此可以说，《路遇》改编奠定了后来《天仙配》成为黄梅戏乃至整个中国戏曲的典范之作的基础。在戏剧语言层面，使其话语音声在雅俗之间游移。如"树上的鸟儿成双对"的唱腔，除增加二重唱外，其他旋律没有改动，使之能够兼顾雅俗。四是《天仙配》全本的内涵提升和形式改革，这主要表现在两方面，一是对各种版本的董永遇仙传说进行取舍，丰富原有的精神性内涵，使之富于时代性。二是在形式方面吸取其他剧种的优长，进行审美化提升。《天仙配》全本的排演地点在安庆，安庆和合肥的演员合作。当时，中央歌舞剧院有几位演员来安庆，虽然是学习《天仙配》，但可以断定，也把歌舞剧的传统带给了黄梅戏。从现有史料看，黄梅戏《天仙配》的改革的确有一个对原有剧本"特征化"审美提升的过程。这一提升，使《天仙配》从民间走向舞台，从乡

---

① 王兆乾：《〈天仙配〉和〈女驸马〉的发掘和改编》，《黄梅戏艺术》2000年第2期。

村走向城市,从山野走进了大世界。在审美文化层面则是从俗文化层面上升到雅俗共赏的审美文化层面。

## 二、《天仙配》改编过程中对原有剧本的审美发现

黄梅戏艺术家们的艺术探索和审美发现,使得《天仙配》在当代审美领域被作为戏曲美学的典范文本,从而赢得十分广泛的赞誉和数以亿万计的受众。当我们把《天仙配》的改编放回到二十世纪50年代的文化语境中进行考察,就会发现《天仙配》的审美发现是一个艰难的过程,这一过程是今天的戏剧艺术家难以做到的,特别值得学习。

首先是在价值选择的审美发现中表现出对人的取向和美学意蕴的强化。在强化人的力量、智慧和才能方面,进行审美升华。根据陆洪非先生的回忆,1952年,对《天仙配》的审美提升大概经历了以下环节:艺人训练班学习;请老艺人口述了《天仙配》的演出本,学习《天仙配》木刻本;吸收不同戏曲剧本的特色营养;学习有关董永遇仙的古籍;安排集体讨论;讨论会中学习有关戏改政策和专家学者的论著。[1]这段史实说明,由于当时经过认真地学习、思考和讨论,不仅使《天仙配》具备鲜明的时代性,而且是在哲学层面解决了价值取向的问题,这就使《天仙配》的文本内蕴具有深刻性和形上性,理性消融于感性的形象之中,这不单是有深度和高度的问题,而是解决了当时文化语境与人类理想的永恒性的矛盾,这也是今天乃至今后《天仙配》都不至于被历史尘埃淹没的重要原因,更是其拥有较高文化素养的受众的最终缘由。

其次主体命运生成与话语结构上的审美发现。《天仙配》初改本经过审查修改,于1953年9月在安庆投入排练。《天仙配》初稿本在安庆排后公演,再次召开座谈会,会上提出建议,肯定成绩,指出不足。班友书这次发言

---

[1] 陆洪非:《〈天仙配〉的来龙去脉》,《黄梅戏艺术》2000年第2期。

后来以《整理后的黄梅戏天仙配》为题，发表在1953年11月25日《安徽日报》的"影剧评介"专栏①。他说："黄梅戏的本戏《天仙配》，经省文化局创作组理后，已由省黄梅戏剧团在安庆市正式演出了。这是我们黄梅戏改革工作乃至整个安徽省地方戏改工作中的一件喜事，它使我们认识到：'在黄梅戏剧目中，确实存在不少富于人民性的东西，这些东西经过反动统治阶级篡改，已经失去了原来的光泽，现在只要一经洗刷，它就会重新放出灿烂夺目光芒来。'"②

《天仙配》的改革是多方面的，今天看来，主要是对董永个性形成过程中其命运的改变。在各种董永遇仙传说当中，其故事模式基本是"孝感——遇仙——分别——得官——送子——寻母"③先是玉帝被董永孝心感动，命七女下嫁，董永得了很多好处；接着董永得中状元，娶傅员外之女为妻。而经过改革的《天仙配》故事，则明显改变了主要人物的命运。主体命运的改变使《天仙配》"特征化"审美更加明显。

一是其外在形象是十分具体可感、真实生动、独特个别的。整理者对传统戏去芜存菁，在原来的剧本中，七仙女和董永是"百日缘"，表达的是"善有善报"理念。整理后的情节有了很大改观：七仙女发现董永的孝心和遭遇，加上不满天宫犯人似的生活，产生了追求幸福的愿望，私自下凡，充满着希望和憧憬，成为诗意化了的篇章。而在具象的生动性方面，保存了神话的特征。这样，无论是戏剧情节、场景描绘、对话唱词，都更加具有个性，真实动人。

二是这一形象所表达或暗示的意义和情致是极其丰富和深刻的。虽然班友书先生曾言改编剧中的"问题是：董永、七仙女分别以后，高潮已过，没有什么戏可演了；更重要的是：它并不能给观众以多大的鼓舞和启发"④。

---

① 陆洪非：《〈天仙配〉的来龙去脉》，《黄梅戏艺术》2000年第2期。
② 班友书：《整理后的黄梅戏〈天仙配〉》，《安徽日报》，1953年11月25日。
③ 纪永贵著：《董永遇仙传说研究》，第83页。
④ 班友书：《整理后的黄梅戏〈天仙配〉》，《安徽日报》，1953年11月25日。

其实改编后的结局使故事少了明确的结尾,似乎与传统接受习惯也有较大距离,但形象的暗示意义和情致的丰富性、深刻性则大大增强。董永遇仙结局在不同剧种、不同地区悲、喜各异。《天仙配》的故事,见于宋元时期话本《董永遇仙传》,成为戏剧题材,现存元杂剧《路遇》一套,载于明郭勋所编《雍熙乐府》。明代民间出现过多种董永戏文的演出本,当时的正统士人对之评价并不高,胡应麟《少室山房笔丛》言其"词极鄙陋。"评价不高的主要原因是两个,一是艺术意义不高;二是在话语范式上与传统经典文本,如诗歌、词曲文本有较大的差距。胡应麟和吕天成都是对古代诗歌别有会心的文士,以他们的欣赏眼光当然看不上流行于民间的、艺术性较差的董永故事。需要提出的是,胡应麟处在明代中晚期,当时"真诗在民间"的理念也十分深入人心。为什么对民间传唱的"董永"却有"词极鄙陋"的批评?这只能是艺术价值和话语范式出了问题。中国传统审美惯性是以形象的空白意义暗示话语内蕴的丰富、深刻性,《天仙配》改编从这里起步是十分合理的。

20世纪50年代初《天仙配》的改编,面对着十分丰富的材料。改编成功的关键是选择了青阳腔的剧本。虽然今天从历史旁观者的身份可以看出这一步的重要性,但在当时,其审美选择可以说是天才般的。因为,青阳腔已经对此前诸多此类故事进行了长期艺术化处理,黄梅戏在此基础上传承与改革,是十分有审美眼光的。上文已经提到,青阳腔表现董永故事,据传取材于顾觉宇的《织锦记》,又名《织绢记》《槐阴记》,全本早失,只有《槐阴分别》部分载于明代青阳腔诸刻本,即《八能奏锦》、《乐府精华》、《秋夜月》、《乐府玉树英》、《乐府万象新》、《群音类选》、《时调青昆》。还有载于《大明春》的《仙姬天街送子》见于《群音类选》的《董永遇仙》。而岳西高腔(即青阳腔)和湖口高腔《仙姬记》保存最为完整。岳西高腔用悲剧结束。在上述剧本或文献中,故事情节十分简单,曲白陈腔滥调,缺少戏剧的基本元素和审美要求,所以胡应麟偶然看到此戏,即言其"词极鄙陋",可见不仅还谈不上有审美和文化意蕴,就是话语和结构,也缺少诗意的逻辑。青阳腔对此前的故事进行了由俗到雅的"雅化"，除唱词和声腔地方化、通俗化以外，强化了审美意蕴，拓展了戏剧审美空间。一是增加了大量的科白，约占全剧的五分之三，使台词与吟唱相得益彰，重要的是，台词具有语浅意深，言外之意的特点。潜台词的出现，不仅使青阳腔的面貌发生了改变，更重要的是，戏剧营造的结构和人物个性丰富了，这一审美提升，为后来黄梅戏从俚俗走向"雅正"提供借鉴，为今后从民间草台走向大舞台奠定了可能性。二是青阳腔的雅化不是毫无止境的，它在一定程度上保留了足够的民间审美特质。比如增加了人物——老末金星，拓展了舞台审美空间，丰富了故事情节。但这一扩展不是随意的，戏里增加什么人，是为了塑造形象的需要，考虑受众审美期待和欣赏习惯。首先，金星出现的意义是为了强化民间韵味，生成通俗、淳朴、风趣的喜剧特色。其次，其情节通过科白来展开。比如，七仙女站在槐树下等董永的到来，董永一见，掉头就跑，走小路大路都被七仙女拦住。从互问对白到愿与他结为夫妻。董永拒绝，还礼，仙女趁董永还礼之机，拿走他的包裹，并将扇子插于董永脑后。二人相争，金星出现，仙女谎称二人有表记。董永不认，金星要搜。双方言定搜得出就到官府，搜不出便罢。结果搜出扇子，董永只好应允……。虽然人物形象和情节还不是十分成熟，但显然是与黄梅戏《天仙配》的审美范式最为接近的剧本，因此，选择青阳腔董永故事，成为黄梅戏《天仙配》成功的最有效选择。

　　黄梅戏《路遇》，在传承了青阳腔，复归到中国传统审美惯性的同时，还吸收了文学、话剧、昆曲、越剧的优长，以简约的话语结构和空白意义表现话语内蕴的丰富、深刻性，这场戏大家较熟悉，不再赘言。同样黄梅戏《槐荫分别》一场，充分发挥黄梅戏歌舞的审美特长，又吸收了话剧表演的技巧，汲取了京昆的声腔表现力和越剧抒情浓郁的造境风格，熔铸成中国现代戏曲的经典片段。不仅舞台美术较为完美，而且在结构上看，对白、音乐、唱腔、舞台动作程式化、演员表情的生机性有机融汇，既贴近现实的真实情景，又是浪漫化的、主观化的，这种浪漫和抒情的篇章，还不仅是具体的感性的，它还营造了心灵的空间，而又蕴含着理性的深刻。董永满工回家的路上，兴高采烈,七仙女则暗暗流泪,一悲一喜,相互衬托。这些最感人肺腑的地方,青阳腔中均已成形,而将金星改为土地菩萨,使戏曲的生活更加贴近现实,贴近原生态的平民百姓的实际,贴近艺术世界的逻辑。一般而言,金星的能耐要大得多,无论是七仙女还是董永都不一定能够调动得了他,而改成土地公公,生活中的逻辑就在作品中增强了,因为土地公公与七仙女、董永更易于打成一片。由于这一段毕竟又是超现实的场景,其中的诗意和悲剧性融合在一起,使这一场《槐荫分别》让人感到格外动人心魄。"有真景物、真感情,谓之有境界"[①],戏曲中营造诗意和悲情相结合的境界,使槐荫分别荡气惆怅的同时,也特别具有深味和生生不息的生命体验。《天仙配》改编的成功因素之一就是实现了悲剧性和诗性的融合,在遵守传统审美惯例的同时,将审美范式进行了符合地域和民族习惯的改造。

这与几代黄梅戏老艺人在移植青阳腔过程中孜孜不倦的艺术发现有关。一是对青阳腔的处理,能够根据人物形象特点和剧情需要,将其中的精华保存下来。二是根据审美规律和戏曲音乐的内在特征,将原曲牌联唱之曲调,改为板腔体的七字句。三是对青阳腔中乏味的语言,全部改为通俗的有生机活力的话语。如槐荫树说话后,青阳腔用念白表达,接着二人唱道:

生唱:深谢娘行美意,五百年前会佳期。

旦唱:妾身不比孟光,君家可比梁鸿。你我姻缘前世配合,此日里,偕伉俪。

生唱:打扮明日转回归,好似蓝田种玉。两意徘徊胜似桃源洞府来。使我心欢意美,(重)。万般愁眉只自知,秦楼一别无消息,始信朱陈会有期,(重)。

黄梅戏老本则改成这样

(内唱仙腔)槐荫开口把话提,把话提,尊声董永听端的,你与娘子

---

① 王国维原著,佛雏校释:《新订〈人间词话〉·广〈人间词话〉》,华东师范大学出版社1997年版,第80页。

成婚配,槐荫与你做红媒。

(董永接唱)这件事情真跷蹊真跷蹊,槐荫树木把话提。对着槐荫施一礼,拜拜槐荫老红媒。公公请上受我一礼,有几句言语不便来提:上无片瓦遮身体,下无寸土度日饥。娘子跟我是好意,饥饿二字后悔迟!

最后,董永向七仙女吐真情,青阳腔有些地方使用陈旧不通的长短句,到了黄梅戏老本,进行了语言通俗化的同时,又加以生机化:

(董永唱)唉,娘子呀! 非是董永将你抛别,有几句知心话不好开言:卖身文约一人去,无挂无牵亦无室妻,今日娘子同我去,怕的是傅奶奶有些生嫌。倘若是傅员外将你看见,我心何忍你心何安! ?

亲切简洁。但黄梅戏老本,在将故事和戏曲地方化的过程中,为了迁就通俗化和群众习惯,把剧本拉得过长,增加了枝蔓。如在故事前面增加董永父病,舅家借银,自卖自身;神仙四值功曹上场中间增加傅公子调戏仙女,仙女用雷神惊吓,傅员外同情董永,命小姐与仙女结伴,这样,在董永与七仙女分别之后,又增加董永傅府招亲,进而进京得进宝状元,仙女送子等等。许多唱词,臃肿拖沓,这是我国民间戏曲的通病,并非《天仙配》独有。这一切,只有经过文人加工后,其面貌才能得到改变。

## 三、文人化: 受众体验空间的拓展与民间情意的深化

而经过进一步改编的《天仙配》,无论是情节还是唱词、道白,都进行了深入的特征化,其方法是中国诗词曲通用的因简去繁,以简约的话语或话语结构造就生机蓬勃的话语世界,使得受众感受艺术境界时的体验空间得以尽可能大地拓展。

艺术体验空间进一步拓展,得益于文人的参与,文人化是《天仙配》成

为经典范式的重要因素。《天仙配》的改编,经历了漫长而反复的过程,从"墨本"到"台本",再从"台本"回到"墨本",经过几个回合的反复与实践,才逐渐丰富和成熟起来。上述提及它从青阳腔到黄梅戏的渐进发展,也说明了这个问题。从1951年开始,《天仙配》台本经过了文人大量的不断改编、提炼,逐步得以完善的。我们以《路遇》唱词的两个版本为例,即可说明问题:

班友书版:"树上的鸟儿喳喳叫,一路鲜花笑开颜"。
陆洪非版:"树上鸟儿成双对,绿水青山笑开颜"。

这一改动,意思虽然不变,都是兴奋喜悦中赞叹七仙女的才能,但上述例中的后者由于节奏和音响色泽有了变化,境界也有改变,所以唱词的格调更易于表达当时夫妻二人的神情。从受众的角度,体验空间朝着更为具体方向拓展,因为"鸟儿喳喳叫","鲜花笑开颜"比"树上鸟儿成双对,绿水青山笑开颜"显得俚俗和生硬,空间也局狭些,而《织绢》的两个唱段,后者节奏自然、朴质,显得调纯语畅,生机律动,生动活泼许多,民间化的情意更加浓厚。

文人化还体现在故事内容空间的拓展方面。《天仙配》的版本曾根据中央"三改"精神,作了内容方面的改造。一是改变了内容的取向。原有内容主要是因果报应的故事,经过去芜存菁,改编为神话故事。二是改变了故事内容的价值取向。本为玉帝为了奖赏董永孝行,命七女下凡百日,改为七仙女瞒着玉帝,下嫁董永,价值取向就转变成争取婚姻自主的意义。三是改变了主人公的身份,由秀才董永改为雇农。四是改变了故事情节结构,由正剧改为悲剧,赋予相反的美学蕴含和相异的接受心理。从整个剧本结构看,对成熟的部分没有改动,而对剧情和价值取向实现无意义的部分则进行删除,如,砍去父病、借银、卖身、调戏、结伴、傅府招亲、中状元、送子等情节,确立了辞窑、鹊桥、路遇、上工、织绢、满工、分别等七场,使剧本所表现的内容,进一步雅化和民间化,更加贴近生活本来的样子。按照接受理论的观点,人们在自己熟悉的生活和自己熟悉的文化基础上，较为容易展开联想与体验，这使得《天仙配》内容空间的拓展成为可能，也为全剧进一步修改奠定了基础。后来陆洪非先生继续改编《天仙配》全本，仍以悲剧结束，不是"送子"作为结局，虽然以《送子》结局会满足群众的善良愿望，但受众接受的空间就没有了。《鹊桥》这场戏陆洪非先生在原唱词基础上加以润色修饰，几段"赞"比原唱词优美得多，明显吸收了中国诗词意境的创造方式，境界的创造，也自然使艺术空间更为广阔。

在表演形式上，运用京昆中的简洁的舞蹈动作，动作不累赘，不繁琐，使动作的意蕴更加丰富，产生虚灵的空间效果，使这出戏获得新的生意。这样，《天仙配》全剧就从始至终在审美和文化两重层面上，都显得十分完美，从而确立了它的戏曲经典地位。

## 四、民间曲调与古典声律的雅化

改编的《天仙配》曲调中，仍然将民间唱腔文人化，使民间唱腔朝着文雅的方向改进，以表达丰富的情感和复杂的意绪。在最具代表性的唱段中，有"平词"、"彩腔"、"仙腔"、"八板"、"哭腔"等。《分别》一场，采用"仙腔"、"八板"、"哭腔"、"散板"。舞台上，董永昏倒在地，七仙女告别唱段中"董郎昏迷在荒郊，哭得七女泪如涛"，运用的是"散板"，与原来的唱腔相比，严凤英的唱词是彩腔，适合抒发难舍、悲戚和愤恨的复杂心情，更有利于使这时的复杂意绪表现出来，而且唱腔朝着优雅的表现方式表达出来。不仅如此，"彩腔"在刻画人物心理活动方面，也取得了意想不到的效果，似乎人物心理变化的曲线和音乐节奏的流动一致、同构并达到共鸣的效果。这不仅提高了唱腔的审美水平，而且使古典质朴的山野声律走向了大雅之堂。同样，后面接着的"你我夫妻多和好，我怎忍心将你丢抛"，用"仙腔"和"哭板"，在前面"彩腔"的基础上，将复杂激动的感情抒发得淋漓尽致的同时，又以平稳、缠绵的节奏风格整合上述富于变化的音律，表达她和董永的夫妻恩爱,使爱情主题进一步凸显。

民间曲律的雅化不仅表现在表达丰富的情感和复杂的意绪,还表现在表达富于变化的情感。正是由于董永夫妻恩爱,其分别不单有着一般夫妻的黯然销魂,而且恩爱夫妻别离,显得格外让人悲伤哀痛:"为妻若不上天去,怕的是连累董郎命难逃。"别离的悲伤,加上来自天庭的压力、自己的苦衷、和对爱人的无限牵挂,与对天庭的反抗、对董郎的深深眷恋融合在一起,构成情感的快速变化律动,这一变化节奏,和音乐唱腔的节律一致,为了表现这种快速的情感变化,下面紧接着运用"八板",以更加快速的音律表达时间紧急、心情紧张、复杂多端的情况下撕罗裙咬破手指写血书的情景,这时,情感凝聚到顶点,剧中唱腔又变化为"新腔"和"双哭腔":"来年春暖花开日,槐荫树下啊……,董郎夫啊……把子来交,把子交!"这样的旋律成功地表现出人物心理和情感方面的变化,这与唱词曲调和整个表演系统的文人化或雅化是有密切关系的。一是天才地运用民间曲调表达民间最为熟悉、也最为动人的恩爱情感,并使这一情感增添浪漫温馨而又令人怅惘凄迷的色调;二是在舞台布景方面,古典艺术的意境创造方式天衣无缝地融合到戏曲表演和演员动作上,不仅做到情景交融,而且做到人物与情境、人物与音乐、舞台布景与表演有机协调,以最为简约的各种艺术符号和细节,表现异常丰富的情感和多姿多彩的民间生活图景,使艺术时空生机弥漫,真气永驻。三是唱词的诗化和情意化。唱词的诗化除了唱词本身和曲调的雅化以外,最为值得称道之处,是歌词和曲律两方面的情意化,《天仙配》的唱词在这方面有卓越的建树。

叙事唱词的"情意化"往往最为不易,但在《天仙配》中却收到令人意想不到的效果。《路遇》中七仙女向董永倾吐爱情,将民间的质朴深情和文人创造的情意融汇,使情意化的成果既质朴情深,又优雅动人,显得调纯气畅,生活气息浓郁:"大哥休要泪淋淋,我有一言奉劝君:你好比杨柳遭霜打,单等春来又发青。小女子我也有伤心事,你我都是苦根生……我本住在蓬莱村,千里迢迢来投亲。又谁知亲朋故旧无踪影,天涯沦落叹飘零。"我们仅仅从唱词内容就可看到民间审美特征与文人艺术追求的结合，若细加分析，情况就更为明显。这段唱词采用了"平词"和"彩腔"这两种曲调，平词里面有"起板"、"上下句"、"落板"。"大哥休要泪淋淋"是"起板"，平缓而富于变化，深情而质朴，曲调纡徐回旋，紧接着是"落板"："你我都是苦根生"，从唱词内容看，伴随慰藉和将心比心的劝慰，体贴入微，把平缓、纡徐的曲调推向极致，"情意化"程度随着这种曲调和七仙女的动情话语，不断得以丰富，随之而来的是雅化的"彩腔"："我本住在蓬莱村，千里迢迢来投亲。又谁知亲朋故旧无踪影，天涯沦落叹飘零。"这里对老调的雅化，使曲律与悲伤、欢快、慌张、害羞、大胆、爱董永等丰富复杂的情感或情绪一起，构成了隐藏着的多声部共鸣，在表面对话之外，其实还有看不见听不到的心灵的声音。大大提高了黄梅戏的审美品质，使之成为20世纪最有魅力的艺术形式之一。这也是《天仙配》改编后产生强烈反响和惊人的轰动效应的主要原因。

（本文原载《江淮论坛》2011年第3期）

# 影视传媒对黄梅戏的传播与发展

叶当前

电影电视作为20世纪人类重要的文化现象,以其强大的综合性能把戏剧、音乐、绘画、雕塑、建筑、舞蹈等各门艺术融为一体,很快独立占据艺术门类的一席之地;作为大众传媒,电影电视以其先进的电子声像手段,延伸了人类的视觉功能与听觉功能,突破了传播时间与空间的局限,为经典艺术的传播提供了全新的途径。作为中华民族文化的一枝奇葩、"具备东方美学特质的"[①]中华戏曲,从影视传媒进入中国时起,就与电影电视结下不解之缘,戏曲影视丰富了影视艺术的内涵,影视传媒开掘了戏曲传播路径,促进了戏曲事业的发展。在影视与戏曲表演融合发展上,影视专业人士与戏曲表演艺术家在实践上先行一步,根据高小健《中国戏曲电影史》附录三《中国戏曲影片目录》著录,一百多年来,从《定军山》开始拍摄了60多个剧种350多部戏曲电影[②],随着20世纪50年代北京电视台开播,戏曲频道、戏曲栏目、戏曲电视剧、戏曲晚会等迅速推出,促进戏曲艺术快速实现广场—剧场—院线的"三级跳"。作为安徽省地方大戏、国家非物质文化遗产的黄梅戏,从1955年《天仙配》电影出品以来,影视编导与黄梅戏表演界也在不断探索黄梅戏与影视传媒的融合课题,摸索黄梅戏传承发展的实践之路。

随着实践积累,现代传媒背景下的戏曲传播学研究日渐兴盛,戏曲电影、戏曲电视剧、戏曲的网络传播成为学术研究的热点。然而,大众传媒视野下黄梅戏传播研究领域还主要是一些影视编导、表演艺术家的经验之谈与观众感悟,史学梳理与理论建构亟待加强。笔者从戏曲影视视角管窥影

---

① 廖奔著:《中国戏曲史》,上海人民出版社2004年版,第1页。
② 高小健著:《中国戏曲电影史》,文化艺术出版社2005年版。

视传媒与黄梅戏的融合发展问题,旨在抛砖引玉,求教于方家。

## 一、黄梅戏电影电视发展简况

高小健把戏曲电影发展的历史分为七个阶段①,黄梅戏电影起步于戏曲电影视的成长阶段,由于有半个世纪的积淀与三十多部京剧电影的实践经验,第一部黄梅戏电影《天仙配》便是比较成熟的作品,影片创作坚持"一切服从镜头需要,镜头服从人物的形象刻画与演员的表演设计"的基本方针,"打破舞台框子,跳开这个束缚电影创作的东西,拿掉仅仅是属于舞台演出形式的东西,用电影的特性将舞台所不能表现的东西给以形象化"②,避免了早期戏曲电影实录式拍摄的做法,影片一经问世就产生了轰动效应,很快成为家喻户晓、有口皆碑的佳作。"严凤英每天收到大量的观众热情洋溢的来信","还有的同志看了电影《天仙配》,自己带着大提琴,长途跋涉,自带伙食,找到合肥剧团里来,义务为严凤英的演出伴奏几个月",影片被推荐参加捷克斯洛伐克的卡罗·维发利第九届国际电影节,又先后在埃及与芬兰中国电影周上放映,黄梅戏第一部电影就跨进了国际影坛,这部当年"投资最少,而发行拷贝最多的片子",也让摄制组在年终评奖时得到了奖励。③《天仙配》在香港上映更是获得巨大成功,打破了所有在香港放映过的欧美影片的卖座纪录,进一步促进了邵氏黄梅调电影的诞生。大导演张彻说:"香港的国语片,第一步'起飞'便是由于拍摄传统戏曲'黄梅调'。在邵逸夫主政下的邵氏公司,开始注入大量资金来拍国语片,第一部大成功的是李翰祥导演的《江山美人》。以前国语片在香港

---

① 高小健《中国戏曲电影史·戏曲电影发展的历史分期》从戏曲电影摄制的情况把戏曲电影的发展分为七个阶段:第一阶段为初始实验阶段(20世纪10、20年代);第二阶段为初步探索阶段(20世纪30、40年代);第三阶段为成长阶段(1953—1955);第四阶段为百花齐放的繁荣阶段(1956—1963);第五阶段为极端政治化阶段(1964—1975);第六阶段为新戏曲繁盛阶段(1976—1988);第七阶段为整体衰落阶段(1989至现在)。
② 魏绍昌编:《石挥谈艺录》,上海文艺出版社1982年版,第249—252页。
③ 王冠亚著:《严凤英——并非传奇的传奇》,长江文艺出版社1985年版,第411—412页。

卖座以'万'为单位,此后才以'十万'为单位,而到了翰祥导演的《梁山伯与祝英台》造成高峰,全香港的影片,成了'黄梅调'的天下,可说传统戏曲影响最大也最表面化的一个时代。"①一部《天仙配》引领了电影史上一个流派,影响了一个时代,促成了一项创意,黄梅戏电影从一起步就表现出强劲的发展势头。

二十世纪五六十年代是戏曲电影的黄金时代,黄梅戏电影乘此东风,先后推出经典影片《女驸马》、《牛郎织女》等。《女驸马》是严凤英在上海拍的第二部黄梅戏电影,由刘琼导演,海燕与安徽电影制片厂联合摄制;《牛郎织女》没有原舞台戏,起初叫《天河配》,由海燕与香港大鹏影业公司联合拍摄,是严凤英主演的第一部彩色电影片,这部黄梅戏电影充分运用了电影技巧,如用动画拍摄了鹊桥,用透明的柱子烘托天庭虚无缥缈的气氛,用假牛逼真再现了老牛的形象。②《女驸马》上映后,在我国香港、台湾又掀起一次黄梅热,在东南亚放映后,反响强烈;《牛郎织女》则受到越共主席胡志明的好评。

《天仙配》、《女驸马》、《牛郎织女》等为黄梅戏电影打开了一个良好的开端,无论是放映场次、观众人次、国内外影响都达到了一个高峰。③可惜"文化大革命"中断了黄梅戏电影大好的发展势头,1976年由上海电影制片厂摄制的《小店春早》、珠江电影制片厂摄制的《红霞万朵》以妇女抵制资本主义、巩固集体经济为主题,是戏曲政治化的产物,并没有迅速促成黄梅戏电影的复兴,新一轮的兴盛要等到改革开放。

随着80年代中国戏曲电影第二次高潮的到来,黄梅戏电影《杜鹃女》、《龙女》、《孟姜女》、《母老虎上轿》、《香魂》、《朱门玉碎》等纷纷拍摄上映,掀起了黄梅戏电影的新高潮。首先,以这些电影为媒介,推出了一批新

---

① 张彻著:《回顾香港电影三十年》,三联书店(香港)有限公司1989年版,第16页。
② 赵景勃、冉常建主编:《舞台与银幕之间——戏曲电影的回顾与讲述》,中国文联出版社2007年版,第60—62页。
③ 陆洪非《黄梅戏源流·〈天仙配〉上银幕之后》记载了《天仙配》截至1959年底国内上映场次达到154 108场,观众达到143 049 434人次,在香港连续上映35天280场的空前盛况。

演员，为黄梅戏舞台演出培养了人才；其次，这些电影不断尝试实景拍摄，思考镜头表演与舞台演出的区别，充实了戏曲电影的艺术内涵。然而，由于严凤英、王少舫的深远影响，新片难以超越《天仙配》、《女驸马》、《牛郎织女》这三部老电影，新剧目的优美唱段也没有搭上八十年代流行歌曲的风靡班车，黄梅戏电影最终只能留在"老三篇"的记忆之中。在中国戏曲电影的整体衰落时期，黄梅戏电影不绝如缕，1991年湖北电影制片厂与长春电影制片厂联合出品了《血泪恩仇录》，1995年安徽省委宣传部与安徽电视台、安徽电影制片厂联合摄制《徽商情缘》，2000年安徽电影公司摄制了《山乡情悠悠》，2001年安徽电影制片厂拍摄《生死擂》。《徽商情缘》获第三届中国电影华表奖优秀戏曲片奖；《山乡情悠悠》获第七届中国电影华表奖优秀戏曲片奖；《生死擂》是一部彩色宽银幕立体声戏曲片，堪称黄梅戏电影的大片，荣获中宣部"五个一工程"奖、中国电影"金鸡奖·最佳戏曲片"等大奖。然而由于时代的发展、戏曲电影的整体式微、黄梅戏改革与传承的瓶颈等问题，这些黄梅戏电影淹没在现代票房主导的电影大潮中，并没有迎来黄梅戏电影的新世纪。

黄梅戏电影第二次兴盛时，黄梅戏电视剧已经兴起，并以电视传媒的强大优势后来居上，迅速担负起近三十年黄梅戏传播的重任。程华德《屏幕上的黄梅戏》（载《黄梅戏艺术》1997年第1期）一文及胡亏生《黄梅戏风貌》"黄梅戏拍摄年记"一节梳理了黄梅戏电视的发展状况，特别是胡先生搜罗翔实，重点关注影视片外，黄梅戏艺术节展演、黄梅戏纪录片、黄梅戏舞台录像、黄梅戏MTV、CD碟片等都一一列举，整理之功不可不提。许公炳《建国六十年来黄梅戏电影电视剧要目》（载《黄梅戏艺术》2010年第2期）一文著录了1955年《天仙配》出品以来包括黄梅调在内的19部黄梅戏电影和41部黄梅戏电视剧，按照片名、拍摄年份、获奖、编剧、导演、主演、出品单位体例分别著录，可资参考。以下仅就《大众电影》金鹰奖获奖作品列表如下，略窥黄梅戏电视剧的发展简况。

《大众电影》金鹰奖获奖黄梅戏电视剧一览表：

| 序号 | 届别 | 年份 | 名称集数 | 导演 | 主演 | 出品单位 | 备注 |
|---|---|---|---|---|---|---|---|
| 1 | 三 | 1985 | 《郑小娇》五集 | 吴文忠、陈佑国 | 韩再芬、李萍、熊辰龙 | 安徽电视台 | |
| 2 | 四 | 1986 | 《七仙女与董永》六集 | 吴文忠、陈佑国 | 马自俊、汪静 | 安徽电视台 | |
| 3 | 五 | 1987 | 《女驸马》四集 | 吴文忠、陈佑国 | 韩再芬 | 安徽电视台 | |
| 4 | 六 | 1988 | 《西厢记》五集 | 胡连翠 | 马兰、马广儒、汪静 | 安徽电视台、黄山音像出版社 | 获"银燕奖"、"金三角"奖、"南海金猴奖" |
| 5 | 六 | 1988 | 《严凤英》十五集（金鹰奖最佳女主角单项奖） | 金继武、葛晓英 | 马兰、李萋、韩军 | 南京电影制片厂、江苏音像出版社 | 第8届飞天奖一等奖、马兰获优秀女主角奖 |
| 6 | 七 | 1989 | 《朱熹与丽娘》五集 | 胡连翠 | 李连元、汪静 | 安徽电视台、华皖事业集团 | 第9届飞天奖二等奖 |
| 7 | 八 | 1990 | 《天仙配》四集 | 曹建坤 | 韩再芬、潘辉 | 安徽电视台、黄山音像、海威特音像有限公司 | |
| 8 | 九 | 1991 | 《黄山情》三集 | 吴文忠、陈佑国 | 黄婉秋、黄新德、郭霄珍 | 安徽电视台 | 第11届飞天奖戏曲电视剧三等奖 |
| 9 | 十 | 1992 | 《桃花扇》五集 | 胡连翠 | 韩再芬、侯长荣 | 玉溪卷烟厂、安徽电视台 | 第12届飞天奖戏曲电视剧二等奖、"南海金猴奖" |
| 10 | 十一 | 1993 | 《半把剪刀》六集 | 胡连翠、李连元 | 汪静、侯长荣 | 黄山电视台 | |
| 11 | 十二 | 1994 | 《玉堂春》七集 | 胡连翠 | 林南、侯长荣、韩军 | 安徽电视台 | 第14届飞天奖戏曲电视剧三等奖 |
| 12 | 十三 | 1995 | 《孟丽君》六集 | 胡连翠 | 韩再芬、侯长荣 | 安徽电视台 | 第15届飞天奖长篇戏曲电视剧三等奖 |

续 表

| 序号 | 届别 | 年份 | 名称集数 | 导演 | 主演 | 出品单位 | 备注 |
|---|---|---|---|---|---|---|---|
| 13 | 十四 | 1996 | 《家》八集 | 胡连翠 | 侯长荣、周莉、吴亚玲 | 中国电视剧制作中心、安徽电视台 | 第16届飞天奖戏曲电视剧二等奖 |
| 14 | 十五 | 1997 | 《春》六集 | 胡连翠 | 侯长荣、周莉 | 中国电视剧制作中心、安徽电视台 | 第17届飞天奖戏曲电视连续剧一等奖 |
| 15 | 十六 | 1998 | 《秋》八集 | 胡连翠 | 侯长荣、韩再芬、张辉 | 中国电视剧制作中心、安徽电视台 | 第18届飞天奖二等奖 |
| 16 | 十七 | 1999 | 《啼笑姻缘》十二集 | 胡连翠 | 张弓、周莉、汪静 | 中央电视剧制作中心、安徽电视台 | 第19届飞天奖戏曲连续剧三等奖 |
| 17 | 十九 | 2001 | 《二月》六集 | 胡连翠 | 郭宵珍、田海燕、张弓 | 中国电视剧制作中心、安徽电视台 | 第20届飞天奖戏曲连续剧二等奖 |
| 18 | 十九 | 2001 | 《木瓜上市》四集 | 吴文忠、陈佑国 | 余顺、李文、田海燕 | 安徽省宣传部、安徽电视台 | 中宣部第八届"五个一工程"奖入选作品 |
| 19 | 廿四 | 2008 | 《李清照》五集 | 葛晓、陈佑国 | 蒋建国、孙娟 | 中央电视剧制作中心、安徽电视台 | 第26届飞天奖戏曲电视连续剧二等奖 |

从1982年安徽省电视台摄制两集黄梅戏短篇电视剧《双莲记》以来，几乎年年都有作品问世，特别是1985年《郑小娇》起，不断有黄梅戏电视剧获得《大众电影》金鹰奖戏曲电视连续剧优秀奖，或荣获"五个一工程"奖、"飞天"奖等各项大奖，而且这些电视剧播出反响大，堪当"既叫好又叫座"的佳片。胡亏生总结黄梅戏影视发展状况时，用"六个最"来概括其风貌，所谓"涉足最早，数量最大，题材最广，获奖最多，品味最高，影响最为广大而深远"[①]，是有一定道理的。

---

① 胡亏生著：《黄梅戏风貌》，安徽人民出版社2008年版，第196页。

## 二、影视传媒对黄梅戏的促进

在影视与戏曲结合发展的大背景下，业内人士开始思考影视传媒与黄梅戏的结合问题，或称嫁接、或言联姻、或立黄梅戏音乐剧之名，理论虽不厚实，但黄梅戏影视实践却成绩斐然，围绕实践的研讨促进了影视传媒与黄梅戏舞台艺术融合发展问题的思考。吴钟谟主编《金鹰展翅唱黄梅：获奖黄梅戏电视剧导演阐述及其他》一书以十部金鹰奖获奖作品为对象，通过"导演阐述"从实践角度解析了黄梅戏舞台剧与电视剧的异同，附录学术论文从受众角度探讨了黄梅戏电视剧的艺术魅力与特征。1997年召开的"胡连翠黄梅戏音乐电视研讨会"，是电视评论界对胡连翠黄梅戏音乐电视艺术道路一次全面的总结和肯定，孟繁树把胡连翠黄梅戏音乐电视剧与李希茂太谷秧歌电视剧、贾海泉京剧电视剧并称为戏曲电视剧的三大创作流派，在《戏曲电视剧艺术论》一书中辟专题论述胡连翠及其剧作，对胡连翠导演的黄梅戏音乐电视剧给予高度评价。① 由此可见，影视传媒与黄梅戏艺术融合课题开始受到学术界的关注。在此基础上，从实践出发，结合戏曲影视领域比较成熟的理论，思考影视传媒对黄梅戏的传播与发展的促进作用，还是有较强的理论与现实意义。

其一，黄梅戏影视是在影视业与黄梅戏艺术充分发展的基础上兴起的，随着电子传媒的发展，黄梅戏艺术有可能实现广场艺术狂欢化回归。黄梅戏电影主要摄制于戏曲电影两大高峰时期，黄梅戏电视剧是在广播电视事业取得了较大进展的八十年代兴起，因此黄梅戏影视业顺应了时代潮流。1955年摄制《天仙配》时，戏曲电影已经积累了相当丰富的经验，老一辈导演与表演艺术家在分镜头问题、特写镜头忽略了舞台戏腿功问题、选演员而放弃舞台搭档问题、舞台与搭景及实景的关系、影视表演如何运用舞台夸张

---

① 孟繁树著：《戏曲电视剧艺术论》，北京广播学院出版社1999年版，第88页。

演技问题等都有了积极的探索与长足的思考,拍摄黄梅戏电影没有大的技术障碍。有些黄梅戏电影是与香港公司合拍的,能够较好地吸引香港先进的技法,在某种程度上说是走在时代前列的。而八十年代以来,黄梅戏电视剧年年丰收,也是黄梅戏艺术自身发展的必然结果。周华斌说:"戏曲由广场进入剧场,又由剧场进入电视,意味着载体和媒体的改变,意味着戏曲正在开拓新的传播天地和艺术天地。应该说,这是戏曲发展史上的又一个里程碑。"① 黄梅戏目前仍处在广场演出、剧场演出、茶社演出、影视播出综合杂糅状况,如何充分发挥影视传媒的技术手段,把影视传媒丰富的舞美、灯光、音响等手段运用到舞台演出,还需要不断探索。然而黄梅戏影视界一直追求精品意识,经典的叫座作品与大量的获奖作品足以说明黄梅戏已经跨出了富于里程碑意义的这一步。

当然,在市场经济大潮中,许多经典被不断改编与翻拍。经典黄梅戏影视也同样面临这样的境遇,如《天仙配》、《孔雀东南飞》、《牛郎织女》等长篇电视剧,故事性更强,戏曲性淡化或消退,黄梅戏影视如何应对这种机遇与挑战,如何在改编或创作新剧目的同时,充分运用互联网等电子传媒及演艺新人重新打造经典,摄制3D、4D精品黄梅戏电影,打造实景黄梅戏印象演出,使黄梅戏经过螺旋式发展重新回到广场化,做到继承与创新并举,是一个值得探讨的课题。

比尔·盖茨说:"将来有一天,一个虚拟现实游戏能让你进入一个虚拟酒吧,在那儿与一个'不一般的人'目光相遇,那人意识到你对他(她)有兴趣,就走过来与你交谈。你滔滔不绝地说话,用你的魅力和机智给这个新朋友留下深深的印象。也许你们两个,当时当地,就决定要一起去巴黎。唔——嘘!你们就在巴黎了,两人一块儿注视着巴黎圣母院的彩色玻璃。'你有没有在香港坐过"星海渡船"?'你也许会问你的朋友,以邀请式的口气。唔——嘘!模拟现实当然要比所有曾经有过的电视游戏更吸引人,也

---

① 周华斌:《戏曲的记录、传播与再创——〈中国电视戏曲研究〉序》,杨燕主编:《中国电视戏曲研究》,北京广播学院出版社2002年版。

更令人上瘾。"①随着电子传媒的不断发展,比尔·盖茨的预言早在各种戏曲艺术中得以虚拟化重现,如印象西湖的白娘子、印象刘三姐中的刘三姐等即是。黄梅戏由舞台化走向影视化,实景运用越来越多。摄影师冯秉镛从电影拍摄舞台戏曲片的历史出发,把戏曲电影的拍摄分为三个阶段,即实录式拍摄、搭景拍摄、实景拍摄,在摄制《母老虎上轿》时,他就运用了大量徽州实景,"除了影片中的茶馆戏、洞房戏,其他地方都是实景拍摄"②。然而,《天仙配》、《牛郎织女》、《龙女》等诸多人神恋爱的黄梅戏影片,都要涉及仙境,实景与传统特技已经不能满足现代影视发展的需要,如果重新打造这些经典之作,电脑特效与动画技巧必不可少;如果把这些耳熟能详的经典以逼真的虚拟特效搬到实景舞台,无疑会促进黄梅戏广场化的狂欢式回归。从这个意义上说,黄梅戏的影视化是黄梅戏文化创意与回归广场的必由之路。

其二,影视传媒能够有效传承黄梅戏非物质文化遗产。黄梅戏和诸多戏曲艺术一样属于非物质文化遗产,精湛的表演艺术只能通过口头与动作方式代代传承,是历史文化的"活化石"。优秀的表演艺术家都面临着传承衣钵的问题,梅兰芳曾说:"我国的舞台艺术,流派繁衍,遗产丰富,往往只集中在某些老艺人身上,如不抓紧时间,把他们的绝技记录下来,对于继往开来是很大的损失。"③的确是这样,老一辈黄梅戏表演艺术家严凤英、王少舫、潘璟琍等高超的技艺和经典剧目,通过影片、光碟等形式保存下来,为黄梅戏新人提供了珍贵的范式,为黄梅戏研究保留了鲜活的资料,让老一辈艺术大师的声名通过影视形象流播后世,延长了老一辈艺术家的艺术生命。往大的意义上说,为黄梅戏剧种的发展提供了条件。事实也是如此,新生代黄梅戏演员无不从老一辈艺术家身上汲取营养。如黄梅戏一级演员余顺在"纪念黄梅戏大师王少舫诞辰90周年座谈会"上说:"我虽然没有亲身得到

---

① [美]比尔·盖茨等著,辜正坤主译:《未来之路》,北京大学出版社1996年版,第328页。
② 赵景勃、冉常建主编:《舞台与银幕之间——戏曲电影的回顾与讲述》,第164—166页。
③ 梅兰芳著:《我的电影生活》,中国电影出版社1984年版,第2页。

王少舫先生的指点，但是通过他遗留下的艺术遗产资料，和他家人的相处，通过许多同他共事的老同志的评述和怀念，他的人格魅力，还是深深地吸引了我，让我去了解他。"①王少舫"遗留下的艺术遗产资料"应该少不了影片、光碟、录音带。同样，影视媒介留存下来的不仅仅是优秀演员的表演艺术，还留存了优秀导演、优秀摄影、优秀美工对于戏曲影视的思考与摸索，如石挥导演的《天仙配》，至今还影响着《天仙配》舞台剧的表演。

其三，影视传媒能够促进黄梅戏舞台艺术的提升。梅兰芳说："戏曲演员在舞台上演出，永远看不见自己的戏，这是一件憾事。只有从银幕上才能看到自己的表演，而且可以看出自己的优点和缺点来进行自我批评和艺术上的自我欣赏。电影就好像一面特殊的镜子，能够照见自己活动的全貌。"②影视好像一面镜子，摄影机实现了演员表演的机械复制，这就为演员反观自身演出创造了条件；另一方面，对演员演出的要求更加严格，演出不仅要符合观众的口味，还要符合导演、制片等专业人士的要求。更高的要求使演员发掘出更加灵动的艺术表现力，在思考舞台动作与舞台语言向影视动作及影视语言转换的时候，客观上促进了演员对自身表演的思考，提升了表演艺术。

当然，影视毕竟不同于舞台，其后期的剪辑能够弥补表演上的不足，分镜头拍摄不必像舞台表演那样拘泥于格式塔，拍摄也不必按照故事发展的先后展开，特写的运用可以更加强化演员的拿手身段与动作，也可以忽略演出过程中不必要的程式。总之，在影视摄制过程中，演员主要面向摄像机，有时候演对手戏的角色甚至可以缺席，演员只要与虚幻的人物对话即可，有时候大段唱腔与虚幻的景象剪辑在一起，从而略去了舞台表演的一连串动作。这就要求演员要有丰富的想象力，充分理解角色，通过唱段或对话刻画出人物的艺术张力。然而，在舞台演出时，角色都在台前，即使没有台词也

---

① 宋艺：《纪念黄梅戏大师王少舫诞辰90周年座谈会在肥举行》，http://www.chinanews.com.cn/cul/2010/09-30/2565534.shtml。
② 梅兰芳著：《我的电影生活》，第3页。

需要一系列的程式化动作与表情配合表演,有时候会产生配角令观众印象深刻、主角却不甚了了的负面效应。如果把影视表演中丰富的想象力与黄梅戏舞台演出的程式有机结合起来,也许能够从根本上推进舞台表演程式化的革新。

其四,影视传媒凭借自身高效的传播功能,客观上培养和推介了大批黄梅戏新人。一名优秀的表演艺术家,如果通过实地到各地参加汇演来传播艺术,是一件非常困难的事情。梅兰芳就曾说过:"我的志愿是以此献给中国边远地区的城镇居民,好让他们有机会欣赏本国的古典戏剧。一个演员就是消磨了终身的岁月,也不能够周游中国境内九百六十万平方公里来表演他的艺术,这回却可以利用西方新式的模式,拍成有声的影片,把中国世代积累下来的艺术传遍遐迩,这是我很感兴趣的事。"[1]黄梅戏也是如此,必须借助影视传媒,运用"电影电视中的声像化的戏剧表演,将戏剧由剧场、电影院转入普通家庭",从而让"传统的戏剧表现方式因视听载体的变革而拓展到无限时间"[2]。

事实上,与舞台表演相比较,影视演员的专业化要求标准不同,张艺谋甚至用非职业演员魏敏芝出演电影主角,巩俐、章子怡等正是借助张艺谋电影这个平台一举成名。黄梅戏影视也是如此,如马兰在主演《龙女》后,名声远播;韩再芬16岁主演《郑小娇》而家喻户晓,成长为黄梅戏的领军人物;2009年摄制的五集黄梅戏电视剧《郎对花姐对花》中,安庆师范学院黄梅戏剧艺术学院学生黄梅戏青年演员国丹出演百灵,确是一次难得的锻炼机会。当黄梅戏以大众传播的方式进入千家万户,一批批黄梅戏演艺人员在屏幕上崭露头角,从此踏上星光大道。随着电子媒介的发展,家庭影院、互联网、数字电视日渐融为一体,影视传媒的传播效应更为明显。影视传媒对黄梅戏新人的推介确实功不可没。

---

[1] 梅兰芳著:《我的电影生活》,第31页。
[2] 周华斌:《戏曲的记录、传播与再创——〈中国电视戏曲研究〉序》,杨燕主编:《中国电视戏曲研究》,北京广播学院出版社2002年版。

总之，从黄梅戏蓬勃发展的影视实践中不难发现影视传媒对黄梅戏传播与发展的重要意义，联系戏曲影视日渐丰富的理论成果，发掘黄梅戏影视与戏曲影视的共性与独特性，对实践的指导意义亦不言而喻。从振兴文化产业与文化体制改革的时代要求来看，黄梅戏与影视的结合，可以为大众接受黄梅戏提供最有效的媒介，为黄梅戏的文化创意提供新的视点，进而为振兴黄梅戏艺术、促进影视艺术民族化开掘新路。

（本文原载《文艺争鸣》2011年第6期）

# "黄梅小戏"科诨艺术的语言策略和方式

江结宝

科诨，又称"插科打诨"，是戏曲创作、演出中的一种特殊的形式。科诨以滑稽的语言和动作让人发笑，是古典戏曲构建喜剧性情境的一种重要手段。

"黄梅戏从十八世纪末的乾隆后期开始萌芽，到二十世纪初辛亥革命前后已形成了一个独立的剧种。"[①]黄梅戏的形成经过了从采茶调到小戏再到大戏（也称本戏）几个阶段。采茶调并非仅指采茶歌，它是各类民歌小调的代称。小戏指在采茶调基础上发展起来的表现农村生活片段的独角戏、两小戏（小旦、小丑）和三小戏（小旦、小丑、小生）。

早在辛亥革命前，黄梅戏就有了"大戏三十六本，小戏七十二出"的说法。笔者据《安徽省黄梅戏传统剧目汇编》[②]（第九、第十集）统计，得到小戏共64出。研读这些小戏，我们发现，64出小戏中，有46出算得上活泼灵动的小型喜剧，占小戏总数的71.88%，其中呈现大量的个性鲜明的科诨语言材料；即使少数不便看作喜剧的小戏，其中也不乏令人欣喜的科诨语言材料，可以说传统黄梅戏小戏（简称"黄梅小戏"），每出都存有科诨语言材料。因此，可以肯定地说，科诨艺术是传统黄梅小戏创作中最突出的使用频率最高的艺术手段。

古今学者对于科诨都很关注，但大多从其功能、格调或演变轨迹等角度进行研究。科诨是戏曲创作和表演的艺术，但从其生成角度看，它也是语言艺术，人正是积极发掘和运用了种种语言手段，才构成了科诨艺术。本文试

---

① 陆洪非编著：《黄梅戏源流》，安徽文艺出版社1985年版，第43页。
② 1958年安徽省文化局剧目研究室编，1998年安庆市文化局重印。

图从语言学角度,对传统黄梅小戏科诨艺术的语言策略和方式作出如下的分析和归纳。

## 一、利用语音要素

语音是语言的形式,是语言语义赖以存在的方式。但是任何语言的语音形式都是有限的,而语义却极其丰富乃至无限。因此,语言中便大量存在着同音词和近音词,影响到人们的言语实践,便不可避免地出现误说和误听现象。有些科诨,就据此而设计。

1. 误说

丑(白):二一回唱的是"娘卖鳖破草鞋"。
旦(白):是《梁山伯与祝英台》。
丑(白):三一回叫作什么"狗连筋"①。
旦(白):是《三字经》。
丑(白):是《三字经》。(《三字经》)

通过谐音误说,把正经八百的甚至神圣的事物降格成了低俗可笑的东西,如把《三字经》说成"狗连筋"。

2. 误听

(背景:朱老三打妻子,妻子气不过,莫奈何,急着要去投河自尽。)
懒婆娘(唱):打得妻子莫奈何。……思想起来去投河。
朱老三(白):唉!还是打得好,我一打她,她就去烧锅去着。
(内白):不是烧锅,是去投河。

---

① 狗连筋:指狗的交配行为。

朱老三(白)：我晓得是烧萝卜。

（内白）：不是的！是去投水去了！

朱老三(白)：我晓得是挑水去着。

（内白）：寻死去着。

朱老三(白)：啊？是寻死去了！不得了！赶快前去。(下)(《卖斗箩》)

妻子要投河，人命关天，火烧眉睫，丈夫却连连误听，让人心焦，激人发笑。

## 二、利用语义要素

语义是语言的内容，是话语的核心。语义的明白、准确、连贯、平衡、切合事理、符合逻辑、吻合语感，是言语表达的常规要求，违反常规，就会让人感到意外和惊奇。

1. 反义

◆丑(白)：很好，把个太太一下打冷火起来了。

旦(白)：敢是热火①起来了。

丑(白)：不错，是热火起来了。(《三字经》)

◆王　妻(白)：夫妻还见什么礼啥？

王小六(白)：大市街前，公公叫大嫂子，热闹一热闹，人抬人低。

王　妻(白)：想必是人抬人高②哟。

王小六(白)：不错，是人抬人高。(《闹花灯》)

借助词语的反义关系，把话说反，给人以意外和新奇之感。

---

① 热火：高兴、喜爱的意思。
② 人抬人高：人们相互尊重，相互抬举。

2. 曲解

> 花旦(白)：我是挖不来，你说怎么挖啥？
> 小丑(白)：你照我的头挖就行。
> 花旦(白)：好，就照你的头挖。(挖小丑头介)
> 小丑(白)：哎哟，喜得我是个肉头，要是个锡头啊，你这一挖就挖成了鳖头了。
> 花旦(白)：你不是叫我对你的头挖吗？
> 小丑(白)：小娘，我把头点一下，你就挖一下。(《点大麦》)

话语的言说和理解过程中，某些常理常识，不言自明，无须申明，却必须遵守。"照我的头挖"，只能理解为"按照我点头的示意去挖"，不能理解为"对着我的头挖去"，因为按照常识，人的头是挖不得的。花旦故意违反常识而曲解，以引人发笑。

3. 歧义

> 丑(白)：嗳，大嫂子，我俩有缘啊。
> 旦(白)：我俩有么缘哪，胡说八道！
> 丑(白)：不是的，我俩有生意缘罗。
> 旦(白)：嗳，这倒差不多。(《纺棉纱》)

"我俩有缘"有歧义，既可理解为两人之间有姻缘，也可理解为在某个事情上有缘分。小丑就是利用这样的歧义，于言语之间调戏女子。当女子认真起来，他马上用另一种含义进行辩解。

4. 不对称

> (背景：黄府奶奶让叫化子杨三笑说大话取乐，杨三笑便恭维黄府

奶奶将活到九十九,并唱道):

  杨三笑(唱):　寿高九十九,看猪大似牛。

      三百斤猪,八百斤头。

  丫　鬟(白):　哪有三百斤猪,八百斤头,它怎么顶得动?

  杨三笑(白):　头大好些。

  丫　鬟(白):　太大了。

  杨三笑(白):　太大了,就改头。

      三百斤猪,三两头。

  丫　鬟(白):　三百斤猪,怎么只有三两头?(《闹黄府》)

话语语义的平衡对称,是常规话语的要求。"三百斤猪,八百斤头(或三两头)",不平衡不对称,不合事理,便显得滑稽可笑。

5. 荒诞

违背常理,违反逻辑,虚妄夸张,荒诞不经,这样的话语具有强烈的陌生感和新奇感。黄梅小戏中,这类用例很多,这里仅举两例:

聂儿(白):

  人家怀胎只怀十个月,我怀胎二十四个月。列位你不知道,我本只十个月就想出来,碰到插田,看到脚插泥,手插泥,我怕累死了,我怕出来了,就又往娘肚子里就①。就到两三个月,肚子里作瓮气,我又想出来,遇到割谷,八十岁的老头儿的汗披水流,我又怕累死了,又往我娘肚子里就。就到腊月二十八,我娘在那里做年糕,娘在那里奏,我在那里扭,娘在那里捏,我在那里掣,一个筋斗翻出来,吃了二十四个粑,哈嘿哈。(《捡柴》)

---

① 就,即"缩",作动词。

人在娘胎里竟然有思想,能辨别好坏优劣;刚出娘胎就能吃下二十四个粑。

  杨三笑(唱):大山头上一村庄,一个老头所生三个女姣娘
    ……  ……
    只有三女儿性情傲,一心要讨个美貌小才郎。
    正月说亲二月娶,三月怀胎在身旁,
    四月姣儿养下地,五月开口叫爹娘,
    六月上学把书念,七月提笔做文章,
    八月上京去赶考,九月得中状元郎,
    十月告老回家转,十一月得病在牙床,
    该应他的阳寿短,三十晚上一命亡。(《闹黄府》)

把人的一生的成长、发展和转折,浓缩在一年之中进行描述。其中的成长、发展和转折,有违常理,显出荒诞式的新奇。

## 三、利用语法要素

特殊句式

  ◆大  姐(唱):客人不要发誓言,有言听心中,
      我家宿一晚,明天交大钱,可好吧。
  卖布客(唱): 大姐莫害人,我今再小心,
      邻舍知道了,布包背不成,我骇怕。(《卖老布》)
  ◆丑(唱):  棉布一大捆,青钱两吊整,
      轻轻走出门,假装不知情,明让。(怀宁高河埠顺义堂刊本《卖老布》)

女子为了贪图所买一丈五尺老布的四五百个小钱,竟然主动卖身;丈夫知道妻子以身换钱之后,竟然假装不知情而"明让"。这样的内容荒谬不合常情,语言也以"四句半"这种特殊形式与之相应——异样的句式,异样的节奏,给人以异样的感受。句式的这种特殊作用,论者早有发现,祝肇年先生说:"某些曲牌从句式的节奏安排上就会给人以滑稽之感,如《字字双》。……试看它的句式节奏:七、二句格,不必填词,光按拍就有点逗乐……"①这里说的虽是"曲牌体"特殊句式的功效,但对于像黄梅小戏这样的"板腔体"句式,同样适用。

## 四、调动修辞手段

科诨语言,多用修辞手段,论者对此讨论较多。这里仅论及谐音、拟人和夸张等。修辞手段的运用,与语言三要素(语音、语义、语法)的利用,观察的视点分属不同角度,它们不属于同一范畴、同一层次,因而,两者难免交叉。

1. 谐音

> 王小六(白):我听见你姑嫂二人唱什么呵卵泡②。
> 王　妻(白):闹元宵哦。
> 王小六(白):我两人就唱闹元宵。(《打豆腐》)

通过谐音,把"闹元宵"说成"呵卵泡",让正经欢乐的民俗节日,变成了低俗的讥讽骂语。

2. 拟人

> 聂儿(唱):本帅打马进园门,辣椒茄子乱纷纷,

---

① 祝肇年著:《古典戏曲编剧六论》,中国戏剧出版社1986年版,第89页。
② 呵卵泡:比喻曲意恭维,无端渲染。

拿起韭菜当宝剑,杀得苋菜血淋淋,
　　拿起冬瓜当炮打,打得苦瓜遍身青,
　　两个丝瓜把路引,后面来了黄瓜精。(《捡柴》)

聂儿是个丑角,他将农家熟悉的瓜果蔬菜拟人化,唱起"大戏"来,结果把屋里的桌椅板凳统统打翻,闹得一塌糊涂。

3. 夸张

哈叭(唱):

　　六月里,热洋洋,顶头遇了个胖婆娘。胖婆娘生来真是胖,赛过庙堂四大金刚,一个头有笸斗大,鼻子耳朵赛过筛箩筐,眼睛好比红灯笼,牙齿也有扁担长。四十八匹纱做不到一件裓,拉拉扯扯盖不到胯。三十六匹布做不到一条裤,四十八个裁缝斗①不起裆。一个鞋子不晓得有多大,蒲包破片要用船来装,正月初一动手做,一直做到五月端阳,四十八个皮匠搭起来缮,一缮缮到九月重阳。胖姑娘打扮真好看,一心要看干姨娘,姨娘接她吃餐饭,一屁股坐倒她的屋梁,每餐要吃三石六斗米,青菜豆腐要吃几水缸。胖姑娘庙里去烧香,一脚踩死八个小和尚,胖姑娘吓得慌慌战,一躲躲在高山岗。高山岗上撒泡尿,冲到芜湖并九江,城里官员吓得慌慌跑,城外的百姓个个逃水荒,往年的洪水也还好,今年的洪水臊气真难当。……(《打哈叭》)

哈叭即呆痴。他闲唱取乐,极尽夸张之能事,创设出无比新奇的人事和情景。

---

① 斗,即连接。

## 五、选择特殊的话语动机

实现话语目的,选择适当的话语动机是重要的话语策略之一。科诨以取笑为目的,下面列举的丑化、自嘲、自诋、狡辩、调笑、低俗等话语动机,都为这一目服务。

1. 丑化

丑化的对象一般为他人。话语故意夸大或歪曲事实,使对象丑得让人感到意外。丑化又可分为三小类:

(1) 形貌丑

> 王　妻(唱):长子来看灯,　　王小六(唱):挤着头一伸。
> 王　妻(唱):矮子来看灯,　　王小六(唱):挤着人网里蹬。
> 王　妻(唱):癞痢来看灯,　　王小六(唱):挤着冒火星。
> 王　妻(唱):麻子来看灯,　　王小六(唱):挤着一天星。
> 王　妻(唱):跛子来看灯,　　王小六(唱):灯好路不平。
> 王　妻(唱):瞎子来看灯,　　王小六　王妻(唱):今年灯好火呀火不明。(《闹花灯》)

唱词中讥笑长子、矮子、癞痢、跛子、瞎子等不正常或残疾人看灯时的窘相。

> 杨三笑(唱):一个老头真不差,养三个女儿也不差,
> 　　　　　　大女儿渣巴眼,二女儿眼渣巴,
> 　　　　　　只有三女儿生得好,眼睛还是一对萝卜花。
> 　　　　　　三个女儿不赫显,三个女婿大帮梢:
> 　　　　　　大女婿癞痢壳,二女婿壳癞痢,
> 　　　　　　只有三女婿真漂亮,去掉帽子大西瓜。

渣把眼配着瘌痢壳,眼渣巴配壳瘌痢,

大西瓜就配着萝卜花,嗟,古怪的事情出在他一家。

(《闹黄府》)

三个女儿都是渣巴眼,三个女婿又正好都是大西瓜。如此不幸,还这样的凑巧,真实"古怪的事情出在他一家"。

(2) 品格坏

朱老三(白):前三天不多丢了三升米给你的吗?

懒婆娘(白):三升米我有开销的。

朱老三(白):咦!你还要开销。什么开销呢?

懒婆娘(白):昨天我请人洗一床被褥,开销一升米。

…… ……

朱老三(白):还要二升米呢?

懒婆娘(白):我请人把我梳头,把他半升米。

朱老三(白):哎呀,我的妈妈!这样的事还要找人。(《卖斗箩》)

懒婆娘也真个懒,洗衣挑水请人做,连梳头自己也不愿动手。

(背景:张古董先是把老婆借给表弟李应龙,随后,又去县衙告状,想把老婆要回来。可是老婆不认账,声称不认识张古董。知县只得"凭天断":老婆归李,同时罚李一百两银子给张。)

张古董(白):老爷,你断给我的一百两银子,给我走吧。

知　县(白):慢着。老爷这里有个一九提的规矩,这一百两银子,我得九十两,你得十两。拿去。(下)

衙　役(白):慢着。这十两里面还有一个一九提,我们得九两,你得一两。拿去。

张古董(白)：那不行,我还是要老婆。

衙　役(白)：不行把你轰出去。(下)(《借妻》)

这位知县,昏庸无能,断案只是"凭天断",但却贪婪无比,自立"一九提的规矩",公堂判罚的钱财,他要强取九成。

(3) 智力差

二百五(白)：纱子给你,钱把我。

骗　子(白)：钱把在你家里了。

二百五(白)：把我家里哪一个手里？

骗　子(白)：把你老婆手里着。

二百五(白)：噢,把我老婆手里。你晓得我家住在哪里？

骗　子(白)：你在天底下住家,屋檐底下开门。是吧？

二百五(白)：不错。(《二百五过年》)

二百五果然呆痴,"天底下住家,屋檐底下开门",也能算作他家的个性特征。

2. 自嘲

自嘲的对象当然是自己。自嘲者自揭其丑,但却大言不惭,说得津津乐道。

◆穆大寿(赋)：终日昏迷大烟灯,鸦片场上逞英雄。

万贯家财都败尽,如今落得不如人。

(白)：在下,穆发之子,穆怀之孙,穆大寿是也。万贯家财被我败得干干净净。如今落得衣不周身,食不沾口,思想起来,好不惭愧我也。(《打烟灯》)

◆县　官（念）：堂鼓一声响，本县着慌忙。
　　　　　　　有人来告状，叫我无主张。（《老少换妻》）

◆郭先生（唱）：老先生本姓郭，家住梅良河，
　　　　　　　在家学坏了艺呀，出外买疮药啊！
　　　　　　　旁人疮药好哟，我的疮药高哟，
　　　　　　　消的贴得肿呀，肿的贴不消呀，好笑啊！
　　　　　　　……　……
　　　　　　　癞痢叫我诊哪，诊得血淋淋哪，跑掉着！
　　　　　　　……　……
　　　　　　　跛子叫我诊哪，越诊越转筋哪，转掉着！
　　　　　　　……　……
　　　　　　　瞎子叫我诊哪，诊两个大窟窿啊，瞎掉着！
　　　　　　　……　……
　　　　　　　遇到个黄痨病呐，吃我一副药喂，
　　　　　　　一命见阎君哪，死掉着！（《卖疮药》）

以上三段，均自画丑态，自暴丑陋，分别勾勒出败家子、庸官和庸医的丑恶嘴脸。

3. 自诋

自诋与自嘲都是自我否定，但自嘲是以嘲弄的语气，暴露自己一贯的丑恶品行；自诋是自骂自毁，是对某种过错的忏悔。自嘲多安排在人物出场时的念白中，自诋则插在剧情高潮之时，酿造戏剧冲突。

◆杨三伢（白）：你嗷[①]！
　杜　氏（打锣介）：人人莫学我，不疼儿媳。故意的磨！

---

[①] 嗷：大声喊叫。

杨三伢(白)：　喉咙放大些！
　　杜　氏(白)：　人人莫学我，像我不疼媳妇，娘家来人锥；你不疼媳妇也是一样的哟！(《砂子岗》)
◆陶金花(唱)：为人莫学我，学我真下作。
　　　　　　　扳他几根笋，驮他几波罗①。(《打猪草》)

杜氏和陶金花的自诋，招致嘲笑，嘲笑她们的自作自受。

4. 狡辩

狡辩就是低级而生硬地歪曲事实，否定社会公理或生活常识，显得滑稽可笑。狡辩者固然涎脸无奈，有时却也不乏可爱成分。

　　金三矮子(白)：不怕，我那年偷我大母舅牛，打八十(板子)我都不在乎。
　　陶金花(叫介)：啊，金三矮子偷牛啊！
　　金三矮子(白)：慢着，慢着，我是顺带不为偷。(《打猪草》)

"顺带不为偷"，金三矮子的"理论"与孔乙己的"窃书不为偷"的说法如出一辙。

　　(背景：张古董拖欠店家三年的酒钱。一日，他从店前走过，店家发现后追上前讨要酒账。)
　　张古董(白)：我们两人的酒账可"煞过球"②的？
　　店　家(白)：煞过的。
　　张古董(白)：我哪交代在路上给的呀？见面就要钱？
　　店　家(白)：是没有说在路上给。

---

① 波罗：弯曲手指叩击人的头部。
② 煞过球：即记过总账。

张古董(白)：没有说在路上给，你要什么钱哪？我给你几个耳
　　　　　　　饺子！
　　店　家(白)：是我对不起你。
　　张古董(白)：对不起，你把张先生当什么人啦？（大摇大摆下）
　　　　　　　（《借妻》）

张古董欠钱不给，假借荒谬的理由反客为主，竟打了店家耳光，让人可恨可笑。

5. 调笑

以滑稽或幼稚的话语，相互逗乐，或引人发笑。这样的话语不低俗，也无恶意。

　　王小六(唱)：呵，呵，妈妈子裤裆烧着着！
　　王　妻(唱)：吐脓的，吐血的，险些儿把奴魂吓掉。（《闹花灯》）

夫妇看灯，丈夫说妻子裤裆起火，妻子恶狠狠假骂相应，相互调笑逗乐。

　　旦(唱)：这桩事情真哪真奇巧，为何肚子长了一个包？
　　　　　　这一个包非比别个的包，只见它长来未见它消。（《闺女自叹》）

大姑娘未婚先孕，凄凄惶惶，竟把腹中之子说成"一个包"，还指望它能自行消除，实在幼稚可笑。

6. 低俗

有些话题，属于禁忌范畴。低俗动机故意有违禁忌，激人好奇之心，引来廉价哄笑。

　　◆巴氏(白)：傧相，天不早了啊？

傧相（白）：送客了。天将才下雨的,打雷你可听见的？
　　巴氏（白）：哪是打雷啊,是我坐在马桶上,是我放了一个小小的三号屁呢。
　　傧相（白）：我的妈妈,要是头号的屁、二号的屁呢？
　　巴氏（白）：把你冲到九霄云外去着。
　　傧相（白）：乖乖！好厉害的屁！快走吧。(《送亲演礼》)

◆皮瞎子（唱）：高山头上一堆灰,一木呐堆,一木呐堆。
　　　　　　　姑嫂二人去撒尿,一木呐堆,一木呐堆。
　　　　　　　姑娘撒尿蜜蜂子叫,一木呐堆,一木呐堆。
　　　　　　　嫂子撒尿哗喳擦了一屁股灰,一木呐堆,一木呐堆。(《瞎子捉奸》)

◆孔瞎子（白）：啊,这是个江西佬骂徒弟。（学骂介）
　　（内白）：（铁匠店老板骂学徒介）你这个牛卵日的,叫你打冷锤,你要打滚①锤；叫你打大锤,你要大小锤；叫你锤上劲,你要在劲上锤。打铁不着力,你死后变乌龟。(《瞎子闹店》)

　　放屁、撒尿等排泄行为,尤其是女性的排泄行为在正统文人笔下是严格的忌讳话题,丑骂恶骂也该忌讳。但以上各例,却偏以这类话题作为笑料。

　　科诨包括语言和动作,上述我们的分析归纳,偏于语言,这是因为,"苟无所引宾白之配合,单单一个简单动作作为笑料是难以想象的"②。黄梅小戏中简单科介如"跌倒、误撞、误插、下跪、作揖"等,都伴随着"诨语"而发生,并且只有在诨语的配合下才能产生令人发笑的效果。

（原载《戏曲研究》2006年第3期）

---

① 滚,即热,烫；与"冷"相对。
② 郭伟廷：《元杂剧科诨艺术技巧研究》,《中山大学学报》2000年第4期, 第89—95页。

# 黄梅戏改革路在何方

吴春平

谈到黄梅戏改革，首先就涉及对其文化属性的认识问题。这是宏观的问题，原则的问题，是一切改革的前提和出发点，不可等闲视之。

黄梅戏起源于民间，她的发展历程先天地决定了她的民间审美文化特质。目前，在全国较有影响的几大剧种中，黄梅戏是年轻而有朝气的，由于她成熟的时间相对较晚，且主要依托于民间而生存，所以较少受刻板凝重的庙堂文化和儒雅纤弱的文人文化的影响，保持了较为纯粹的民间审美文化特质。在内容上，她多取材于民间传说和民间生活，天仙配、牛郎织女、夫妻观灯、打猪草、打豆腐等均可入戏，充满乡野气息；占据舞台中心位置的往往是平民百姓、小人物；所表达的思想情感，或是对封建礼教和落后势力的无情揭露和讽刺，或是对民间苦难与不幸的诉说和哀叹，或是对自由、幸福、美好生活的向往和追求，或是对平民积极健康的日常生活情趣和生存智慧的表现与赞美。在表现形式上，她自由灵活，不追求场面的宏大和气派，容量可大可小；虽讲究一定的程式，但并不刻板和僵化；服饰装扮简单本色，方言念白顺耳易懂，音乐唱腔婉转悠扬，表演动作朴实自然。几十年来，虽然黄梅戏始终没有停止发展的脚步，题材范围有所扩大，表现手段时有更新，但就总体而言，其民间审美文化特质一以贯之。解放后，黄梅戏之所以能在短时间内后来居上，风靡海内外，靠的正是其本色、自然、通俗的表演风格。可以说，长期以来，戏曲理论界在对黄梅戏的剧种特色的认定问题上是没有多大争议的。

然而，近年来，安徽省一些有影响的黄梅戏剧团在进行戏曲改革时却出现了一种令人担忧的方向性的失误，即无视黄梅戏的民间审美文化特质，迫使改革走上了一条自我背离的不归之路。概括起来,主要表现如下。

首先,思想内容上的主流化、精雅化和文士化。

主流文化与民间文化的根本区别在于前者往往体现出浓厚的官方意志与要求,强调突出"主旋律",多以歌功颂德和社会道德"教化"为己任,而后者则坚持民间价值取向,追求世俗精神,表现世俗情怀,多以社会批判和情感的宣泄与补偿见长。近年来,在全国范围内,"经济搭台,文化唱戏"蔚然成风,黄梅戏也不例外。为了给地方当"名片"、树"形象",一些新编戏自觉地以宣传主流意识,宣传地方文化,尤其是赢得专家评委的好评,获取政府设置的各种奖项为最高目标,于是,民间的黄梅戏逐渐被改造为官方的黄梅戏,评委的黄梅戏。比如,《知府黄干》便是较为典型的例子。在传统民间戏曲中,凡有正面的官员形象,一般都是作为恶的对立面出现的,其主要作用在于伸张正义,惩恶扬善。即"好官"本身不是目的,而是"惩恶"的手段,是满足底层被压迫民众宣泄郁积的苦难和仇恨的文化工具。比如颇受观众欢迎的黄梅戏《半边月》中的县令李傲天,为了百姓的利益义无反顾、挺身而出,与藐视王法、一手遮天、鱼肉乡民的国舅爷薄昭展开了殊死斗争,最后不惜以死震动朝廷,终于促成皇上大义灭亲,除去祸患,使观众人心大快。而《知府黄干》一剧的主旨就是赞美南宋末年率领民众始筑安庆城的安庆知府黄干。全剧围绕黄干克服筑城的重重困难而展开,主要表现黄干忧国忧民、无私奉献、锲而不舍的精神。也就是说黄干不是手段,他本身就是目的,是超越时空的充分道德化和理想化的官员的化身。毫无疑问,这与当今主流文化所倡导的发掘地方传统人文资源,弘扬民族文化的精神十分契合,所以,该剧荣获了2003年"五个一工程奖"。但因其宗旨、意趣与民间文化不甚相符,所以便很难吸引普通观众的注意力。

至于黄梅戏改革的精雅化和文士化的动机显然是想提高黄梅戏的"品味"和"档次",使其在思想情感、文化内涵和精神追求等方面摆脱"草根文化"的印记,向都市人、文化人投怀送抱。比如,安徽省黄梅戏剧团根据白居易的同名诗歌改编的《长恨歌》一剧就在这方面下了很大的功夫。正如有的论者所评价的那样,该剧"通过展示交织着'江山'、阴谋、背叛、报复、虚伪、良心、忏悔的爱情故事,揭示'人性'的善与恶、美与丑、崇高与卑劣,无疑会发人深思,具有现实意义。这也是该剧引人注目的创新之处"[①]。然而,就在专家学者们津津乐道于新编剧《长恨歌》内蕴的丰富和"人性"的深度时,一些观众其中包括部分黄梅戏从业人员却对杨玉环与李隆基的这种刻骨铭心的"爱情"感到异常的别扭甚至义愤。比如,资深黄梅戏编剧杨璞就一针见血地指出:"像《长恨歌》这样的内容就不一定会受到农民的欢迎。因为中国人最看重纲常伦理,乱伦的行为最为人们所不齿。"[②]显然,这里的分歧是由于文化伦理观念的差别,以及人们是否了解李唐王朝时期宫廷婚姻多少带有北方少数民族特有的婚姻习俗印记的历史所造成的。因此,单纯地讨论谁是谁非是没有多大意义的。但可以肯定的是杨璞的直言不讳提醒人们要注意到不同文化观念之间的巨大差别。与细腻深沉,追求理性思考的精英文化不同,民间文化并不关注所谓"人性"的深度,相反,民间戏曲中的人物大多个性明确,或者干脆就是某种单纯的道德品质的化身。这在知识精英看来未免有些简单、低级、"小儿科",但恰恰是这种是非分明的道德标准的划分使民间百姓拥有了明确的道德感、是非感和羞耻感,并为我们民族维系最起码的道德底线打下了坚实的民间基础。今天,在文艺创作领域普遍存在着价值迷失、是非混淆、美丑不分的情况下,一清见底的民间戏曲的社会教化功能反倒凸显出来了。追求精雅化和文士化的作品还有刻意强调诗化风格的《风雨丽人行》,将传奇故事升华为一种"人生况味"的《秋千架》,以及着力表现传统文人孤傲清高、忍辱负重、疾恶如仇,恪守做人道德底线的《李清照》等。虽然学者们对这些剧目赞不绝口,而且不可否认,这些戏在思想和艺术品位方面也确实达到了一定的境界,但怎奈阳春白雪、曲高和寡,作为商业演出,她们似乎最终都难逃"冷冷清清"的

---

[①] 徐礼节:《依托文学名著打造舞台剧目:谈黄梅戏〈长恨歌〉的改编》,《中国戏剧》2006年第6期。
[②] 杨璞:《不尚虚华,返璞归真》,《新时期黄梅戏剧本选集》,《黄梅戏艺术》2007年增刊(总第96期),第228页。

宿命。

其次，艺术形式上的非戏曲化和奢侈化。

非戏曲化又具体表现为戏曲的散文化和反程式化。戏剧艺术最本质的特征就是集中地反映现实生活中的矛盾冲突。尽管中国戏曲以写意见长，具有浓厚的抒情色彩，但注重表现戏剧冲突始终是民间戏曲自觉恪守的原则。大凡久演不衰的黄梅戏，比如《女驸马》、《半边月》、《拉郎配》等，莫不精心设计人物关系和矛盾冲突，并善于运用巧合、误会等手段来编织故事，在舞台上将人间的爱恨情仇、悲欢离合演绎得淋漓尽致，叫人欲罢不能。然而，就在戏曲倍受冲击之时，一些改革者竟然将戏曲最突出的特征——戏剧冲突给淡化了，忽略了，这无异于抽掉了戏的筋骨。比如，像《公司》、《知府黄干》和《长恨歌》等剧，尽管舞台上各色人物走马灯似的亮相，看起来十分热闹，但仔细分析它们都缺少一个能抓得住观众的带有实质性的中心冲突，从而导致了戏剧结构的松散，使戏成了一些零碎的生活片断的拼接与组合，难以满足观众看"戏"的心理期待。这反映出目前部分编导在创作时缺乏自觉的"戏"的意识，也缺少讲述故事的能力和技巧。虽然对这种戏曲散文化和诗化的倾向不能一概否定，但应该看到将其作为戏曲改革的方向而加以肯定无疑是危险的，其后果只能是"没戏"。至于黄梅戏改革的反程式化的实验就更加离谱了，这也是最容易招人非议的地方。一个耐人寻味的现象是近年来省市级若干大剧团十分热衷于聘请话剧编导来担任黄梅戏的编导，很显然，其用意就是要移花接木、改弦更张。于是，经过圈外"高人"的一番调教，一些不像黄梅戏的"黄梅戏"便闪亮登场了：有的在舞台上摆满了实实在在的道具，人物念白也改用普通话，而且人物动作也完全生活化，像话剧；有的音乐唱腔设计趋向于"歌"，黄梅戏的调子似有似无，像歌剧；有的舞蹈动作几乎不见戏曲的痕迹，时尚的迪斯科、夸张的现代舞、华贵的集体舞纷纷亮相，像舞剧。总之一句话：改戏为剧！这种所谓多种艺术元素的拼贴、嫁接与组合可以说颇得后现代主义文化之精髓，它虽然也能因其在短时间内所产生的炫目的广告效应而给人一种虚假的大获成功的感觉，并可能博得一些对黄梅戏知之甚少的喜欢追逐时尚的青年观众的一时好奇心甚至是游戏般的快感，但留给广大戏曲爱好者的只有惊诧、困惑、茫然，甚至义愤！大家共同的感受是：这还叫"黄梅"戏吗？据悉，安庆市主办的全国唯一研究黄梅戏的专刊《黄梅戏艺术》编辑部，近期就不时接到来自全国各地观众的来信和电话，纷纷对那些曾被强势媒体大力宣传和推荐的具有颠覆性的所谓黄梅戏改革力作表示强烈不满，并表达了对黄梅戏发展前景的深深忧虑。

奢侈化是黄梅戏改革中的又一误区。中国戏曲的一大特点是虚拟性，它体现为在人物动作、布景、舞台时空等方面的非写实的假定性，以此达到以虚代实、虚实相生，尽可能地在有限的时空中表现无限丰富的生活内容和思想情感的艺术效果。另外，民间戏曲为了适应民间演出的需要，都很注意节约成本，从而形成"简约"的艺术风格，不刻意追求场面的奢华、气派，主要靠生动的剧情、真挚的情感和出色的表演来打动观众。当然，随着物质条件的改善和技术的进步，适当增加投入，对黄梅戏进行必要的形式包装，以丰富其艺术表现力是完全必要的。但凡事过犹不及，近年来有的新编黄梅戏竟不计成本，一味追求大制作，动辄耗费几十万，甚至上百万的资金在艺术形式上大做文章：道具越用越多、越复杂，场面越来越大、越铺张，演员越来越多、越拥挤，音响、灯光、布景、服装等也越来越贵、越考究。这样固然可以在一定程度上提高黄梅戏的技术含量，给人以别样的感官刺激，但令人遗憾的是新剧目往往是"形式大于内容"，而且奢侈化常常带来作茧自缚、得不偿失的负效应。因为对剧场条件要求较高，有些戏根本就不能在小城镇演出，而且编导压根就没打算为底层观众服务，但即便在大中城市，凭现有条件，又有多少都市观众会花几十元，甚至几百元钱去富丽堂皇的大剧院享受一顿奢侈的视听盛宴？现在，有些国有剧团之所以难以走出"多演多赔，少演少赔"的怪圈，演出成本过高就是最主要的原因之一。

黄梅戏改革的去民间化已经带来了十分严重的后果，它直接导致了某些大剧团"编一个，演一个，丢一个"的恶性循环。这不仅劳民伤财、事与愿违,更糟糕的是它动摇了黄梅戏的根基,模糊了黄梅戏的面容,伤害了广大戏迷的感情。长此以往,"戏将不戏"!

不合理的行为大都源于不合理的认识,黄梅戏改革之所以会屡屡出现舍本逐末、误入歧途的现象,主要是由以下认识误区造成的。

其一,无视民间文化的意义和价值。毋庸讳言,在我们的文化传统中,有着一种根深蒂固的文化等级意识,即认为民间文化是原始的、粗糙的、没有品位的,甚至是低级庸俗的,只有将其主流化、精英化或高雅化才是正道。可以说,这是国有剧团黄梅戏改革反民间化背后最为深刻的原因。其实,每种文化形式都是人们在特定的历史背景和条件下为满足自身特定的文化需求而创造出来的,它们的特点、功能、意义和价值不尽相同,且各有所长,又各有所短,是不应以高下优劣视之的。自然、质朴、率真的民间文化直接源于民间生活,保留了诸多原始文化的基因,包含着丰富的民俗理想与民俗内涵,与广大民众最原始、质朴、执着的生活理想和情感息息相关,她既可以满足民间百姓的日常文化需求,又可以满足其他阶层和文化背景的受众对文化多样性的鉴赏需要。黄梅戏已被列入国家非物质文化遗产名录,其本土草根文化的意义和价值正在重新被人们所认识和理解。长期以来,我们文化建设中"不破不立"的指导思想造成的大多是"只破不立"的结果。偏执与冲动已使我们葬送了很多不可再生的宝贵的物质文化遗产。比如,承载和反映了某一特定历史时期人们的物质和精神生活状态,具有丰富文化内涵的古建筑和古遗存。如今,在对待劫后余生的非物质文化遗产的问题上,我们再也不能重蹈覆辙了。在多元审美文化共生共存、争奇斗艳的今天,戏曲改革者应尽快破除文化等级观念的无形影响,充分发挥黄梅戏作为民间文化的特点和优势,使其更好地为当代文化建设服务。

其二,忽视黄梅戏的艺术生命力。九十年代以来,随着文化市场的进一步开放和电子传媒技术的飞速发展,外来影视文化、网络文化以及本土崛起的大众文化来势汹汹,锐不可当。一时间,民间文化猝不及防,岌岌可危。有的民间剧种一蹶不振、濒临灭绝。此情此景,黄梅戏表演界和理论界的部分人对黄梅戏信心不足，认为她只有自我否定、脱胎换骨，方能"置之死地而后生"。然而，黄梅戏的生命力绝不像我们所想象的那样脆弱，那样不堪一击。进入新世纪以来，扎根于民间的黄梅戏依然顽强地生存着、发展着。仅在安庆各区县，就有较为正规的民间剧社一百多个，它们长期活跃于乡村和小城镇，既演出传统剧目，又不时推出受观众欢迎的新戏，演出市场十分可观。由此可见：一、无论社会怎样发展，都不可能彻底割断与传统之间的联系，即便是在充分现代化的社会，民间文化也依然有其生存空间，这在当今发达的欧美和日本等国都能找到很多例证。二、经过长期文化积淀而形成的黄梅戏所体现出来的文化精神、审美情趣以及特有的形式之美具有独特性和超越性，并不能被其他新的艺术形式所替代和覆盖。无论社会怎样发展，人类的两性关系及婚姻状况如何变化，黄梅戏中所表现的古老农业文明时代的生活理想：男耕女织度光阴，"夫妻双双把家还"将永远使人陶醉和神往。三、黄梅戏的表演形式完全能够适应表现现代生活内容的需要。一提起中国传统戏曲，人们往往就会想到与现代生活格格不入的唱时一咏三叹、没完没了，念时咿咿呀呀、拿腔拿调，做时摇头晃脑、动作呆板，打时对照程式、死搬硬套。但黄梅戏没有这些负担，她自然流畅、朴实无华，与现代观众的思维方式和审美习惯并无多少距离感，完全可以直接融入当代生活。四、黄梅戏的根基在民间，民间既有黄梅戏最为忠实可靠的庞大的观众群，又拥有能真正推动黄梅戏走上良性发展道路的不竭的动力和智慧。不仅过去，而且现在，乃至将来，黄梅戏都不可能脱离坚实的民间土壤而生存。如今，国有大剧团要想不被市场所淘汰，就应该放下架子，返璞归真，好好地从自己脱胎而来的久已疏远的母体——民间戏班那里去寻求生存之道。

其三，蔑视黄梅戏的艺术传统。激进的改革派认为，黄梅戏并没有固定的艺术传统，开放性和包容性就是她最大的特点，所以，改革不必拘泥于现有模式，而应放开手脚、无所顾忌。"说得偏激一点，就是在看黄梅戏的时候，最好把以前的印象通通去掉，不要带框框，什么《天仙配》、《女驸马》、《徽州女人》通通抛开。如果你觉得它好听好看，那它就是黄梅戏！如果你觉得不好看不好听,你就说这不是黄梅戏!"① 如此高论,实在让人难以苟同!其实,如前所述,经过两百多年尤其是建国后几十年的发展和演变,黄梅戏的剧种特色已经形成并趋于稳定。相对于京剧的华贵、昆曲的典雅、越剧的柔媚和豫剧的激昂,黄梅戏最大的特点就是一个"俗"字,这种在《天仙配》、《女驸马》和《打猪草》等剧中得以充分体现的通俗化的表演风格作为一种艺术传统已经得到了全国观众的高度认同,并且迄今为止还没有看出广大观众对其产生不满和厌倦。恰恰相反,他们仍痴迷于有的论者所极力否认的黄梅戏的"原汁原味",并对那些出格的形式"创新"和"突破"不以为然。是从实际出发,充分尊重广大观众的鉴赏习惯,还是哗众取宠,为创新而创新?孰轻孰重?不言自明。另外,从艺术实践看,想通过人为的方式使黄梅戏改头换面,演变为一种领导审美文化新潮流的时尚文化的努力是不成功的,相反,保持传统神韵的黄梅戏却可能更容易为都市人所接受。以安庆市最有影响的常年坚持商业演出的"黄梅戏会馆"和"吴樾茶楼"为例,大凡外地贵客来安庆,主人往往会选择一处带其去领略黄梅戏的风采,在装潢考究的包厢里,客人们听到的大都是"老腔老调",最受欢迎的几乎每场必演的小戏就是最土最俗最具地方特色的《打豆腐》。其实,这种情景与当今都市人外出旅游格外钟情于原始生态游、农家游和民俗游是一样的道理。

  黄梅戏的文化基因决定了她属于民间,属于最普通的广大民众。所以,黄梅戏改革应该有明确的文化定位意识,即保持自己的民间审美文化特质,旗帜鲜明地面向民间,面向广场,面向普通观众。就宏观而言,立足于舞台演出的黄梅戏改革应该重内容、轻形式,尤其不宜对地方戏最主要的标志——声腔和语言做面目全非的大改动。重要的是要深入生活、深入民众,寻找新素材,发掘新主题。要及时表现改革开放以来民间生活的新变化以及民众新的精神面貌与情感诉求,比如公民意识、法制意识、主人翁精神、开

---

① 朱恒夫、聂圣哲主编:《中华艺术论丛第6辑·黄梅戏研究专辑》,同济大学出版社2006年版,第293页。

拓精神、对社会公平和正义的渴望，等等。当然，也要一如既往地关注传统题材，比如人伦亲情、世俗姻缘、功名富贵、善恶有报，等等。要善于编故事、逗乐子，并尽可能地降低制作成本，以便在民间巡回流动演出。要充分尊重黄梅戏经过长期艺术实践而形成的优良的艺术传统，即便是革新与创造，也要循序渐进、把好分寸，不宜另起炉灶、随心所欲。黄梅戏的根在民间，承认她是"俗"文化，是平民文化并不是什么丢人的事，相反，如果我们无视其本质特征，硬逼着她走异质化的道路，到头来只能将原本特色鲜明的黄梅戏弄成"四不象"，弄成对所有人来说都可有可无的东西。

(本文原载《文艺争鸣（理论综合版）》2009年第1期；中国人民大学复印报刊资料《舞台艺术》2009年第3期全文转载)

# 基于地域文化视野的黄梅戏审美范式的历史形成与审美张力

储著炎

作为世界三大古老戏剧文化之一的中国戏曲，它是以种类繁多、风格各异的地方戏形态而存在的。之所以如此，根本原因在于我国千姿百态的地域文化是地方戏赖以生成与繁衍的基础。地方戏曲剧种既是中国戏曲整体风貌的个体化体现，突显了中国戏曲别具一格的艺术个性与民族风格，而从各地精彩纷呈的剧坛景观中，我们又可以借此看到中国传统文化的地域差异与地方特色。不同的地域文化生态，造成了不同地方剧种各异其趣的艺术形态与审美范式，而特定地域文化生态，以及地域文化的跨地域性传播与流布，也会使得地方戏曲剧种在内容与形式方面发生相应的调适与变化，从而丰富、完善并发展自身的剧种风格。本文即以黄梅戏为研究个案，希望借此考察地方戏的审美范式与地域文化之间的关系，以及地方戏的超地域性传播与发展等重要理论与现实问题。

## 一、黄梅戏生成发展的区域性考察

关于黄梅戏的发源地问题，历来颇多争议，主要有这样一些说法，即："安庆怀宁说"、"安庆宿松说"、"安庆桐城说"、"安庆太湖说"、"湖北黄梅说"、"江西说"等。其实，这些争议并无多大意义，因为这些地方虽然分属三省，但都处于安徽、湖北、江西的毗邻地带。由于长江水路的血脉流通，加上战争、天灾、贸易等多种关系，这些地方的人民往来密切，从而形成了相同或相近的方言口语、风俗习惯与文化传统，都与黄梅戏的形成与发展有着深厚的历史渊源。因此,关于黄梅戏的起源地问题,我们不应囿于现在的行政地理区划,而应该从文化地理与地域文化的高度出发,将黄梅戏放置于皖、鄂、赣三省毗邻区域,乃至更广阔的地域范围进行考察。

黄梅戏起源于皖、鄂、赣三省毗邻乃至周边更广袤的民间语境,在其生成之初,虽然艺术上比较粗糙,但因其唱腔优美动听,朗朗上口,带有鲜明的民间风趣与乡土魅力,故其一进入安庆这个皖、鄂、赣三省毗邻区域性中心城市演出后,马上就获得了城市观众的青睐,在从乡村草台到城市演剧的良性互动中,最终实现了质的飞跃,从民间小戏发展成为地方大戏。如在伴奏音乐上,早期的黄梅戏是"三打七唱",堂鼓和匡锣的声音比较沉闷。在进安庆城区演出时,为了适应城市观众的欣赏趣味,在安徽民间打击乐器的基础上,黄梅戏借鉴京剧锣鼓,改用京胡伴奏,并且增加了三弦、扬琴等,增强了艺术表现力。安庆自古以来就是"戏曲之乡"的优质文化生态,给黄梅戏提供了非常有利的生存与繁衍空间,使得黄梅戏在语言、声腔、音乐与表演等各方面都与采茶戏、花鼓戏等亲缘剧种分庭抗礼,形成了自身的剧种特色与审美风格。

从中国戏曲声腔发展史的角度考察,方言土语影响着剧种声腔音乐的旋律走向与行腔变化,是地方剧种身份认定的重要标准之一。有人认为区别地方戏"最显著的特征是方言而不是声腔,因为有的地方戏可以兼容几种声腔,如川剧就包含了昆、高、梆、黄四种声腔,再加四川民间小调。声腔可以随方言变,方言却不肯随声腔改"[1],这种说法是有道理的。黄梅戏采用安庆方言或安庆官话进行唱念,"安庆话语调低平委婉,尤以阴平声为最明显,这便决定了其下句旋律主音的出现常作大二度下行,而上句仄声则为主音之上二度、三度"[2],由此便形成了黄梅戏的唱腔风格。过去有人曾向黄梅戏表演大师严凤英请教黄梅戏的演唱要领,严凤英曾说:"要用安庆话唱,就

---

[1] 周振鹤、游汝杰著:《方言与中国文化》,上海人民出版社1986年版,第190页。
[2] 王兆乾:《黄梅戏的形成及其在安庆的发展》,《安庆文史资料》(第二十一辑),安庆文史资料编辑部1990年版,第102页。

有黄梅戏味了"①。地方戏的流行范围与剧种唱念所用方言的可懂度有着密切的关系。安庆官话在清末民初被称为"小普通话",建国后安庆方言更是渗入了不少普通话的因素,这使得黄梅戏的唱腔通俗易懂,一般南北观众都能听懂,有利于剧种的超方言区传播与跨地域性发展,不像有些地方剧种,因为受方言土语的制约,只能囿于特定方言区难以获得超地域性推广发展。

## 二、地域文化的多元性与黄梅戏审美范式的多源性

皖、鄂、赣三省毗邻地区,由于历史上长江水路的便利,各种艺术在这里交汇,这是黄梅戏得以生成繁衍的广袤沃土。无论是从黄梅戏传统剧目的腔调曲牌还是题材内容考察,都可以看出三省毗邻地域各种历史文化与艺术因素对黄梅戏生成与发展的影响,由此也造就了黄梅戏能够融纳南腔北调的艺术活力。如明代中叶就已盛行的安徽桐城歌,在黄梅戏传统小戏《送同年》中就有其遗存;黄梅戏传统剧目《鸡血记》中的王百万唱的"高拨子"来自徽剧;《天仙配》中的"钟声摧归"有皖南花鼓戏的成分;在黄梅戏传统剧目《逃水荒》、《挑牙虫》、《闹官棚》、《孔瞎子闹店》中,保存有"凤阳调"或"凤阳歌",《孔瞎子闹店》还特意标明为"花鼓婆唱腔",从中可见花鼓戏对黄梅戏的影响;黄梅戏传统小戏《卖杂货》,又称《江西佬卖杂货》,老艺人称之为"江西调"(所谓"江西调",即弋阳腔,明代万历以前盛行于江西,流行于安徽、湖北等地);黄梅戏主调中的"阴司腔"与"仙腔",就是借鉴于岳西高腔曲牌的曲调与唱法。有些传统剧目如《天仙配》、《金钗记》、《剪发记》、《钓蛤蟆》、《卖斗箩》等就是从岳西高腔剧目移植过来的,故黄梅戏一度被称为"二高腔"。

从发生学的角度看,黄梅戏的声腔音乐整合了采茶调与花鼓调的艺术菁华。黄梅戏过去又称"采茶戏"或"花鼓戏",从名称上就可见出采茶调、

---

① 徐高生选编:《严凤英黄梅戏唱腔选集》,安徽文艺出版社2010年版,第4页。

花鼓调与黄梅戏的历史渊源。有人认为:"从本源上看,黄梅戏滥觞之时,其音乐就是流行于南方的'采茶灯'与漫布于北方的'花鼓灯'的融合。"①"采茶灯"集中展现了长江流域茶文化中的采茶歌舞与茶农的生活片断,并在灯会活动中形成"采茶戏";"花鼓灯"属淮河文化的产物,是一种用于灯会活动的民间歌舞,后来衍生出曲艺(凤阳花鼓)、戏曲(花鼓戏)。早在明末清初,皖、鄂、赣三省毗邻区域就已经形成了一个"采茶戏"、"花鼓戏"的流行圈。在发展过程中,他们相互交融,互为影响,对黄梅戏的发生都起到非常重要的作用。受此影响,黄梅戏的唱腔说中有唱,唱中有说,咬字行腔说唱性很强。黄梅戏表演大师严凤英的唱腔艺术特别是她的咬字技法,人们对之归纳总结,认为就是"属于说唱或者说唱性很强的戏曲的共同技法"②。

  黄梅戏的花腔类传统小戏,许多是在民歌范畴的采茶调基础上形成的。自古至今,皖、鄂、赣三省毗邻地域特别是安庆所处的皖西南地区均以产茶闻名,民间盛行茶歌即采茶调。《采茶记》、《送香茶》、《挖茶棵》等黄梅戏传统小戏反映了皖西南地区悠久深厚的茶文化。另外黄梅戏传统小戏《夫妻观灯》中的"开门调"(或"元宵调")即来源于采茶调。陆洪非先生认为,"黄梅戏的基础——所谓'黄梅采茶调',也不是某一地区的某一种民歌,而是包括了皖、鄂、赣三省,甚至长江流域或者更广阔地区的人民所创造的品类众多的民歌、小调"③。这种说法是有道理的,"黄梅戏在未粉墨登场之时,是乡间村民们在田间、场地劳动时所唱的茶歌、小调、说唱等"④。受这种艺术原生质态的影响,黄梅戏的演出风格向来就以活泼率真见长。贺绿汀先生认为黄梅戏"无论是音乐、戏剧、舞蹈都是朴素、健康的,但是又很丰富,活泼生动。演出中,我仿佛闻到了农村中泥土的气味,闻到了山花的芳香"⑤。

---

① 王长安主编:《中国黄梅戏》,安徽文艺出版社2009年版,第328页。
② 申非伊:《严凤英唱腔初探》,《黄梅戏艺术》1988年第4期。
③ 陆洪非编著:《黄梅戏源流》,安徽文艺出版社1985年版,第11页。
④ 时白林著:《黄梅戏音乐概论》,人民音乐出版社1998年版,第20页。
⑤ 贺绿汀:《安徽地方戏在沪演出观后感》,《大公报》,1952年11月15日。

黄梅戏从流行于皖、鄂、赣三省毗邻地区丰富多样的民歌时调、民间歌舞、说唱曲艺、灯会、社火等民间艺术与乡村民俗中汲取营养，浓缩精华，富于民间风趣，地域特色鲜明，乡土气息深郁。"黄梅戏传统戏里的一百多首花腔曲调中，很多都和安徽安庆地区的民间歌曲保持着非常密切的内在联系。"①有的是直接套用当地民歌的曲名曲调，如黄梅戏《绣荷包》中的"十绣调"来自安庆潜山、太湖等地的民歌"十绣"；有的曲名虽异，但唱词格律却是基本相同的，如黄梅戏《打纸牌》中的"打纸牌调"与安庆岳西民歌"十杯酒"。黄梅戏传统正本戏《吐绒记》穿插有"莲花落"的唱腔。"闹花灯"、"龙船调"、"卖杂货"等黄梅戏传统腔调即来源于民间灯会上演唱的灯歌。黄梅戏艺人对这些灯会歌舞曲加以改造，使之戏曲化，旋律更为流畅优美。著名导演石挥在导演黄梅戏电影《天仙配》时曾经慨叹："黄梅戏在曲调上的吸收脾胃是极强大的。"②这使得黄梅戏的音乐弹性极大，具有极强的可塑性，生动活泼。由于黄梅戏将其生长的根须深植于民间地域的肥沃土壤，充分汲取了民间歌舞、说唱曲艺以及乡村民俗的活跃因子，故唱念艺术在黄梅戏的"四功五法"中占据着非常重要的地位，意蕴无穷的唱腔艺术、载歌载舞的舞台表演尤其能够突现黄梅戏的剧种特色。

## 三、黄梅戏审美范式的价值体现与审美张力

黄梅戏在其发展早期主要是以"两小戏"或"三小戏"等"小戏"的形式流行于皖、鄂、赣三省毗邻的广大农村地区，演出内容多为表现农村生活与乡土情趣的歌舞小戏，也有基于现实中真人真事为素材编演的"活报剧"。早期的黄梅戏艺人多为民间业余或半职业化演员，他们对平民生活有着深切的体验，舞台上搬演的故事其实就是他们身边发生的事。所以，他们的舞台表演能够深入人物的内心世界，善于唱情，以情带声，声情并茂，真切

---

① 时白林著：《黄梅戏音乐概论》，第26页。
② 魏绍昌编：《石挥谈艺录》，上海文艺出版社1982年版，第252页。

动人,极富感染力。如严凤英在演出黄梅戏传统戏《砂子岗》和《柳树井》时,这两出戏都是写童养媳受虐待求翻身的故事,"严凤英小时在家就做过童养媳,童年的朋友中,也有童养媳,她们的辛酸苦辣全能了解。所以她竟能站在台上不动,全凭唱,把观众感动得声泪俱下"①。严凤英在舞台上创造了许多性格各异的角色形象,就是缘于她的这种丰富的平民生活体验以及来自生活、高于生活的角色创造能力。吴组缃先生在谈及观看黄梅戏的感受时动情地说:"那些美丽的抒情诗和曲折变幻的叙事诗,对演的和看的,都同样地简直就是自己的经历和遭遇,就是自己的衷曲和幻想。"

无论是剧目建设抑或舞台表演、角色创造,黄梅戏都洋溢着浓郁的生活气息与民间风趣,与现实生活的距离近,为老百姓所喜闻乐见,富于民间性与人民性。即使是演绎那些与现实生活距离大的神仙剧,黄梅戏也会按照自身的剧种逻辑与审美规范,对之进行全新的再创造与艺术表达,努力拉近传统戏曲与现实社会的距离。如《天仙配》中的七仙女,该剧的导演石挥曾说:"董永不能娶一个文质彬彬、弱不禁风、好吃懒做的老婆,他必须与一个不怕穷苦、能劳善作的人共同生活,这样才符合人民的想象。"②正因如此,所以黄梅戏的审美风格被人们喻为"农家仙女",洗尽铅华,天然妩媚。黄梅戏的传统剧目,素有"大戏三十六,小戏七十二"之称。这些剧目,有的是在民间歌谣、说唱曲艺的基础上改编而来,有的是从青阳腔、徽剧、京剧等剧种移植过来的。据调查,与黄梅戏关系密切的地方剧种广泛散布于湖北、江西、浙江、福建等省的广大地区。③特别是京剧与黄梅戏之间,著名黄梅戏表演艺术家王少舫早年唱的就是京剧,后来与他的妹妹王少梅一起改唱黄梅戏,"把一大批京剧剧目带上了黄梅戏舞台。有《金玉奴》、《十三妹》、《孟丽君》、《唐伯虎》等100多出"④。解放前黄梅戏还曾经一度与京剧、徽剧、

---

① 王冠亚:《严凤英小传》,《戏剧艺术论丛》1980年第2期,第223页。
② 魏绍昌编:《石挥谈艺录》,第246页。
③ 洪非:《黄梅戏与其亲缘剧种》,《黄梅戏艺术》1982年第1期。
④ 洪非:《漫谈建国初期的黄梅戏》,《艺谭》1980年第1期。

青阳腔、采茶戏等剧种同台或者搭班演戏,这些演出模式或班社组织从内容到形式上都给黄梅戏的发展带来了变化。由于黄梅戏在其发展过程中广泛吸取其他兄弟剧种的艺术菁华,也就潜在地获得了更多的群众基础,使其可以较易获得超地域性流播与发展,适应不同受众群体的需求。

在中国戏曲剧种声腔发展史上,不同剧种声腔的盛衰流变与其是否具有随俗变通的审美张力之间关系密切。如戏曲史上的"花雅之争",雅部昆腔的衰退就因为"它被素养高超的艺术家雕琢得太精巧,使它难于随俗,不易变通"[①]。由于昆曲发展到其后期,已经形成了一套相当完备、近乎僵滞钝化的审美定势,这使得一些新兴的、外来的艺术因素很难融入其中,从而造成了昆曲后期发展的严重障碍。虽然目前对于传统戏曲的改革与创新问题言人人殊,莫衷一是,但基于上已经形成了一种共识,这就是传统戏曲如果不进行改革创新,势必继续导致观众群体的大量流失与艺术活力的严重丧失。相较昆曲之类的古老剧种而言,黄梅戏算得上是一个比较年轻的剧种,它在声腔音乐、舞台表演等方面还没有形成一套严格固定的程式框范,由此也就使得各种艺术因素,无论是古典的还是现代的、时尚的,国内的抑或外来的,都可以被黄梅戏艺术广纳博采。当然,这种吸收与借鉴一定要基于黄梅戏自身的剧种特色及其艺术发展的内在规律。在黄梅戏发展史上,那些前辈大师如严凤英、王少舫等人,在其艺术生涯中一直都在寻求突破与守正创新,由此也就不断丰富并造就了黄梅戏能够吐纳自由、灵动多变的艺术活力与审美张力。

人们常说:"黄梅戏是吃百家奶长大的。"黄梅戏起源于皖、鄂、赣三省毗邻乃至周边更为广袤的民间语境,这种独特的地域文化生态给黄梅戏提供了非常有利的生成与繁衍空间,并造就了黄梅戏得以融纳"南腔北调"的艺术活力,赋予了黄梅戏区别于其他剧种的审美张力。由于黄梅戏从其生成之初就将成长的根须深植于民间地域的肥沃土壤,广泛汲取各种民间文

---

① 余秋雨著:《中国戏剧文化史述》,湖南人民出版社1985年版,第442页。

艺与兄弟剧种的灵气精华，故其艺术形态具有极强的开放性与兼容性，而正是因为这种开放与兼容并蓄的审美张力，使得黄梅戏摆脱了京剧或昆曲那种凝固难动的表演程式，形成了既规范于戏曲程式而又不束缚于戏曲程式的表演规范，最终实现了质的飞跃，自成一家，完成了从民间小戏到高台大戏的华丽蜕变，迅速发展成为在全国乃至海外都有重大影响的戏曲剧种。

（本文原载《贵州大学学报（艺术版）》2016年第2期）

# 黄梅戏舞台方言的语音变异考察

鲍 红

20世纪50年代,以安徽安庆方言表演的《天仙配》《女驸马》等一批黄梅戏经典剧目的问世,标志着黄梅戏进入发展成熟期,安庆方言成为黄梅戏的基础方言。不过随着时间的推移,人们普遍感觉到黄梅戏舞台方言正在逐渐演变,有向标准语迅速靠拢的迹象,方言特色日益弱化,普通话成分逐渐增多,甚至有不少黄梅戏研究者和黄梅戏观众感叹"现在的黄梅戏越来越不像黄梅戏了",学术界也对此现象展开讨论,但是黄梅戏舞台方言是否出现了变异,哪些方面出现了变异,论者大多只是阐述观点,定性研究,很少有论者进行定量研究。与词汇和语法的变化相比,语音变化更易于被人感知,因此,本文拟以严凤英、吴琼和韩再芬主演的三个版本的《女驸马·洞房》选段为例,对黄梅戏舞台方言的语音变异现象进行重点考察,以求管中窥豹,试图回答以下问题:黄梅戏舞台方言是否出现了语音变异?哪些语音发生了变异?为什么会变异?舞台方言的演变对黄梅戏的发展可能会产生哪些影响?

## 一、选择考察对象

之所以将《女驸马·洞房》选段作为考察对象,一是因为《女驸马》是黄梅戏的经典剧目之一,是集中展现黄梅戏个性化声腔和语言特色的典范之作。鉴于其篇幅较长,故截取其中《洞房》选段进行考察。二是作为黄梅戏三个不同发展阶段的代表人物,严凤英、吴琼和韩再芬都曾先后主演过《女驸马》。严凤英是黄梅戏杰出的表演艺术家,中国黄梅戏传承发展的重要开拓者和贡献者,开创了"梅开一度"的旺盛局面。吴琼是著名黄梅戏表演艺术家,国家一级演员,20世纪80年代初"黄梅戏五朵金花"之一,是黄梅戏"梅开二度"时期的优秀演员之一,被认为是"黄梅戏五朵金花"中唱功最好的[①],1992年离开黄梅戏舞台迈入流行歌坛。韩再芬是著名黄梅戏表演艺术家,国家一级演员、国家级非物质文化遗产项目黄梅戏代表性传承人,黄梅戏"梅开三度"时期的杰出代表。对相同黄梅戏选段三个不同版本的考察,能够更准确地揭示黄梅戏舞台方言的语音变化情况。本文采用的严凤英版《女驸马·洞房》和吴琼、李萍版《女驸马·洞房》均出自优酷网,韩再芬、余淑华版《女驸马·洞房》出自土豆网,视频记音时间为2017年8月。[②]

## 二、选择所要考察的语音变项

关于数据收集方面本文主要考察《女驸马·洞房》中的一部分道白和唱段,从"公主,事到如今,我就对你实说了吧"到"望求公主细思忖"止。这段表演中共有72个字的发音安庆方言与普通话差别较大,包括重复出现的字音,比如"主"出现6次,就记为6个字,因为吴琼和韩再芬都存在同一个字唱念不同字音的情况。这段表演以唱为主,不便于考察声调,因此只考察这72个字音的声母和韵母。[③]

72个字音的安庆方言读音和普通话读音主要差别如下:

声母方面:①"我、恩、爱"三字,安庆方言以鼻辅音[ŋ]作声母,普通话为零声母音节。②"事、生"二字,安庆方言声母为辅音[s],普通话为辅音

---

① 王平、时新中:《黄梅戏"梅开三度"相关问题探讨》,《安庆师范学院学报》2011年第5期,第5—9页。
② 严凤英版《女驸马·洞房》的视频网址:http://v.youku.com/v_show/id_XOTUzMTI5ODU2==.html;吴琼、李萍版《女驸马·洞房》的视频网址:http://v.youku.com/v_show/id_XMTUzNzY5NzY5Ng==.html;韩再芬、余淑华《女驸马·洞房》的视频网址:http://video.tudou.com/v/XMTk3MzA0NjY5Ng==.htm。
③ 关于安庆方言的语音系统可参见鲍红:《安徽安庆方言同音字汇》,《方言》2012年第3期。

[ʂ]。③"容"安庆方言为零声母音节，无辅音声母，普通话以浊辅音[z]作声母。④"如、入"二字，安庆方言声母为[ɻ]，普通话声母为[z]。

韵母方面：①"主、说"二字，安庆方言分别为[ʮ][ɥei]，普通话分别为[u][uo]。②"素、诉、怒、度、六"四字，安庆方言读[əu]，普通话前四字读[u]，第五字读[iəu]。③"请、并、廷、霆、情、名、命、京、屏、英"十个字，安庆方言读[in]，普通话读[iŋ]。④"皇、王、望、忘、娘、梁、良、郎、当、讲"十个字的主要元音和韵尾，安庆方言为[an]，普通话为[aŋ]。⑤"生、城"二字，安庆方言读[ən]，普通话读[əŋ]。⑥"乱、虽、罪"安庆方言分别读[on][ei]，普通话分别读[uan][uei]。⑦"忖"安庆方言读[ən]，普通话读[un]。

三位演员舞台表演的视频记音一律用国际音标记音，列表如下（为表述简洁，"严凤英、吴琼、韩再芬、安庆方言、普通话"分别缩略为"严、吴、韩、安、普"，右下角标注的数字是指该字出现的次数）：

表1

|   | 主$_1$ | 事 | 如 | 我$_1$ | 说 | 我$_2$ | 主$_2$ | 请$_1$ | 皇$_1$ | 我$_3$ | 并 |
|---|---|---|---|---|---|---|---|---|---|---|---|
| 严 | tʂʮ | sɿ | ɻʮ | ŋo | ʂɥei | ŋo | tʂʮ | tɕʰin | xuaŋ | ŋo | pin |
| 吴 | tʂʮ | sɿ | ɻʮ | ŋo | ʂɥei | ŋo | tʂʮ | tɕʰin | xuaŋ | ŋo | pin |
| 韩 | tʂʮ | sɿ | ɻʮ | ŋo | ʂuo | uo | tʂʮ | tɕʰin | xuaŋ | uo | pin |
| 安 | tʂʮ | sɿ | ɻʮ | ŋo | ʂɥei | ŋo | tʂʮ | tɕʰin | xuan | ŋo | pin |
| 普 | tʂu | sʅ | zu | uo | ʂuo | uo | tʂu | tɕʰin | xuan | uo | piŋ |

表2

|   | 乱 | 廷$_1$ | 主$_3$ | 罪 | 请$_2$ | 霆 | 怒 | 容 | 诉 | 情$_1$ | 名$_1$ |
|---|---|---|---|---|---|---|---|---|---|---|---|
| 严 | luan | tʰin | tʂʮ | tsuei | tɕʰin | tʰin | nu | ioŋ | səu | tɕʰin | min |
| 吴 | luan | tʰin | tʂʮ | tsuei | tɕʰin | tʰin | nu | ʐoŋ | su | tɕʰin | min |
| 韩 | luan | tʰin | tʂʮ | tsuei | tɕʰin | tʰin | nu | ioŋ | su | tɕʰin | min |
| 安 | lon | tʰin | tʂʮ | tsei | tɕʰin | tʰin | nəu | ioŋ | səu | tɕʰin | min |
| 普 | luan | tʰiŋ | tʂu | tsuei | tɕʰiŋ | tʰiŋ | nu | ʐoŋ | su | tɕʰiŋ | miŋ |

表3

|   | 素₁ | 廷₂ | 娘 | 爱₁ | 郎 | 入₁ | 命 | 京 | 城 | 望₁ | 名₂ |
|---|---|---|---|---|---|---|---|---|---|---|---|
| 严 | səu | tʰin | nian | ŋai | lan | ʐu | min | tɕin | tʂʰən | uan | min |
| 吴 | səu | tʰin | nian | ŋai | lan | ʐu | min | tɕin | tʂʰən | uaŋ | min |
| 韩 | su | tʰin | nian | ŋai | lan | ʐu | min | tɕin | tʂʰən | uan | min |
| 安 | səu | tʰin | nian | ŋai | lan | ɻeʔ | min | tɕin | tʂʰən | uan | min |
| 普 | su | tʰiŋ | niaŋ | ai | laŋ | ʐu | miŋ | tɕiŋ | tʂʰəŋ | uan | miŋ |

表4

|   | 入₂ | 主₄ | 生₁ | 长 | 情₂ | 王₁ | 翠 | 屏 | 度 | 还 | 六 |
|---|---|---|---|---|---|---|---|---|---|---|---|
| 严 | ʐu | tʂу | sən | tʂan | tɕʰin | uan | tsʰuei | pʰin | təu | xuan | ləu |
| 吴 | ʐu | tsu | sən | tʂaŋ | tɕʰin | uaŋ | tsʰuei | pʰin | təu | xuan | ləu |
| 韩 | ʐu | tsu | sən | tʂaŋ | tɕʰin | uaŋ | tsʰuei | pʰin | təu | xuan | ləu |
| 安 | ɻeʔ | tʂу | sən | tʂan | tɕʰin | uan | tsʰei | pʰin | təu | xai | ləu |
| 普 | ʐu | tʂu | ʂə̃ | tʂaŋ | tɕʰiŋ | uaŋ | tsʰuei | pʰin | tu | xai | liəu |

表5

|   | 英 | 生₂ | 爱₂ | 梁 | 生₃ | 爱₃ | 忘 | 恩 | 爱₄ | 情₃ | 我₄ |
|---|---|---|---|---|---|---|---|---|---|---|---|
| 严 | in | sən | ŋai | lian | sən | ŋai | uan | ŋən | ŋai | tɕʰin | ŋo |
| 吴 | in | sən | ŋai | lian | sən | ai | uaŋ | ŋən | ŋai | tɕʰin | ŋo |
| 韩 | in | sən | ai | lian | sən | ai | uaŋ | ŋən | ŋai | tɕʰin | uo |
| 安 | in | sən | ŋai | lian | sən | ŋai | uan | ŋən | ŋai | tɕʰin | ŋo |
| 普 | iŋ | ʂəŋ | ai | liaŋ | ʂəŋ | ai | uaŋ | ən | ai | tɕʰiŋ | uo |

表6

|   | 虽 | 良 | 我₅ | 生₄ | 主₅ | 素₂ | 我₆ | 当 | 皇₂ | 王₂ | 圣 |
|---|---|---|---|---|---|---|---|---|---|---|---|
| 严 | suei | lian | ŋo | sən | tʂу | səu | ŋo | tan | xuan | uan | ʂən |

续　表

|   | 虽 | 良 | 我₅ | 生₄ | 主₅ | 素₂ | 我₆ | 当 | 皇₂ | 王₂ | 圣 |
|---|---|---|---|---|---|---|---|---|---|---|---|
| 吴 | suei | liaŋ | ŋo | sən | tʂu | su | ŋo | taŋ | xuaŋ | uaŋ | ʂəŋ |
| 韩 | suei | liaŋ | uo | sən | tʂu | su | uo | taŋ | xuaŋ | uaŋ | ʂəŋ |
| 安 | sei | lian | ŋo | sən | tʂʅ | səu | ŋo | tan | xuan | uan | ʂən |
| 普 | suei | liaŋ | uo | ʂəŋ | tʂu | su | uo | taŋ | xuaŋ | uaŋ | ʂəŋ |

表7

|   | 素₃ | 情₄ | 讲 | 望₂ | 主₆ | 忖 |
|---|---|---|---|---|---|---|
| 严 | səu | tɕʰin | tɕian | uan | tʂʅ | tsʰən |
| 吴 | su | tɕʰiŋ | tɕiaŋ | uaŋ | tʂu | tsʰən |
| 韩 | su | tɕʰiŋ | tɕiaŋ | uaŋ | tʂu | tsʰən |
| 安 | səu | tɕʰin | tɕian | uan | tʂʅ | tsʰən |
| 普 | su | tɕʰiŋ | tɕiaŋ | uaŋ | tʂu | tsʰun |

## 三、视频记音的数据分析

### （一）发音总体分析

72字（次）中三位演员使用安庆方言的次数，严凤英62字（次），吴琼42字（次），韩再芬31字（次），安庆方言占比分别为84.5%、59.2%、43.7%。

### （二）发音分项分析

1. 鼻辅音[ŋ]作声母的安庆方言"我、恩、爱"三字出现了语音变化。严凤英发音均为安庆方言；吴琼"我、恩"为安庆方言，"爱"4次中3次为安庆方言；韩再芬"我"6次中1次为安庆方言，"爱"4次中2次为安庆方言，"恩"为安庆方言。

2. 舌尖后元音[ʅ]为韵腹或韵头的安庆方言"主、说"二字出现了语音变化。严凤英和吴琼的发音均为安庆方言，韩再芬的发音为普通话，舌尖后元音 [ʮ] 改为舌面后元音 [u]。

3. "素、诉、度、六"等字的安庆方言语音发生了变化。"度、六"二字3人均为安庆方言，"诉"字严凤英和吴琼为安庆方言，韩再芬为普通话，"素"字共出现3次，严凤英3次均为安庆方言，吴琼1次为安庆方言，韩再芬3次均为普通话。

4. 鼻辅音韵母发生变化。普通话韵母 [aŋ][iaŋ][əŋ][iŋ]，安庆方言分别读 [an][ian][ən][in]，这段唱词中三位演员的语音出现变化。35字（次）中，严凤英的安庆方言次数为34字（次），吴琼为22字（次），韩再芬为20字（次）。

## 四、黄梅戏舞台方言语音变化原因探析

黄梅戏舞台方言的变化与其基础方言安庆方言的变化有密切关系。语言是社会的产物，语言的本质属性是社会属性。任何一种语言都会随着时间的推移和社会的变化而发生变化，方言也不例外。这种发展变化除了语言内部的因素，还有语言外部诸因素的影响。同时不少黄梅戏演员有意识减少安庆方言成分，舞台语言逐渐"普通话化"，也是黄梅戏舞台方言语音变化的重要原因。

### （一）语言内部因素的影响

20世纪50年代，黄梅戏进入发展成熟期，安庆方言成为黄梅戏基础方言，60多年来，安庆方言也在不断变化，黄梅戏舞台方言也随之发生改变。目前安庆方言有老派和新派之分。六七十岁以上的老年安庆人操持的安庆方言基本保留安庆方言成分，六十岁以下的安庆人受普通话影响，有些语音已经改变，比如舌尖后元音 [ʮ] 和"我、爱"等 [ŋ] 声母字，老派安庆方言中大量存在，但新派安庆方言中，只有部分中老年人还存在，中青年人已逐渐与

普通话趋同。①上文《洞房》选段中，舌尖后元音[ʅ]和"我、爱"等[ŋ]声母字，严凤英完整保留，吴琼基本保留，韩再芬基本丢失。从语言内部发音机制的角度可以解释这种变化，开口呼零声母发音比后鼻辅音[ŋ]要省力，元音[ʅ]比[u]省力。上文数据分析还显示，黄梅戏舞台方言前鼻辅音韵母发成后鼻辅音韵母，向普通话靠拢的趋势也很突出，《洞房》选段中35个安庆方言前鼻辅音韵母发成后鼻辅音韵母的次数，严、吴、韩三位演员分别为1次、13次、15次。但后鼻辅音发音并不比前鼻辅音更省力更方便，这种改变显然不是语言内部发音机制所致，而是语言外部诸因素合力的结果。

### （二）语言外部力量的推动

1. 普通话是安庆方言语音变化的主要外部动力

语言的历时变化离不开某种强大的外部社会力量的推动，就安庆方言来说，这种外部力量就是普通话。建国以来国家相继制定和公布了一系列有关语言文字的法律法规，确定普通话为现代汉民族共同语和国家通用语言。经过五六十年的大力推广，普通话已深入人心，20世纪90年代中期开始的普通话水平测试更是将普通话的地位提高到史无前例的高度，推普成绩越来越显著，对包括安庆方言在内的各地方言都产生巨大影响。新世纪以来，报纸、电视、广播、网络等各种媒体进一步推波助澜，安庆方言向普通话靠拢的趋势越来越明显。

2. 多种方言的广泛接触对安庆方言的影响

安徽省安庆市是皖西南政治、经济和文化中心，但是改革开放以前，由于国家实行城乡二元对立户籍制度，安庆相对比较封闭，外来人口很少，城市规模不大，人口不多，1982年第三次人口普查，安庆市418 772人，绝大部分居民说安庆方言，改革开放以来，安庆发展迅速，经济外向度、社会开放度越来越大，外来人口越来越多，2015年末市区常住人口80万②，人口翻

---

① 鲍红：《安徽安庆方言同音字汇》，《方言》2012年第3期。
② 安庆市人民政府网，http://www.anqing.gov.cn/3902248.html，2017年8月19日。

番。在多种方言共存的环境中，每种方言都会因为接触频繁而出现语言变异，强势方言施与弱势方言更大影响，甚至同化弱势方言，这是语言包括方言演变的一般规律。上文对黄梅戏舞台方言语音变化的考察表明：与分散的外地方言相比，安庆方言虽然属于强势方言，但与普通话相比，普通话是方言的高标准变体，普通话的标准语地位超越安庆方言，普通话已获得各方言区人们的广泛认同，为方便交流，安庆本地人和来到安庆的外地人不知不觉选择了为大多数人接受和认同的"安庆普通话"（准普通话）作为交际用语，只是普通话的标准程度有高低之分。因此安庆方言没能同化其他方言，中青年人的语音反而渐渐向普通话靠拢，进而使得黄梅戏舞台方言也随之发生一些变化。

3. 黄梅戏演员的语言态度对黄梅戏舞台方言的影响

"语言态度是指人们在语言生活中对待某种语言的基本意见、主张以及由此带来的语言倾向和言语行为"[①]。语言态度决定语言选择和语言使用，而语言态度是与社会政治经济环境密切相关的，当一种语言变体的社会地位和社会功能发生改变时，人们的语言态度和语言使用也会发生改变[②]。

由于政策效应的长效性，20世纪50年代初，我国刚刚实施推广普通话的语言政策，成效并不明显，普通话作为标准语的显性声望尚未形成，作为皖西南地区强势方言的安庆方言仍然得到该地区居民的较高认同，严凤英主演的《女驸马》《天仙配》等黄梅戏经典剧目的舞台方言均采用当时地道的安庆方言，说明当时以严凤英为代表的黄梅戏演员对安庆方言具有较高的认同感。20世纪80年代初，经过30多年的宣传推广，普通话已成为适用于正式场合的具有较高社会地位和社会功能的标准语，受到广泛接受，黄梅戏舞台方言出现变化，《洞房》中"冯素珍"的"素"字出现3次，吴琼的表演只有1次为安庆方言，不过吴琼唱段中安庆方言比例仍有59.2%，可见80年代初以吴琼为代表的黄梅戏演员虽然开始在表演中夹杂普通话，但

---

① 冯广艺：《论语言态度的三种表现》，《语言研究》2013年第2期，第112页。
② 祝畹瑾主编：《新编社会语言学概论》，北京大学出版社2013年版，第112页。

是仍然保留黄梅戏的原腔原味，认可安庆方言的黄梅戏语言基础地位。随着普通话水平测试的全面实施和黄梅戏改革的持续推进，以韩再芬为代表的黄梅戏"梅开三度"时期的演员对普通话的推崇和认可已超过安庆方言，在公开场合，韩再芬等演员使用的也都是非常标准的普通话。韩再芬版《洞房》选段中安庆方言的比例已降至43.7%，安庆方言的基础地位面临挑战。

综上所述，当前黄梅戏舞台语言正局部或大部分改用普通话表演已是不争的事实。这种趋势值得深思。属于非物质文化遗产的中国地方戏曲是在地域方言的基础上衍化出来的，方言是构成地方曲种的基石，地方戏是方言的艺术。安庆方言就是黄梅戏的根基，如果为了让所有外地观众都能听懂黄梅戏而弱化安庆方言，改用普通话表演，则无异于消弭个性、放弃特色，黄梅戏的艺术个性也必将进入一个渐渐消失的过程。这也是本文研究目的所在，希望有识之士能够正视当前黄梅戏舞台方言演变的事实，妥善处理好黄梅戏舞台语言的选用和定位问题，以便更好地促进黄梅戏的传承和发展。

（本文原载于《戏曲艺术》2017年第4期）

古代戏曲研究

# 论贵池傩戏"非故事性剧目"

王 平

安徽贵池傩戏其剧目中一部分是"正戏",多为成本大戏,这类剧目有完整的故事情节,可以被称为"故事性剧目";另一部分并没有完整的"故事"情节,形式短小,被安排在正戏(即"故事性剧目",)前或后演出,不以"演一故事"为主,多借致语、歌、舞或某些戏曲片断来表达敬神祝愿、祈年求福、驱除、祈子等意味,其性质主要在于仪式性,为表达方便起见,我们称之为"非故事性剧目"。据考察,贵池傩戏"非故事性剧目"主要有:《舞伞》、《打赤鸟》、《舞回回》、《舞古老钱》(也称《舞抱锣钱》)、《滚球灯》、《舞财神》、《魁星点斗》、《跳土地》、《踩马》、《舞狮》、《钟馗捉鬼》、《舞判官》、《搓香花》、《和尚采花》、《跳土地公婆》、《花关索战鲍三娘》、《舞刀》、《舞合和》、《跳吉妈妈》、《舞芭蕉扇》、《舞鞋子》、《打铁》、《假秀才》、《打方板》、《刘海戏金蟾》、《杀关》、《跳五猖》、《舞旗》、《新年斋》、《打社公》、《问土地》、《关公斩妖》、《三星拱照》、《放河灯》[①]等,其剧目约在三十种左右。其中《舞旗》以上各剧目主要以舞蹈为主,被称为"傩舞",它们"都戴面具表演,用锣鼓伴奏,不唱,在表演前由掌管先生念诵世代传抄的颂词,众人应和":《舞旗》以下诸剧目,是宗族祠堂中用来敬神驱祟的仪式,被称为"仪式性表演","它们是仪式,但它们却有装扮,甚至有舞蹈和唱腔"[②]。

这些"非故事性剧目"不仅留存了中国驱傩风俗中"官傩"和民间傩节目表演的痕迹,而且与宋金古剧的表演程序以及其中相关剧目有关联,它们

---

① 何根海、王兆乾著:《假面的背后》,安徽大学出版社2000年版,第38—39页。
② 何根海、王兆乾著:《假面的背后》,第109页。

在长期的发展和演化过程中，形成了多方面的文化内涵。

## 一、贵池傩戏"非故事性剧目"与古代"官傩"中的戏剧表演

驱傩也称"逐疫"，是最古的祭祀活动之一，周朝时期就已经盛行，当时驱傩的主体之一是王室宫廷。秦汉驱傩活动继续发展，规模越来越大，是为"大傩"。唐、宋时除了"宫廷大傩"外，还出现官方军傩。

贵池傩俗是中国古代"逐疫"、"驱傩"习俗的遗存，它在"明代中期以前就已形成，明嘉靖时期，贵池傩戏就已经兴盛"[①]。贵池的傩俗古代分为春、秋两次，举办驱傩仪式的组织主要为民间会社、宗族祠堂，但官方也参与其中。

古代"官傩"表演的节目，也能在现存的贵池傩戏中找到类似的遗响。为更进一步说明这个问题，我们可以将有关贵池傩戏的史料记载和现存的"非故事性剧目"与宋代宫廷驱傩活动的相关节目进行比较。

宋代驱傩活动中所表演的节目在孟元老《东京梦华录》卷九"驾登宝津楼诸军呈百戏"条中有较详细的记载——这次"诸军呈百戏"活动被学界称为"傩戏雏形"[②]和"北宋宫廷傩舞"[③]，其文曰：

> 鼓笛举一红巾者弄大旗。次狮豹入场，坐作进退，奋迅举止毕。次一红巾者，手执两白旗子，跳跃旋风而舞，谓之"扑旗子"，……有花桩轻健军士百余，……拜舞互变开门夺桥等阵。……乐部复动《蛮牌令》。数内两人出阵对舞，如击刺之状，一人作奋击之势；一人作僵仆出场。凡五七对。……烟火大起，有假面披发，口吐狼牙烟火，如鬼神

---

[①] 见拙文：《明清两代贵池傩戏探微》，《戏曲研究》（第67辑），文化艺术出版社2005年版，第40页。
[②] 薛若邻：《傩戏——中国戏曲活化石》"序言"，黄山书社1992年版。
[③] 郭英德著：《世俗的祭礼——中国戏曲的宗教精神》，国际文化出版公司1988年版，第17页。

状者上场,着青贴金花短后之衣,贴金皂裤,跣足,携大铜锣。随身步舞而进退,谓之"抱锣"……有面涂青绿,戴面具,金睛,饰以豹皮锦绣看带之类,谓之"硬鬼"。或执刀斧,或执杵棒之类。作脚步蘸立,为驱捉视听之状。又爆仗一声,有假面长髯,展裹绿袍靴筒,如钟馗像者,傍一人以小锣相招和舞步,谓之"舞判"。继有二三瘦瘠,以粉涂身,金睛白面如髑髅状,系锦绣围肚看带,手执软仗,各作魁谐趋跄,举止若排戏,谓之"哑杂剧"。又爆仗响,有烟火就涌出,人面不相睹,烟中有七人,皆披发文身,着青纱短后之衣,锦绣围肚看带,内一人金花小帽,执白旗,余皆头巾、执真刀,互相格斗击刺,作破面剖心之势,谓之"七圣刀"。忽又爆仗响,又复烟火出,散处以青幕围绕,列数十辈。皆假面异服,如祠庙中神鬼塑像,谓之"歇帐"。又爆仗响,卷退。次有一击小铜锣,引百余人,或巾裹,或双髻,各着杂色半臂,围肚看带,以黄白粉涂其面,谓之"抹跄"。各执木桿刀一口,成行列,击锣者指呼,各拜舞起居毕。喝喊变阵子数次,成"一字阵"。两两出阵格斗,作夺刀击刺之态百端讫。一人弃刀在地,就地掷身,背着地有声,谓之"扳落"。如是数十对讫。①

以上所录是对北宋官方驱傩(宫廷大傩)的记载,它反映了北宋末年汴京一带,官傩活动中各色伎艺演出的盛况。这段文字中记载的表演项目分别有"弄大旗"、"狮豹"、"扑旗"、"上竿"、"打筋斗"、"拜舞"、"对舞"、"击刺"、"僵仆"、"舞蛮牌"、"驱硬鬼"、"抱锣"、"舞判"、"哑杂剧"、"七圣刀"、"歇帐"、"抹跄"、"扳落"、"踢拳"、"索上走"、"过刀门"、"过圈子"、"相殴"等。

从以上所列举的贵池傩戏现存"非故事性剧目"中,可以发现诸多剧目类似于宋代官傩节目,如:《舞旗》之与"弄大旗"、"扑旗";《舞狮》之与

---

① 〔宋〕孟元老等著:《东京梦华录》(外四种),古典文学出版社1956年版,第42—43页。

古代戏曲研究 105

"狮豹";《舞古老钱》之与"抱锣";《舞判官》、《钟馗捉鬼》之与"舞判";《跳五猖》之与"驱硬鬼";《舞刀》之与"七圣刀",等等。

不仅剧目有类似者,今天贵池傩戏的现实表演形式也与《东京梦华录》记录相似,如"假面"、"戴面具"、"放烟火"、"爆仗"、"驱捉视听之状",等等,皆为贵池傩戏表演中所经常见到的。有如此多的相似,绝不是能用"偶然巧合"来解释得通的。我们完全可以根据这些相似的驱傩节目表演,推导出将贵池傩戏中一些"非故事性剧目"与"宋代宫廷百戏"之间有前后承继关系的结论。

## 二、贵池傩戏"非故事性剧目"与古代民间傩中的戏剧表演

驱傩活动在民间也很流行,先秦时的孔子时期就流行"乡人傩"。民间傩俗至两宋依然没有多大变化。贵池傩俗主要是民间乡人傩。据明嘉靖二十四年四月(1545)的《池州府志》"逐疫"条载:

> 凡乡落自十三日至十六日夜,同社者迎社神于家,或踹竹马,或肖狮象,或滚毬灯,桩神像扮杂戏,震以锣鼓,和以喧号,群饮毕返社神于庙。盖周礼逐疫遗意。①

这里反映出贵池傩属春傩,是民间乡人傩的信息。其中所载的"肖狮象",当是汉代和宋代官傩中"十二兽舞"、"狮豹"在民间的变体。前面所提到的吴非文章中的傩仪尽管是官府组织的,但行傩队伍的主体却是普通的民众,这些演员不是专业的,而是"长夫"、"马户"、"胥役"、"豪滑有力之徒",他们所表演的节目皆为"杂戏",演出的形式类似于游行。人们扮演的为关壮缪(关羽)、城隍、七圣、二郎、玄坛(财神赵公明)等戏剧人物,队伍

---

① 见嘉靖《池州府志》卷第二"风土篇"之"时序",上海古籍书店1962年据宁波天一阁藏本印。

行进过程中扮演"七圣"的演员还作着"机械引刀穿颈惯腹"之类的杂技表演。这些记载中的剧目与嘉靖《池州府志》中"踹竹马"、"肖狮象"、"滚毯灯"等演出剧目属同类,皆为"非故事性剧目"。

与吴非同时、同乡的布衣文人刘城是亲见当地民间傩戏表演的,他以诗歌的形式记载了在贵池"亲身体验,耳闻目睹"傩戏的状况①。其诗曰:

> 炫服争为郑袤(袖)妆,画眉拟转夷光瞩。高鼻黄须日逐雄,金目文皮猛兽扑。将军列戟白如霜,丞相幞头金以鎏。帝释天人故事多,见玉绮纨装饰足。别有假脚十寻长,绵绦香袖空中飐。(《上元曲》)②

这里所涉及的"高鼻黄须"、"金目文皮"简直就是秦汉方相氏"掌蒙熊皮,黄金四目"和宋代驱傩中"硬鬼"、"假面长髯"等表演的翻版,而"假脚十寻"、"绵绦香袖"等则是明末清初贵池傩戏演出中的若干种类。

民间傩在唐、宋时期也有称"打夜胡"、"打野狐"者。唐朝敦煌文书载录有《进夜胡歌》和《儿郎伟》唱词,康保成先生肯定其"乃驱傩时所吟唱"③。"打夜胡"的活动也流行于唐以后各个朝代,后来驱傩活动在民间进一步蔓延,以致形成"沿门逐疫"的风俗,江浙一带尤为盛行。以下引北宋和南宋两条"打夜胡"资料:

> 其一:自入此月,即有贫者三数人为一火,装妇人,神鬼,敲锣击鼓,巡门乞钱,俗呼为"打夜胡",亦驱祟之道也。④
>
> 其二:自入此月,街市有贫丐者三、五人为一队,装神鬼、判官、钟馗、小

---

① 见拙文:《刘城和他的四首"观傩诗"》,载《池州师专学报》2004年第4期。
② 见黄冈陶子麟刊,清末刘世珩编:《贵池二妙集》"四十一"之《峄桐诗集》卷第九"七言律"。
③ 康保成著:《傩戏艺术源流》,广东高等教育出版社1999年版,第20页。
④ 〔宋〕孟元老等著:《东京梦华录》(外四种),第61,62页。

妹等形,敲锣击鼓,沿门乞钱,俗呼为"打夜胡",亦驱傩之意也。①

"打夜胡"在贵池傩戏也留有印迹,现存贵池傩戏就保留了相关剧目,如"非故事性剧目"的《跳五猖》、《舞判官》、《钟馗捉鬼》,它们与上面两条资料提到的"装神鬼、判官、钟馗"等相对应。另外,贵池傩戏《花关索》后附录有"请神、送神、傩舞"的吉祥词,云:

嚎也嚎嚎朝古社,嚎也嚎嚎夜胡歌。月里梭桐树一棵,却有三万六千枝……嚎也嚎嚎朝古社,嚎也嚎嚎夜胡歌,正月春风摆柳枝,二月杨花满地飞……嚎也嚎嚎朝古社,嚎也嚎嚎夜胡歌……②

这个吉祥词的开头二句反复地被吟唱,其中的"夜胡歌"即为古代"打夜胡"所唱之歌,与唐代敦煌文书中所唱之词大有关联。从这些层面看,贵池傩戏中诸多剧目可视为对其"老祖宗"(古代驱傩活动的表演项目)的"遗产"的继承。

## 三、贵池傩戏"非故事性剧目"与宋金古剧

贵池傩戏的剧目安排一般采取"三段"式,即"非故事剧性剧目"——"故事性剧目"——"非故事性剧目",德国儒道夫·布朗德尔在考察贵池一个村社的傩戏以后曾给出了一幅傩俗活动的演出次序表③,如下:

---

① 〔宋〕吴自牧著:《梦粱录》,《东京梦华录》(外四种),第181页。
② 王兆乾辑校:《安徽贵池傩戏剧本选》,台湾施合郑民俗文化基金会1995年版,第374页。
③ 〔德〕儒道夫·布朗德尔:《安徽贵池刘街乡姚姓家族永兴大社的傩及其社会心理学功能》,麻国钧等主编:《祭礼·傩俗与民间戏剧》,中国戏剧出版社1999年版,第666页。

| 1 | 在祠堂举行请阳神[祭礼面具神]仪式 | |
| --- | --- | --- |
| 1a | 在社坛神树前迎请嚎啕神 | 祭祀性仪式,在祠堂演出 |
| 2 | 舞伞:召唤神的降临 | |
| 3 | 打赤鸟 | |
| 4 | 魁星点斗 | |
| 5 | 舞财神 | |
| 6 | 三星拱照[或供奉三个面具] | 仪式性戏剧场面 |
| 7 | 戏剧 | |
| 8 | 新年斋[新年祭祀] | 祭祀性仪式 |
| 9 | 戏剧 | |
| 10 | 舞回回 | |
| 11 | 问土地[土地公预卜年景] | 仪式性戏剧场面 |
| 12 | 赵公明舞 | |
| 13 | 舞古老钱 | |
| 14 | 舞大刀[周仓舞大刀驱邪逐疫] | |
| 15 | 送神仪式[在社坛将神送走] | 祭祀性仪式 |

此表中已明白标出表演的程序为:祭祀性仪式—仪式性戏剧场面—祭祀性仪式—仪式性戏剧场面—祭祀性仪式,这是一个交替重复性的场面。几十年实地调查的王兆乾先生也证实了这一点:贵池傩戏的剧目安排"一般序列为傩舞—傩戏—仪式性表演。"[①]这种"三段式"结构安排明显带有"古剧"演出的特征。

"古剧"即王国维所特指的宋杂剧和金院本,因"其结构与后世戏剧迥异、故谓之古剧"[②]。关于宋杂剧和金院本,胡忌先生这样考证道:宋、金都有杂剧,"金地杂剧和宋无异……不过在金代末期,又有了一个代替杂剧的名

---

① 何根海、王兆乾著:《在假面的背后:安徽贵池傩文化研究》,安徽大学出版社2000年版,第38页。
② 王国维著:《宋元戏曲史》,华东师范大学出版社1995年版,第74页。

称——这就是金院本"①。这个结论与元末陶宗仪《辍耕录》中的说法完全一致：宋杂剧和金院本"其实一也"②。

"古剧"的演出结构一般是这样的："先做寻常熟事一段，名曰'艳段'；次做正杂剧，通名两段……又有'杂扮'，或曰'杂班'。又名'经元子'，又谓之'拔和'，即杂剧之后散段也。"③简而言之，即：艳段—正杂剧—散段。由于"正杂剧""大抵全为故事"④，所以它与贵池傩戏中的"故事性剧目"相对应，不过"古剧"中正杂剧多为歌舞滑稽戏，而后者贵池傩戏中的"故事性剧目"为纯正之戏曲。"艳段"和"散段"的演出相当杂，"二者皆较正杂剧为简易，此种简易之剧，当以滑稽戏竞技游戏充之"⑤，相对于贵池傩戏来说，它们即为那些"非故事性剧目"。

"艳段"在"正杂剧"之前演出，从《东京梦华录》卷九"宰执亲王宗室百官入内上寿"条，我们得知当时的演出程序为：

> 参军色执竹竿子作语，勾小儿队舞……参军色作语问，小儿班首近前进口号，杂剧人皆打和毕。乐作。群舞合唱，且舞且唱，又唱破子毕，小儿班首入进致语。勾杂剧入场，一场两段……⑥

又从苏轼《乐语》"兴龙节集英殿宴"中我们知道其表演程序为"教坊致语——口号——勾合曲——勾小儿队——小儿致语——勾杂剧——放小儿队——勾女弟子队……"在这些演出中，"勾杂剧"（即"正杂剧"）前有一些"致语"、"口号"、"群舞"、"队舞"、"且舞且唱"的节目，正是属于"艳段"的内容，它们表祝福喜庆之意。贵池傩戏"非故事性剧目"中的"傩

---

① 胡忌著：《宋金杂剧考》，古典文学出版社1957年版，第7、8页。
② 〔元〕陶宗仪著：《南村辍耕录》，中华书局1959年版，第306页。
③ 〔宋〕吴自牧著：《梦粱录》，《东京梦华录》（外四种），第309页。
④ 郑振铎著：《中国俗文学史》（《郑振铎全集》第七卷），花山文艺出版社1998年版，第256页。
⑤ 王国维著：《宋元戏曲史》，第74页。
⑥ 〔宋〕孟元老等著：《东京梦华录》（外四种），第54页。

舞"，很多有念有唱并佐以舞蹈，如"打赤鸟"、"舞伞"、"魁星点斗"、"舞财神"等，它们极像"古剧"里的"艳段"。

"散段"在"正杂剧"之后，也称"杂扮"、"杂班"等，"它是装扮各类人物以资耍笑的活泼形象的演出"①。胡忌先生在《宋金杂剧考》"第五章，其他（二）杂扮研究"中认为它与"舞队"（即"肉傀儡"）有关。② 以贵池傩戏的"非故事性剧目"来比照之，竟能发现有许多剧目与之相类似，以下稍作提及。

《武林旧事》（卷二）"大小全棚傀儡"条记有"元夕舞队"名七十种，其中"查查鬼"、"瞎判官"、"乔三教"（即"打夜胡"中演出剧目）、"抱锣装鬼"、"大小研刀鲍老"、"交衮鲍老"、"地仙"、"男女竹马"、"扑旗"、"狮豹蛮牌"、"乔学堂"等与贵池傩戏"非故事性剧目"中的许多相对应，如《舞判官》《跳五猖》、《钟馗捉小鬼》、《舞古老钱》（即《舞抱锣钱》）、《跳土地》、《舞竹马》《舞旗》、《舞狮》、《假秀才》等。贵池傩戏"非故事性剧目"在其他一些文献资料中，也可找到许多可供比照的东西。

综上所述，贵池傩戏剧目安排类似于宋金"古剧"的结构，其"非故事性剧目"与"古剧"的"艳段"和"散段"中有关名目相关。

## 四、"非故事性剧目"的民俗文化内涵

贵池傩戏的"非故事性剧目"不以演故事为主，而仅以一些念白、歌唱和舞蹈来表演。但笔者认为这些表演中有丰富的民俗文化内涵，至少有敬神逐邪、祈年求福、祈求生育、表示祝愿等几个方面，以下择其主要剧目加以分析。

1. 敬神逐邪：傩戏发源于古代驱傩活动，敬神逐邪既是傩戏表演的目的之一，又是某些剧目的内容。贵池傩戏"非戏剧性剧目"中许多剧目的内

---

① 胡忌著：《宋金杂剧考》，第301页。
② 胡忌著：《宋金杂剧考》，第7、8页。

涵即基于此。它们以《钟馗捉小鬼》、《舞判官》、《关公斩妖》等为代表。

前面二种是宋代宫廷大傩和民间"打夜胡"(沿门逐疫)的必演节目,也是宋金古剧的表演剧目,贵池傩戏一仍其俗。钟馗以善捉鬼而著称,《唐逸史》中有钟馗梦中为玄宗捉小鬼的故事,尽管他长相丑陋(相传正因为此才科场失利),但富于才华,又有如此本领,所以为老百姓亲近。判官是地狱中掌管人的生死薄的鬼王,人间的许多是非曲直都在他的眼里,他可以判定善恶,并根据人们的所作所为在阴间为他们作出裁决。这些对贫苦无助的百姓来说无疑是精神的慰藉所在,所以人们赋予他驱邪的使命。《关公斩妖》中的关羽,是三国时蜀国名将,本以"忠义"著称。传说他死后显圣,镇魔伏妖,有求必应,灵验异常,后世被封为"关公"、"关帝",各地皆有庙祀奉之。

以上三位,或著名的历史人物,或民间传说中的鬼神。他们在普通百姓的心目中都具有降妖驱魔的本领。由于当时人们知识水平的普遍低下,还不能意识到主宰命运的力量在于自身,所以他们转而求助于那些虚幻的心灵崇拜物,借以驱除现实生活中的种种灾难、疫病,而关公、钟馗、判官又是如此地与百姓心灵贴近,他们当然被当作神灵搬上傩戏舞台加以敬奉,并负担其驱邪的任务。

2. 祈年求福:民以食为天。对于地处穷乡僻壤的池州山民来说,五谷丰登、六畜兴旺,是他们生活的最高期望。因此在祀社之日,他们在神灵面前许下心愿,并用娱乐的方式向神灵祈年,《打赤鸟》、《舞古老钱》、《跳土地》等剧目即为之。

《打赤鸟》有禳除旱灾、鸟灾、祈谷之意,看到台上演员弯弓射箭的姿态,不禁使人联想到古代"后羿射日"的故事,也使人联想到先民们开拓荒地,当谷物成熟时用弓箭驱赶鸟兽的情景,尽管这种剧目可能还有更多的内在意蕴,但我认为祈年应是其基本意蕴。

《舞古老钱》和《跳土地》皆为古剧表演节目。《跳土地》与"舞队"中的"地仙"有一定关联,二者都以万物生长之本土地为表现对象。先民们以虚拟的"地神"作为祈拜物,并通过它来表达内心的期盼。《舞古老钱》在其早期以"舞鲍老"或"抱锣装鬼"等节目演出,《东京梦华录》将之列入"百戏"之目,宋金杂剧列入"舞队"之目。这个剧目的演出在过去相当广泛,《梦粱录》之"元宵景物",《武林旧事》之《天基圣节排当乐次》、杨大年《傀儡诗》等有载,南北曲也有载,直到明清小说如《水浒传》、《梼杌闲评》中还有载……但是其最初的"逐疫"意味却渐渐发生了变化,到了贵池傩戏则发展成祈年的剧目了。

3. 祈求生育:人类得以延续的一个基本前提就是生育,生育在农耕文化中具有特别重要的地位,贵池傩戏的"非故事性剧目"中就有不少含有明显的"生殖文化的内涵"①,如《舞滚灯》、《和尚采花》等。

《舞滚灯》是戴二郎神面具演出的,康保成先生认为它在贵池傩戏演出中,"最能见出生殖的意味",因为"'二郎'就是所有健康活泼、充满阳刚之气的男孩;'二郎神'就是象征男孩、并给男孩以生命的男根。"②这种观点完全是有道理的,因为二郎神不仅作为天上神将出现在有关的神话小说中,"充满阳刚之气",他还是一位"戏神"。"戏神"——"喜神"也!正如贵池傩戏《舞滚灯》前的"吉语"所说:"滚灯舞得兴,添喜又添丁。"《和尚采花》:和尚与生殖可以说是天南与地北的关系,但在许多古典文学作品中,和尚与生殖却有说不清的联系:宋话本有《简帖和尚》、元代李寿卿有《度柳翠》杂剧、明"拟话本"有《月明和尚度柳翠》、徐渭有《翠乡柳》杂剧……如此多的小说和戏曲都表现了相类似的题材:和尚与女人。从这些作品里人们将和尚与"好色"联系到了一起,但并没有将之与"生殖"联系到一起,但在贵池傩戏《和尚采花》的表演中,和尚与三位女子和一位童子同在一起演出,三位女子唱关于"旺(望)结子"内容的"十二月采花"歌,"构成一幅生殖崇拜的风情画"③,该剧的目的直接指向祈求生殖,一点也不用隐讳。

4. 表示祝愿:借演戏来表示祝愿的习俗古已有之,如庆寿、祝发财、贺

---

① 何根海、王兆乾著:《在假面的背后:安徽贵池傩文化研究》,第6页。
② 康保成著:《傩戏艺术源流》,第284、304页。
③ 何根海、王兆乾著:《在假面的背后:安徽贵池傩文化研究》,第109页。

高升等,这种习俗在明清之际的演出中已成普遍现象,也有学者将之统称为"跳加官"①,贵池傩戏中《三星拱照》、《舞财神》、《魁星点斗》即属此类。

"三星"为福、禄、寿,民间祀奉之,舞台上扮演之,无非是祈求富贵、长寿意,贵池傩戏中演出之《三星拱照》,正是此意。财神为赵公明,据说秦时得道于终南山,道教奉之为"正一玄坛元帅",除有驱雷役电,除瘟禳灾本领外,还有求财如意之能。贵地傩戏《舞财神》有祈求招财进宝之意。魁星,民间将之与"奎星"等同,并认为它"为文章之府,故立庙祀之"②,贵池傩戏演出之,多有祝文运昌盛,加官晋爵之意。

(本文原载《民族艺术》2010年第3期)

---

① 倪彩霞:《"跳加官"形态研究》载于《戏史辨》(第2辑),中国戏剧出版社2001年版,第296、297页。
② 〔清〕顾炎武著,〔清〕黄汝成集释,秦克诚点校:《日知录集释》,岳麓书社1994年版,第1155页。

# 古代戏曲"关目"发展及其演变

方盛汉

戏曲"关目"一词和情节、结构有着诸多关联性,很难给其下一个完整的定义。诸家也是见仁见智。① 由于概念的内涵比较复杂,须结合明清戏曲批评所用之具体案例进行分析,理解"关目"最原始的含义以及发展过程中的多义性,也能明晰戏曲结构理论的发展历程。

---

① 《中国戏曲曲艺辞典》解释关目为:"剧本的结构、关键情节的安排和构思。"(上海辞书出版社1983年版)《汉语大词典》解释为:戏曲小说中的重要情节;泛指事件、情节;戏曲中的说白;特指男女之间的情事。(第16957页)夏写时《中国戏剧批评的产生和发展》(中国戏剧出版社1982年版)认为关目"分别包含细节、情节、情节性、戏剧性、甚至接笋、照应、伏笔等含义"。侯云舒《明清戏剧理论之结构概念研究》(台湾中山大学1994年硕士学位论文)认为关目具有多义性,与夏写时所持观点相似。朱万曙《明代戏曲评点研究》(安徽教育出版社2002年版)主要以明代戏曲评点为研究对象,认为明代戏曲评点中的关目可以分为结构性"关目"、戏剧性的"关目"和人物动作之"关目"三种,分别指代批评鉴赏的手法技法,戏剧技巧的创设,对舞台效果的重视。李昌集《中国古代曲学史》将关目概括为三点:今天所谓"故事"、"有趣的故事"、"奇特的故事";最紧要、最重要的情节、关节;戏曲学文体概念,是古代最早的符合今之"戏剧"内涵的"戏剧"概念。他又在另一篇文章解释"关目"为"大致相当于今日戏剧学所言的'情节结构'"(《王国维对元杂剧三点批评的当代解读》,《文学评论》2010年第5期)。刘奇玉《古代戏曲创作理论与批评》(中国社会科学出版社2010年版)认为古代关目有六种含义,分别为:门道、眉目、苗头;事件或故事情节中某个重要、特定的、关键的部分;情节、故事情节;剧目、戏曲条目;表演、演出,大致相当于"排场";结构、布局。王安葵《论戏曲"关目"》(《艺术百家》2011年第3期)认为"关目"是指作品中能够体现生活的独特性和艺术的独创性的情节构思,并认为关目不只是文学剧本的,也是舞台的。梁晓萍《戏曲关目与关目漏洞》(《文艺研究》2015年第5期)理解关目为"主要指结构安排吸引人的、适合舞台演出的故事或在故事中具有有效性和重要作用的关键情节"。许子汉认为关目乃剧作家在完整剧情的基础上,基于对表演之衡量进行调整而决定之演出段落。并将其分三种,一为兼具情节与表演,一为偏向情节性的情节性关目,一为偏向表演性的表演性关目。(许子汉著:《明传奇排场三要素发展历程之研究》,台湾大学出版委员会1999年版,第28、56页)

# 一、"关目"释义

曾永义认为关为关键,目为眼睛,为人类五官之灵魂[①];关目是指剧中重要的情节[②]。梁晓萍也从字源角度认为"关目"二字合用,其核心意蕴为至关重要、关键的地方。[③] 其实这就和古人所言"枢机"相似。元杂剧常用《新编足本关目张千替杀妻》《新编关目闺怨佳人拜月亭》,也用"新刊"字眼,强调其新奇之意。此处的关目有剧目名之意,此时"关"无意。这在《大正藏》也多有记载。[④] 小说中,《金瓶梅》第六十四回两个太监看了关目揭贴,于是捡了一个《刘知远红袍记》,这里也有剧单之用。

其实"关"还有"重要的转折点"之意,所以关目也可以延伸为一折戏中重要的转折点。在关目具体使用上,戏曲评点家和戏曲理论家侧重点不同,对杂剧和传奇的具体所指不同,同一个理论家有时对"关目"含义使用也有很大区别,这些都导致关目的释义颇具多义性。

### 第一,概指戏曲情节

早期关目的使用和明后期戏曲理论家的评论。钟嗣成的《录鬼簿》,在李寿卿《辜负吕无双》剧目之下有"与远波亭关目同",这里的关目就是指与《吕无双远波亭》主要情节相同。此后贾仲明在给《录鬼簿》所载作家补作的挽词中多次对戏曲的"关目"进行评价。全书中有七处使用该词,如吊

---

① 李惠绵《戏曲批评概念史考论》文后注释中注明这种从词汇结构解释"关目"一词,是曾永义先生课堂上的说法。(台湾里仁书局2002年版,第227页)
② 曾永义著:《说戏曲》,台北联经出版事业公司1976年版,第13页。
③ 梁晓萍《戏曲关目与关目漏洞》一文对关目的文字追溯详细。文章认为"关"(關),本为象形字,门里有门闩的形状。"关"的本义即指门栓,引申为要道。"目",象形字,本指人眼,后引申为想要的结果、名称、标题、条款、细则等义,"关目"二字合用,其核心意蕴为至关重要、关键的地方。
④ 守一《重开大般若经关要序》:"夫大千经卷。唯证乃知。……历唐宋诸师之巧便,集为关目。括彼灵编。以六册之要枢。收半部之妙典。"守一,字法真,得法于慧林宗本,宋朝人。此处的关目就是目录之意,可见关目最早为目录用,《大正藏》第24册,经号0448,No.2006《人天眼目》卷之二。

郑廷玉"《因祸致福》关目冷";吊武汉臣"《老生儿》关目真";吊王仲文"《不认尸》关目嘉"①;吊费唐臣"汉韦贤关目辉光,《斩邓通》文词亮";吊姚守中"挂冠解印汉逢萌,扫笔成章姚守中。布关串目高唵吟,《牛诉冤》巧用工";吊王伯成"《贬夜郎》,关目风骚";吊陈宁甫"《两无功》锦绣风流传,关目奇,曲调鲜,自按阖天下皆传"②。其中"汉韦贤关目辉光"③,用辉光来形容杂剧关目,他在《录鬼簿续编》说钟嗣成"德业辉光,文行温润"④,这里就将形容人的品质用到戏曲评点中来。"关目辉光"指杂剧写出了汉代丞相品德操守光辉卓耀的一面。布关串目中之布和串,有布置串场之意,显得是排场用语。关目风骚⑤,这里应指剧本第四折"贬夜郎"情节被大量优美曲词所掩盖,此折刻画出李白才华横溢、狂放不羁的诗人气质。此时对关目的使用已初见雏形,但尚未形成系统理论。朱有燉在创作中也很重视关目,在自制杂剧《贞姬身后团圆梦引》言:"中间关目详细,词语整齐,且能曲尽贞姬之态度,所谓诗人之赋,丽以则也。"⑥朱有燉对个人创作很自信,关键要做到"关目详细",也就是情节有长度,并对词和曲都有较高的要求。他认为:"元人石君宝作《曲江池》传奇,词虽清婉,叙事不明,鄙俚犹甚。"这里的叙事不明也即"关目不明",关目体现为情节

---

① 全名称为《救孝子贤母不认尸》,又称作《救孝子》《不认尸》,《录鬼簿》和《太和正音谱》都有著录,有《元曲选》戊集本、《元人杂剧全集》本。此剧确实关目嘉,不管是在主题上还是情节曲折上,情节曲折多变。今本有王季思主编:《全元戏曲》第三卷,人民文学出版社1999年版。
② 七处分见中国戏曲研究院编:《中国古典戏曲论著集成》(第二册),中国戏剧出版社1959年版,第160、175、177、187、188、193、201页。
③ 在《录鬼簿》中,费唐臣撰有杂剧三种,《斩邓通》、《汉丞相韦贤□金》、《苏子瞻风雪贬黄州》,第113页。可在吊词中,是将汉韦贤直接当做人名使用,其实当然也可以将其理解为《汉丞相韦贤□金》这部杂剧。
④ 俞为民、孙蓉蓉编:《历代曲话汇编·明代编》第一集,黄山书社2009年版,第7页。以下简为《曲编》。
⑤ 陈建华认为"风骚"意为剧本排场活泼生动,有利于表现人物且富于调笑、利于现场调节情绪之意。他的关目不仅强调故事情节的曲折多变,更强调演出排场的丰富多变、冷热相济而使人情绪跌宕起伏。(《元杂剧批评史论》,齐鲁书社2009年版,第260页)李惠绵认为刻画骚人墨客狂放不羁的性格和精神,呈现流风骚愁的精神韵味,正是关目风骚之意。(《戏曲批评概念史考论》,里仁书局2002年版,第205页)陆林解释关目风骚和关目辉光是情节结构要有神韵飞扬、生香活色的美学风貌(《元代戏剧学研究》,第362页)
⑥ 《曲编·明代编》第一集,第200页。

的叙事性。他在《刘盼春守志香囊怨》第一折有"【末】这《玉盒记》正可我心,又是新近老书会先生做的,十分的好关目"①。以上通常是指戏曲评论家笼统来评论戏曲情节。

对于梁辰鱼《浣纱记》,吕天成《曲品》所言:"罗织富丽,局面甚大,第恨不能谨严。中有可减处,必当一删耳。"比如可以删去第24出《遣求》,此出大段评价孔子及《论语》,关目游离,与主题无涉。同时还有大的遗漏,"《浣纱》遗了越王尝胆及夫人采葛事"(王骥德《曲律》)。徐复祚《曲论》批评《浣纱记》"关目散缓,无骨无筋,全无收摄",前者侧重头绪纷乱,后者强调全剧无重要的戏曲冲突,关目不明。黄宗羲《胡子藏院本序》评价:"顾近日之最行者,阮大铖之偷窃,李渔之蹇乏,全以关目转折,遮伧夫之眼,不足数也。"②此处关目纯粹为情节性。这里关目并不指具体某一出,而是整体指代情节性。

至李渔《闲情偶寄》提出"然传奇一事也,其中义理分为三项:曲也,白也,穿插联络之关目也",朱东润先生认为关目之大者就为结构。③都是整体性强调整部戏曲的情节性。清人吴吴山三妇评点《牡丹亭》也是通过关目来指代整体情节,"花鸟俱是关目","陈老之来为骇变,曲成亲事,同赴临安,以后关目皆从此生出","杨妈妈断其声援之计已为安抚逆料,然因此老夫人径走临安得遇小姐,正是关目紧要处"④。可见用关目概指戏曲情节是当时很常用的用法。

**第二,全剧最关键情节**

这主要体现为"第一关目"的使用,这也多体现在南戏、传奇中。陈继

---

① 〔明〕沈泰编:《盛明杂剧》二集卷之二第7册,中国戏剧出版社1958年版,第76页。
② 《曲编·清代编》第一集,第217页。
③ 朱东润在《李渔戏剧论综述》认为:"关目者,笠翁称为穿插联络之事,此则就其为用之小者而言。就其大者言之,则当谓之结构。"《朱东润文存》,上海古籍出版社2014年版,第151页。
④ 戴龙基主编:《不登大雅文库珍本戏曲丛刊》第六册,学苑出版社2003年版。

儒评《玉簪记》第24出《秋江送别》,"秋江送别为此本第一关目妙局"①,"全本妙处,尽在此番离情,至好。关目好,调好,不减元人妙手。"评价极高。在全部评点中,关于"关目好"评价很多,可见一本戏可以有很多关目。但是第一关目也决定了"秋江送别"比其他的关目设置更具有感染力,处于最核心之地位,超出第22出"姑阻佳期",虽被评为"这出戏少不得",但依然稍逊一筹。陈继儒评点《幽闺记》第32出时《幽闺拜月》:"传奇中多有拜月,只它处拜月冷落,无此关目巧妙耳。"很明显此处关目就是拜月,他本拜月冷清,此处拜月温情,显得更加巧妙,而拜月正是"第一关目"所在。

有时一个剧作可能两个关目都很重要,就有"绝大关目"和"最要紧关目"之区分。冯梦龙在《新灌园》总评道:"旧记惟王蠋死节、田单不肯自立二事差强人意,余只道淫,不足垂世。新记法章念念不忘君国,而《夜祭》之孝,《讨贼》之忠,皆本传绝大关。"②《夜祭》、《讨贼》都是这部传奇的精髓和重心,所以受到冯氏重视。《新灌园》第九折《齐王出亡》夹批:"出王孙贾为后来诛淖齿报仇张本,此最要紧关目。"③冯梦龙在其他地方也有评论,《楚江情·总评》:"观剧须于闲处着眼,《买骏》一折,似冷。而梅花胡同之有寓,马之能致千里,叔夜、贞侯之才名,色色点破,为后来张本,此最要紧关目。"④《墨憨斋重定永团圆传奇总评》:"父女、岳婿,借此先会一番,省得末折抖然毕聚,寒温许多不来,此针线最密处也。《挝婚》、《看录》及《书斋偶语》三折,俱是本传大紧要关目。原本太直遂,似乎高公势逼,蔡生惧而从之;蕙芳含怨,蔡母子强而命之,不成事体。须是十分委曲,描出一番万不得已景象。不得不全改之,观者勿以余为多事。"⑤可见剧中可以出现数个大紧要关目,冯梦龙敏锐发现戏曲中的要紧关目,所以进行有目的性的大幅改删。

---

① 《六合同春》十二卷,明书林师俭堂刻本,清乾隆十二年修文堂印本,国图藏。以下所引陈继儒评点《西厢记》《幽闺记》《琵琶记》《红拂记》《绣襦记》《玉簪记》,皆从此出。
② 《历代曲话汇编》之《曲海总目提要》卷九,第349页。
③ 冯梦龙编著,俞为民校点:《冯梦龙全集》,《墨憨斋定本传奇》,江苏古籍出版社1993年版,第23页。
④ 《历代曲话汇编》之《曲海总目提要》卷九,第346页。
⑤ 冯梦龙编著,俞为民校点:《冯梦龙全集》,第1375页。

**第三,某出主要情节**

这一方面直接表现在某出的出目上。如李贽评点本中对关目有特殊的偏爱,其含义是相当丰富的。其中之一指突出情节。李贽评价《红拂记》:"此记关目好、曲好、白好、事好,乐昌破镜重合,红拂智眼无双,虬髯弃家入海,越公并遭双妓,皆可师可法,可敬可羡。"①所举乐昌、红拂、虬髯等事都是关目好的表现,都是组成传奇的突出情节。评价《幽闺记》第26出《皇华悲遇》,当老夫人、瑞莲投宿驿站时,王镇正巧也在此歇宿;而前者的哭泣也吵醒了王镇,这样才使得三人得以相见。这样的情节安排,巧妙自然,符合生活逻辑,李贽连批"关目好""关目好甚",并在此出总批道"此出关目妙极,全在不说出"②,这也是此出出目的主要内涵。陈继儒批评《琵琶记·南浦嘱别》"懊恨别离轻,悲岂断弦,愁非分镜,只虑高堂,风烛不定"眉批上有"关目大有理致"③,理致的意思为"义理情致",这出的关目,南浦嘱别写出了两人分开的必然性,以及分离难以言说的情致与惆怅。

从反面来看,同样如此。如李贽评价《幽闺记》第8出《少不知愁》眉批,"此出似淡,亦无关目,然亦自少不得",此出只是介绍王瑞兰出场,没有足够的戏剧性,没有出现影响这一出的突出情节。同样第36出《推就红丝》总评"此出大少关目",同样针对如此。戏曲理论家祁彪佳在《远山堂曲品·剧品》中共使用关目六次,情节两次。如评价郑之文《旗亭记》:"董元卿遭胡金之乱,得遇隐娘,既能全元卿于宋,复能全己于元卿,隐娘之侠,高出阿兄上矣。区区衲中之金,何足窥此女一班哉!曲亦爽亮,但铺叙关目,犹欠婉转。"④见解高妙,祁氏认为隐娘品行高操,但仅靠这一藏金关目来证明,实在小看隐娘,不值一提。这里的关目也是仅指"区区衲中之金"这一

---

① 《李卓吾先生批评红拂记》,国图藏。以下所引所批《红拂记》皆从此出。
② 《李卓吾先生批评幽闺记》,《古本戏曲丛刊初集》;国图藏明代容与堂刻本,国图藏。下引用皆同。
③ 国图藏吴梅所藏《鼎镌琵琶记》二卷,国图善本,书林萧腾鸿师俭堂刻本,前有《琵琶记》序。《六合同春》前无此序。但其余评点内容一致。
④ 《曲编·明代编》第三集,第558页。

件事。但是关目是铺叙而成,缺乏起伏性,这是一弊。

一方面评点家用"题目"指关目。李贽评《琵琶记》第25出《祝发买葬》,"如剪发这样题目,真是无中生有,妙绝千古。故做出多少好文字来。有好题目,自有好文字也"。赵山林认为题目即是关目。① 这一出的关目即是剪发。剪发应该说是剧中很重要的情节,清人李渔对此亦大为赞同。陈继儒评价《玉簪记》第13出《必正投姑》,"到此方咬紧题目",指"必正投姑"将前后贯穿起来,才能与"玉簪"这个大题目(也可称为大关目)正式相关联。《绣襦记》第四出"厌习风尘"有批语"题目好",也指关目好,只有李亚仙厌恶风尘,才逐渐向郑元和绣襦这个关目靠拢。

毛声山认为"然随意之中,亦有正文关目处,亦有闲文调笑处。如以歌曲取士,明乎其为元之制,而非汉之制,是其关目处也,正文也。"② 毛氏即将关目当做正文的同义替换,同理,闲文与调笑亦同。

小说评点中关目也有如此用法,毛宗岗评《三国演义》,第61回回评:"则取西川为刘氏大关目,夺阿斗亦刘氏大关目也。……又鼎足三分一大关目也。以此三大关目,为此书半部中之眼。"此三大关目关系蜀国生死存亡,为主要之情节安排。

**第四,专指演出情节**

柳浪馆主人评价《紫钗记》:"一部《紫钗》都无关目,实实填词,呆呆度曲,有何波澜,有何趣味?"③ 这里的关目一般指没有好的演出情节。李渔在《闲情偶寄》直接将其和演出相关联,"事多则关目亦多,令观场者如入山阴道中,人人应接不暇"。清代琴隐翁的《审音鉴古录》之《琵琶记·嘱别》:"此出为《琵琶》主脑,作者勿松关目。"④ 第四十九出《淮泊》冰丝馆、快雨

---

① 赵山林著:《中国戏剧学通论》,安徽教育出版社1995年版,第844页。
② 《第七才子书琵琶记批语第八出总评》,《曲编·清代编·第一集》,第510页。
③ 《曲编·明代编》第二集,第412页。
④ 王秋桂主编:《善本戏曲丛刊》第73册,台湾学生书局1987年版,第40页。

堂评价汤显祖《牡丹亭》："临川关目，无非游戏，会得游戏二字，方解临川用笔之神。"这可是知音之评。张岱认为"阮圆海家优，讲关目，讲情理，讲筋节，与他班孟浪不同"（《陶庵梦忆·阮圆海戏》）。以上所列都是指值得舞台表演，富于感染力的戏曲情节。

演出情节的另一种表现为即"戏眼"[①]。明人臧晋叔在其改评本第三折《延师》，当杜丽娘问："我且问你，那花园在那里？"眉批："且问花园是戏眼"[②]。另外他在《南柯记》改本第二折《树国》最后眉批有称："国王吊场，不但外等先下，便于卸妆改扮。且国母遣郡主选婿，亦觉有因。吴人每称此为戏眼，正关目之谓也"[③]，可见臧氏是从舞台角度来考虑情节的安排。茅元仪评点时还援引臧的批语"臧曰旦问花园是戏眼，色色入神，色色入画"[④]，赞扬其使用的出神入化。倘若旦不问花园，岂知春色如许。此外，汤显祖在《红梅记·完姻》总评中评价："此等结束甚妙，生旦相见不十分吃力，相会亦不吃力，到底不曾伤筋动骨，使文情戏眼委曲有致，可谓剧场之选。"[⑤]可见在汤氏眼中，戏眼同样是属于剧场表演性质的。汤显祖评价十七出《鬼辩》评价："贾似道一面拷妾，李慧娘一面唱曲，关目甚懈，使扮者手足无措矣。"这也是从演出的角度指出关目设置不合理，评价细致准确，最后也被汤氏评为"关目糊涂"。评点《异梦记》第20出："此折乃好关目也。两下惊疑全在投环之际，演者须从曲白内寻出动人处为妙。"

徐复祚在《曲论》评价《琵琶记》"排场关目，亦多疏漏。"直接将关目排场放在一起。乾隆间剧作家唐英在其传奇《梁上眼》第八出"义圆"有如下说白，魏打算与其父母说："你儿子在山东，每日里听的都是些'姑娘戏'，那腔调排场，稀脑子烂熟。待我随口诌几句，带着关目唱一支儿，发爹妈一

---

[①] 戏眼还有它意，如王骥德《曲律》："大略曲冷不闹处，得净、丑间插一科，可博人哄笑，亦是戏剧眼目。"
[②][③] 臧懋循改订《玉茗堂四种传奇》，乾隆二十六年重镌，国家图书馆藏。
[④][⑤] 《古本戏曲丛刊》初集。

笑。"①这里的关目就是舞台演出、排场之意。柴次山评点《梅花簪》"好关目,好神情,演者、阅者俱勿草草混过。"②在清代中后期关于"关目"的使用很多都体现为舞台演出上。

周昂在评点《惊梦》时,在"内唱,张生听歌"上有眉批:"圣叹增此句为全出关目。"夹批云:"关目。此系圣叹所改,原本此间云,旦上,长亭畔别了张生,好生放不下。老夫人和梅香都睡着了,我私奔出城,赶上和他同去。"③周昂认为这里其实完全是从舞台角度来考虑,前面还有"张生睡科,反复睡不着科,又睡科,熟睡科,入梦科,自开科",一系列之科都是关目。可见圣叹很顾及戏曲舞台性。

此外关目亦可以穿戴。冯沅君指出穿关的功用在说明某剧某折某脚色出场时应穿戴的衣冠。穿为穿戴,关或如关目,大约因为其中所胪列的衣冠都与该剧的关目有关。④他列举出《孤本元明杂剧》中十五种穿关剧。只不过当时所见不全,现存《孤本元明杂剧》载元明杂剧144种,附有穿关之剧本凡82种。但是穿关已让关目"活"起来。

此外,关目还有戏曲说白之意,如李渔《闲情偶寄·演习·变调》:"体质维何,曲文与大段关目是也。"这种用法还是相对比较少的。

关目还和"务头"有着一定的对应关系,李渔对解释"务头"也很头疼:"既不得其解,当以不解解之,不得为谜语欺人者所惑。"学界争议也很大,但一般指曲中最关键、最精彩、最动听之句子,这和关目一般用来指戏曲中最关键的情节相通。关对务(务亦有关卡之意),目对头,这对于理解两词各自之意有一定的价值。

综上可见,"关目"含义极赋多义性,它是关于戏曲内在逻辑安排和结构构思的重要术语。一般指影响剧情发展或者舞台表演的最核心事件或

---

① 〔清〕唐英撰,周育德校点:《古柏堂戏曲集》,上海古籍出版社1987年版,第613页。
② 〔清〕柴次山评点《梅花簪》,乾隆年间刻《玉燕堂四种曲》本,国家图书馆藏。
③ 〔清〕周昂:《此宜阁增订金批西厢》,清乾隆朱墨双色套印本,国家图书馆藏。
④ 冯沅君著:《古剧说汇》,作家出版社1956年版,第340—341页。

者突出事件,它融语言性、情节性、舞台性于一体。李卓吾曾经说过,"看书不从生动处看,不从关键处看,不从照应处看,犹如相人不以骨气,不以神色,不以眉目"①,其实观戏也就应该观关目,关目也就是戏曲的生动处、关键处、照应处,关目可以用来评文、评演剧,这也是中国曲论的特色所在。

## 二、"关目"地位之提升

音律与文辞在戏曲评论中一直是二分的,非此即彼,到了"沈汤之争"则到达对立之巅峰。但是此时代表着结构功能的"关目"逐渐被理论家所重视并得到接纳应用。曲、白、关目构成了时人评价戏曲作品的三把重要尺子和不同维度,并逐渐形成"三足鼎立"局面。中国古代戏曲以曲为尊,白即宾白,白之地位也是逐渐提升的,如在《元刊杂剧三十种》中就没有宾白,徐渭《南词叙录》:"唱为主,白为宾,故曰宾白。"唱白也就成了主次关系。而关目在这中间也慢慢融入其中。

最早将曲、白、关目同时用到戏曲批评中的是朱有燉,他认为无名氏《继母大贤》杂剧"用韵重复,句语尘俗,关目不明,引事不当,每闻人歌咏搬演,不觉失声大笑"②,朱有燉已然从声律(用韵)、宾白(语)、关目三者来考虑戏曲,并结合舞台表演,当三者都达不到要求时则令人哑然失笑,他已经看出关目的重要性。所谓的关目不明应指剧中王义杀了店小二,竟然能免除处罚,不合常情。他提倡向乔梦符、马致远、宫大用、王实甫等剧作家学习,学习其剧作"关目详细,用韵稳当,音律和畅,对偶整齐,韵少重复"的优点。③这是从正反面来论证一个好剧的重要因素。王骥德在《曲律·杂论下》谈到毛允遂对《元曲选》的编选:"若其妍媸差等,吾友吴郡毛允遂每种列为关

---

① 《李卓吾先生评点西厢记真本》,国家图书馆藏。
②③ 《曲编·明代编》第一集,第200页。

目、曲、白三则。自一至十，各以分数等之，功令犁然，锱铢毕析。"[1]可见毛允遂已经从这三方面来品评元杂剧的高低。王氏在《曲律》中言："元人诸剧，为曲皆佳，而白则猥鄙俚亵，不似文人口吻……元人杂剧，其体变幻者固多，一涉丽情，便关节大略相同，亦是一短。"[2]这也是从三者角度来评价元杂剧。

在传奇中亦然。李贽评价张凤翼《红拂记》说到"四好"："关目好，曲好，白好，事好。"评价《幽闺记》："此记关目极好，说得好，曲亦好，真元人手笔也。首似散漫，终致奇绝，以配《西厢》。"关目在这几类要素中居首[3]，且与元人手笔媲美，说明李贽充分认可其关目，已经很关心戏曲的叙事艺术。"首似散漫，终致奇绝"也足以匹配《西厢记》。统计李氏评价《幽闺记》评语，其中23处谈到"关目"好、妙；26处谈到"曲"好、妙；4处谈到"白"好。在李贽评点中，关目和曲、白已经并驾齐驱了，甚至扶摇直上居首了，这从戏曲评论只从强调词曲、宾白转移到戏曲的叙事性。吕天成舅祖孙鑛和李贽同时，有论曲十要之说，"凡南剧，第一要事佳，第二要关目好，第三要搬出来好，第四要按宫调，协音律"（吕天成《曲品》中引）这比李贽更为明确，如果说前者没有明显的排序，那么此处则明确凸显关目位置，事佳即为故事题材好，关目好即为题材设置的巧妙，接下来才轮到排场和曲律的问题。实乃远见卓识。

陈继儒批评《六合同春》，也多将三者进行比较。如批评《幽闺记》的剧末总评："《拜月》曲都近自然，委是天造，岂曰人工。妙在悲欢离合、起伏照应，线索在手，弄调如意。兴福遇蒋，一奇也，即伏下贼寨逢迎、文武并赘；旷野兄妹离而夫妻合，即伏下拜月缘由。"[4]其妙在悲欢离合、起伏照应

---

[1] 《曲编·明代编》第二集，第130页。
[2] 《曲编·明代编》第二集，第108页。
[3] 按照语言学范畴，这几个概念是平行的。但在评点的一般意义上看，将事物置于前也能体现评点者的情感倾向，此处即为重视关目。
[4] 《六合同春》十二卷，明书林师俭堂刻本，国家图书馆藏。《鼎镌陈眉公先生批评幽闺记》内容与此全同，国图藏。朱万曙《明代戏曲评点研究》所引为"拜月曲都近自然""伏下拜月缘由"（第390页）。李昌集《中国古代曲学史》所引文字为"关目、曲都近自然""伏下关目缘由"（华东师范大学出版社1997年版，第507页）。盖书写时"关目""拜月"草书时很相似，但从整个评点文字及书写风格来看，应为"拜月"。

古代戏曲研究 125

等,涉及的就是关目设置。评价《幽闺记》17出尾批,"曲好白好关目大得趣"。评价《琵琶记》第11出,尾评:"曲好白好关目好,极其闹热,专用蔡婆骂处,尤见作手。"《琵琶记》第22出尾评有"这出三妙,曲妙在点景,白妙在含吐,关目妙在寻愁。"所以这样的评价在当时是大势所趋,三者处于同一个级别层。

汤显祖对三者尤其是关目关注甚多。署名汤显祖评价《种玉记》评语:"曲白,关目,最为真致、紧簇",亦将三者并列,这里的"紧簇"针对关目而言,做情节紧凑言。评点《红梅记》:"此部情节都新,曲亦谐俗……有此情节,有此词曲,亦新乐府之白雪也。"(17出《鬼辩》总评)这里是从情节、曲白角度考虑,情节和关目的界限就比较模糊。汤显祖对关目关注甚多,并多和曲白进行比较。如第11出,"曲好白好关目好,专用蔡婆骂处尤见作手";第15出,"小姐见识绝胜丞相,此出关目甚妙,而曲亦真切";第16出,"先辞官后辞婚,井井有条,而曲更情深入致,《琵琶》关目,此出甚大"[1]。评点《异梦记》也多提关目,在总评、二十、二十七、二十八都有涉及。汤显祖的全面看待戏曲也与其创作有着紧密的内在联系。

到了李渔《闲情偶寄》,"然传奇一事也,其中义理分为三项:曲也,白也,穿插联络之关目也。元人所长者,只居其一,曲是也;白与关目,皆其所短。"朱东润先生在谈论三者时"以笠翁意所轻重者为次……关目之次,当言宾白"[2],最后论曲,这是符合李渔的实际情况。可见在曲白关目的交锋中,至李渔,关目已占据了主动权,戏曲理论家已经逐渐重视情节发展,重视巧妙的剧情安排。关目与曲、白的并列使用直接催生了李渔"结构第一"论。祁彪佳《远山堂曲品·具品》评论朱期《玉丸记》:"作南传奇者,构局为难,曲白次之。"[3]这里的构局含有"关目"之意,这是从难易角度给"构局"足够的地位,并且直接推动李渔的"结构第一"。"结构第一"的形成是有一

---

[1] 《三先生合评元本琵琶记》,国家图书馆藏。
[2] 朱东润著:《朱东润文存》,第151页。
[3] 《历代曲话汇编·明代编》第三集,第610页。

个逐渐形成的过程,其提出是中国古代戏曲理论的巨大进步。而关目的逐渐被重视是一个不可忽视的重要因素。

## 三、"关目"之淡出与演变

关目这个词在小说、戏曲评点中很流行,但到后来逐渐淡出评论家之理论视野,几成"广陵散",原因应如下。

第一,关目好坏必须有语言、曲律的搭配组合。明人臧晋叔在《元曲选》序言中,说到作曲有"三难",有"关目紧凑之难",此处学界理解有异。① 正确理解应为,通过语言组织而成的情节,使戏曲变得紧凑是一件难事。所以关目好也必须要有良好的语言保障。陈继儒评价《玉簪记》第八出《谈经》:"古本原无思母焚香,迩来创获关目甚好,但白俗,俗之令人喷饭耳,去之更好。""思母焚香"这一出关目本身具有创新性,但宾白过于俗气,影响到整个关目的设置。李贽评价《琵琶记·临妆感叹》,当赵五娘与蔡伯喈南浦嘱别后赵五娘唱悲伤之曲,李贽评价"填词太富贵,不像穷秀才人家,且与后面没关目也",也可见曲词前后不搭配,难以呼应,没法继续作戏。徐复祚《曲论》评论《荆钗记》:"以情节关目胜,然纯是倭巷俚语,粗鄙之极;而用韵却严,本色当行,时离时合。"《荆钗记》情节关目好,但被粗鄙俗白语所破坏,令人遗憾,所幸曲律甚严,若做得好则可与元人相抗衡。陈继儒在评价《玉簪记》第24出"秋江送别"有出批,"全本妙处尽在此番离,情致好关目好调好,不减元人妙手",只有这类因素同时具备,才能达到最佳效果。正因为很多时候,语言、音律的不配合,再加上关目承袭严重,导致好关目越来越少,也逐渐不被评论家所提及。

第二,由于关目的多义性,造成了理解使用上的困惑,再加上晚清评点派的渐趋没落,在评点中,情节、结构、大关键、前后照应等词完全可以代替

---

① 学界一般将关目直接视为"情节结构",这显得过于简单;也有认为原文中有"人习其方言,事肖其本色"等句,所以认为这终究还是属于语言的问题。

"关目"使用。虽近代学者如王国维、吴梅、王季烈等人在评点时会用到关目，如吴梅《〈长生殿〉传奇斠律》："按既用【尾声】，则全出已了，今下文再用【绵搭絮】二支者，盖由钗盒关目，未曾点明，故别用他曲二支，为此出之饶戏。"①王季烈："曲之朴茂本色，明人不如元人，国朝不逮明人；而排场之周匝，关目之细密，则后人实胜前人，至国朝康乾之际而为最善。"②但在更广泛的层面上，并没有得到沿用。近代鲁迅、陈寅恪、胡适等人分析文学结构时，就几乎不提关目。③

第三，由于受西方语汇之影响，学界更易于吸收能与西方结构概念贯通之词。亚里士多德的"情节观"早已深入人心，在中西词互译上，情节可译为plot，结构有structure、construction、composition、texture等多种外来词汇。浦安迪认为中国评点家眼中的结构含义丰富，"往往并不是指西方叙事名著里structure——即那种'大型'叙事架构所拥有的艺术统一性——它处理的只是奇书文体所特有的段落与段落之间的细针密线问题。也就是说，它其实不是'结（structure），而是'纹理'（texture，文章段落间的细结构)，处理的是细部间的肌理，而无涉于事关全局的叙事构造。"④分析固然精彩，亦有疏漏，戏曲、小说中的关目、情节或者结构指涉细部肌理，也指叙事架构所拥有的艺术统一性。

戏曲中的"关目"所起到的作用有时是结（structure），有时表现为纹理（texture），那索性使用"结构"来代替则更加妥当。这也就是"关目"在西语世界中始终没有一个对应的译词的原因，或许直接译为"guan mu"最为准确。综之，一个词语越小众、专门化，其不被提起的可能性就越大，关目的落伍甚至被淘汰也是一个值得重视的文化现象。

陆林认为"关目"论对元杂剧的情节叙事性和结构技巧性的审美特征

---

① 王卫民编：《吴梅戏曲论文集》，中国戏剧出版社1983年版，第349页。
② 齐森华等主编：《中国曲学大辞典》，浙江教育出版社1997年版，第707页。
③ 如胡适认为《儒林外史》没有结构，认为《红楼梦》也是无plot（情节）。参见唐德刚：《胡适杂忆》，台湾远流出版公司2011年版。这也反映出当时人评论的西化风格。
④ 浦安迪著：《中国叙事学》，北京大学出版社1996年版，第87—88页。

的探讨,是中国古典戏剧学的重大进步,从忽视关目到重视关目,是元剧研究一个历史性的突破。[①]不仅如此,关目在明清杂剧、传奇中同样显得极为重要。而这也直接启发了李渔"结构第一",为中国古代戏曲理论的发展做出了突出贡献。"关目"作为中国古代叙事文学中土生土长的评点术语,生动形象反映了中国古人的结构观,作为中华民族的文化遗产,值得深入研究和重视。

(本文原载《文化遗产》2018年第1期)

---

[①] 陆林著:《元代戏剧学研究》,安徽文艺出版社1999年版,第364页。

# 明清园林构筑与戏曲结构理论的发展

方盛汉

近人吴梅批评顾大典的《青衫记》传奇，"通本荒唐，都是梦话，虽承马东篱《青衫泪》之谬，然亦不应舛误至此。大典为吴江人，博雅工诗，家有谐赏园，极亭台之胜，何以作院本乃庸妄如是？斯真不可知矣"①。吴梅疑惑顾大典如此专业于构筑园林，为何所创戏曲不称人意？这样的疑惑并不为过。李渔在《闲情偶寄·居室部·房舍第一》认为"葺居治宅，与读书作文同一致也"，深刻认识到两者的高度关联性，并自谓生平有两绝技，"一则辨审音乐，一则置造园亭"。清人盛大士《溪山卧游录》曾言"诗画均有江山之助，若局促里门，踪迹不出百里外，天下名山大川之奇胜未经寓目，胸襟何由开拓？"②顾大典《谐赏园记》："江山之胜，颇领其概。"③中国古代曲论家从园林建筑中吸收到充足的营养，他们流连园林山水，积极筑园赏园，在江山之助中获得戏曲创作灵感，"外师造化，中得心源"，"何必丝与竹，山水有清音"。

有学者准确指出"园林作为集萃式的以静态为主的综合艺术系统，和作为集萃式的以动态为主的综合艺术系统的戏曲相综合，不但表现为珠联璧合，互相辉映，而且表现为时空交感，异质同构，二者在意境、风格、结构、形式等方面展现出一种契合的美"④。两者都是综合性的艺术，园林从戏曲借鉴了动静结合、以少胜多、含蓄婉约的表现手法；文人曲家喜欢在园林顾曲，

---

① 吴梅著：《顾曲麈谈 中国戏曲概论》，上海古籍出版社1982年版，第62页。
② 《画论丛刊》，人民美术出版社1962年版，第406页。
③ 陈植、张公弛选注，陈从周校阅：《中国历代名园记选注》，安徽科学技术出版社1983年版，第110页。
④ 金学智著：《中国园林美学》，中国建筑工业出版社2000年版，第256页。

同样的,古典戏曲中多园林意象;构园和品园,作戏和品戏,都极为讲究结构布置。

## 一、明清戏曲理论家之园林生活图景

明清时期,文人士大夫、大商人,好建私家园林,这已成为当时的时代风范。明人何良俊称:"凡家累千金,垣屋稍治,必欲营治一园。若士大夫家,其力稍赢,尤以此相胜。"①沈德符认为:"嘉靖末年,海内宴安,士大夫富厚者,以治园亭。"②明代安逸的生活环境,加上文人士大夫取悦山水的雅兴,他们标榜清高,追求超凡脱俗的文人趣味,使得构建园林成为他们生活的标配以及衡量个人地位之重要尺标。而明清文人多痴癖戏曲,在园林中戏班搬演戏曲成为剧坛乐事,戏曲演出实践也促使戏曲理论得到发展,也使得园林建筑与戏曲结构之间有着某种天然的关联,相生相长。

明人文人士大夫都以构造园林为炫耀之资本。有钱则建园林,园林自成格局,别为一院。曲坛最主要的剧作理论家,几乎都拥有私家园林、家庭戏班。如王世贞,构筑太仓弇山园,曲论有《曲藻》;邹迪光在惠山下筑愚公谷,张岱《陶庵梦忆》记载"愚公先生交游遍天下,名公巨卿多就之,歌儿舞女,绮席华筵,诗文书画,无不虚往实归";许自昌自建梅花墅,侯峒曾《题玄佑先生梅花墅》诗夹注中说:"先生有家乐,善度新声。"屠隆:"园居无事,技痒不能抑。则以蒲团销之。跏趺出定,意兴偶到,辄命墨卿,《昙花》、《彩毫》,纷然并作。"③祁彪佳自建"寓山园",并在园中演戏数百种;阮大铖在"石巢园"教演自制"石巢四种";李渔自建三园;袁枚的随园就是江南制造府隋赫德的园林。

这些文人名士不少彼此熟识、且彼此影响。被吴梅所质疑的顾大典,有

---

① 《四库全书存目丛书》集部第142册,齐鲁书社1997年版,第109页。
② 〔明〕沈德符撰:《万历野获编》卷二十六"玩具好事家",中华书局1959年版,第654页。
③ 〔明〕屠隆:《娑罗馆清言叙》,王飞评注:《娑罗馆清言·续娑罗馆清言》,中华书局2008年版,第1页。

戏曲《清音阁四种》，是《园冶》作者计成的表兄。钱谦益《列朝诗集小传丁集》评其："家有谐赏园、清音阁，亭池佳胜。妙解音律，按红牙度曲，今松陵多畜声伎，其遗风也。"潘怪章《松陵文献》卷九记载："自造新声，被之管弦。时吏部员外郎沈璟年少，亦善音律，每相唱和。邑人慕其风流，多畜声伎，盖二公始也。"可见顾、沈二人关系莫逆，他们都爱园林、蓄声伎，这对吴江地区影响颇大。顾大典和王骥德交往甚密，王骥德自述"余尝一访先生园亭，先生论词，亦倾倒不辍"①；顾、沈去世后，王骥德感叹"吴中遂无复有继其迹者"。

曲论家祁彪佳和当时晚明耽园名士交往甚多。游园、观剧、议政是其日常生活的必备。据《祁彪佳日记·癸未日历》记载，十月初四抵无锡，游邹愚谷园，园分裂为五。初五，观范长白之范园，但道塞不可行，感慨"想珠歌翠舞时，别是一世界，然有盛有衰，凡事皆然，匪特园亭也"②。由园亭盛极而衰之现状，转思晚明政权风雨飘摇之现实，透露出万般无奈与惆怅。他于崇祯八年十月筑别墅于寓山，为归隐计。他耽于筑园，自谦其室为"四负堂"，祁熊佳认为"先生虽寓情泉石，适心宗乘，而民间利病，知必言，言必尽"③，祁彪佳并非不关心时事，而只是在园林中寄寓情怀。根据日记记载，他观郦道元《水经注》、李格非《洛阳名园记》、王凤洲《弇山园记》，并作《寓园记》、《越中名园记》，前辈园林著作成为他再创作的活水泉源。他和张岱结枫社，并一起观演《红丝记》④，日记中记载了他多次邀请张岱游园。

可见，园林已然成为明清文人雅士之社交、生活的纽带，它系起了诸多戏曲理论家，成为一个很有生活意味和政治意味的"园圈"。

---

① 《历代曲话汇编·明代编·第二集》，黄山书社2006年版，第125页。
② 〔明〕祁彪佳著，张天杰点校：《祁彪佳日记·下册》，浙江古籍出版社2017年版，第700页。
③ 〔明〕祁彪佳著，张天杰点校：《祁彪佳日记·下册·附录一》，第869页。
④ 〔明〕祁彪佳著，张天杰点校：《祁彪佳日记·上册·山居拙录》，第275页。

## 二、园林空间构筑和戏曲结构之"异质同构"

园林构造极重空间,宗白华认为:"建筑和园林的艺术处理,是处理空间的艺术。"而叙事文学如小说、戏曲,同样是处理空间的艺术。两者在艺术结构上有着共通性。晚清陈衍曾论:"诗要处处有意,处处有结构,固矣。然有刻意之意,有随意之意,有结构之结构,有不结构之结构。譬如造一大园亭然。亭台楼阁全要人工结构矣,而疏密相间中,其空处不尽有结构也,然此处何以要疏,何以要空,即是不结构之结构。作诗亦然。一篇中某处要刻意经营,其余有只要随手抒写者,有不妨随意所向者。"①陈衍很敏锐关注到园林建造与诗文之间关系,清人钱泳在《履园丛话·造园》中认为:"造园如作诗文,必使曲折有法,前后呼应,最忌堆砌,最忌错杂,方称佳构。"②这都是在整体上对两种艺术形式进行归纳,都需要巧于构思,气脉贯通。当然这同样适用于戏曲结构,曲论家很容易在两者之间找到天然的联系。

### 第一,园林布局与戏曲之"立局为上"

晚明张岱,精通戏曲。他认为"造园亭之难,难于结构"。诚然,结构之精工与否也决定了园林之档次高低。宋代李诫《营造法式》就将中国房屋木质结构分为殿堂和厅堂结构两种,一直以来"何处为厅"是关乎房屋建造成败的关键性问题,而这也被理论家顺势拟用于文学评论中。造园家计成《园冶》中认为:"造作,必先相地立基,然后定其间进,量其广狭","凡园圃立基,定厅堂为主,先乎取景,妙在朝南,倘有乔木数株,仅就中庭一二。筑垣须广,空地多存,任意为持,听从排布"③。造园家、戏曲家李渔亦在《闲情偶寄》中论道:"基址初平,间架未立,先筹何处建厅,何方开户,栋需何木,

---

① 〔清〕陈衍著:《石遗室诗话》卷十七,上海商务印书馆1929年版,第1页。
② 〔清〕钱泳撰:《履园丛话》,《笔记小说大观(第25册)》卷十二,广陵古籍刻印社1983年版,第97页。
③ 〔明〕计成著,陈植注释:《园冶》,中国建筑工业出版社1988年版,第47—48页。

梁用何材，必俟成局了然，始可挥斤运斧。倘造成一架而后再筹一架，则便于前者，不便于后，势必改而就之，未成先毁，犹之筑舍道旁，兼数宅之匠资，不足供一厅一堂之用矣。故作传奇者，不宜卒急捉毫，袖手于前，始能疾书于后。有奇事，方有奇文，未有命题不佳，而能出其锦心，扬为绣口者也。"李渔将园林布局和戏曲做法进行类比，先确立了厅堂布置，重视了结构布局，才能登堂入室，创作奇文。前者设计先行，后者意在笔先。

清嘉庆卧闲草堂本《儒林外史》第三十三回回末总评曰："凡作一部大书，如匠石之营宫室，必先具结构于胸中，孰为厅堂，孰为卧室，孰为书斋灶厩，一一布置停当，然后可以兴工。此书之祭泰伯祠，是宫室中之厅堂也。"《儒林外史》之祭泰伯祠为全书之关键枢纽，相当于构建之厅堂一般，因此建筑好厅堂也就如同搭好了间架。

祁彪佳给许自昌之信："弟每谓传奇一道，立局为上，科诨次之，炼词又次之。"①立局重要性已在科诨、炼词之上。李渔有同样的表达，其在《闲情偶寄·居室部》借助构园来推论文章结构之道："予遨游一生，遍览名园，从未见有盈亩累丈之山，能无补缀穿凿之痕，遥望与真山无异者。犹之文章一道，结构全体难，敷陈零段易。唐宋八大家之文，全以气魄胜人，不必句栉字篦，一望而知为名作。以其先有成局，而后修饰词华，故粗览细观同一致也。"②这也是从整体上来看园林、文章的结构，要"先有成局"，要有气魄和格局，在此基础上，可以不需锱铢必较个别字句、园景，亦可为名文、名园。

**第二，构园忌繁缛与戏曲"减头绪"**

中国园林构园艺术在于以少胜多，关键在少而精。如赫赫有名计成设计的影园，只有数亩，由于设计精当，名闻天下。李渔在《闲情偶记·居室部》"房舍第一"进一步认为"土木之事，最忌奢靡。匪特庶民之家，当崇检

---

① 祁彪佳：《与许玄佑》，《蒲阳尺牍》甲子、乙丑年册，南京图书馆藏明抄本。所引语裴喆在《祁彪佳与〈远山堂曲品〉〈剧品〉考论》（河南大学出版社2015年版）一书中提到，笔者亦去南图核实。
② 〔清〕李渔著，本社编：《李渔全集》第二卷，浙江古籍出版社1991年版。

朴，即王公大人，亦当以此为尚。盖居室之制，贵精不贵丽，贵新奇大雅，不贵纤巧烂漫"①，他认为构建房舍、园林等当俭朴简约，当求精尚奇。李渔亦身体力行，金陵芥子园取"芥子须纳弥"意，面积不及三亩，但布局精心，巧于因借，名倾天下。他另造之伊园、层园与芥子园特色相同，都有以少总多之意。李渔对于园林规格的求小求精，容纳须弥，这和他曲学理论一贯追求的"减头绪"密切相通，李渔在《闲情偶寄》论"减头绪"："头绪繁多，传奇之大病也。……作传奇者，能以'头绪忌繁'四字，刻刻关心，则思路不分，文情专一。"李渔一针见血地指出问题关键之处，这也是对祁彪佳"删削头绪"的提升和总结。李渔通过造物展示了艺术之间的相通性。

明代戏曲家许自昌亦在两者之间达到一致。他建有豪华私家园林梅花墅，陈继儒《许秘书园记》中说："玄佑好闲适，治梅花墅于宅址之南。广池曲廊，亭台阁道，石十之一，花竹十之三，水十之七，弦索歌舞称之，而又撰乐府新声，度曲以奉上客。客过甫里不访玄佑不名游，游而不与玄佑唱和不名子墨卿"；祁承爜《书许中秘梅花墅记后》认为"夫平畴广野，突起奇峰，骇目夺神，与山中之见山自别，故诗人谓'夏云多奇峰'，夫云容变幻独夏乎哉，惟是大火铄金，碧霄欲裂，欱蒸既极，墨云忽飞，万马奔腾，千驴迅聚，而轰雷迸散，天宇忽澄，种种云容，弄姿呈态，玄祐之构庶几似之"，其评中肯，梅花墅之园林构筑风格如广野之突起奇峰，万马飞腾，弄姿多态，变化多端。这种园林构筑风格也多少影响到许自昌戏曲作品。其作品舒畅自然，多姿多彩。祁承爜之子祁彪佳见许氏作品后认为其"而毫端风雨，如蓬莱蜃市，随云气合离，变幻之妙，莫可言"（《与许玄佑》）。这对父子在对许自昌的园林和作品风格的评价几近一致。祁彪佳还认为"佳制梅花墅传奇，宇内传诵已久"（《与许玄佑》），将其戏曲作品直接命名为"梅花墅传奇"，这种命名也是很合理的，他在梅花墅搬演自创传奇《水浒记》、《橘浦记》等，他改订汪廷讷的《种玉记》及许三阶的《节侠记》传奇。"制为歌曲传奇，令小

---

① 〔清〕李渔著，本社编：《李渔全集》第二卷，第157页。

队习之,竹肉之音,时与山水相映",家庭戏班班演之,热闹非凡。

祁彪佳在《远山堂曲品》评价《水浒》:"记宋江事,畅所欲言,且得裁剪之法。曲虽多稚弱句,而宾白却甚当行,其场上之善曲乎。"①许氏深得裁剪之法,删除骈枝衍生之弊,也是其戏曲创作成功的关键。许自昌还改编王元功《水浒》,祁彪佳评其"此梅花主人改订者,曲白十改八九,稺弱亦十去八九矣"②,从许自昌的改本中能见出其逐渐注重简练畅达,语言也渐少稺弱,转向刚强。这种戏曲创作主张和其园林审美是相通的。

王世贞一生热衷于构建园林,"弇山园,石高者三丈许,至毁城门而入,然近于淫矣"③。王氏弇山园规模宏大,但过于铺张浪费,遭到时人讥讽。而这种求大之风也间接影响其戏曲批评追求文辞骈俪、一味展示大学问的立场。他认为《拜月记》不如《琵琶记》,原因在于前者缺乏大学问,这遭到了何良俊、徐复祚、凌濛初等人集体批评,徐复祚认为"弇州乃以无大学问为一短,不知声律家正不取于弘词博学也",断定其"然如戏曲不甚当行"。

精通戏曲的园林家构园最忌繁琐,而他们在戏曲创作上同样明确确立"何处为厅",在主干上"减头绪",确保戏曲不旁枝杂出。

**第三,园林构筑曲折有致与戏曲"脱窠臼"**

构园强调幽深曲折,所谓"景贵乎深,不曲不深"。唐人常建《题破山寺后禅院》:"曲径通幽处,禅房花木深。"曲折通深幽。刘士龙《乌有园记》:"至于竹径通幽,转入愈好,花间迷路,壁折复还,则吾园之曲也。广岫当风,开襟纳爽,平台得月,濯魄欲仙,则吾园之畅也。"④曲与畅辩证统一,极目甚畅和竹径通幽是园林两种不同的形态,而这也是可以相互转换的审美效果。钟惺《梅花墅记》评价许自昌梅花墅"其中思理往复曲折"。好的园林一定

---

① 〔明〕祁彪佳著,黄裳校录:《远山堂明曲品剧品校录》,上海出版公司1955年版,第69—70页。
② 〔明〕祁彪佳著,黄裳校录:《远山堂明曲品剧品校录》,上海出版公司1955年版,第70页。
③ 〔明〕谢肇淛撰:《五杂俎》卷三《地部》一。
④ 赵厚均、杨鉴生编注:《中国历代园林图文精选(第三辑)》,同济大学出版社2005年版,第387页。

是往复曲折,曲径通幽。而戏曲概称为"曲",也是着眼于其情节曲折之意。

祁彪佳自建"寓山","便有别辟之境地,若为天开"(《寓山注》),他详细解读其建园思路构局,并一针见血指出这和为文作画等有异曲同工之妙。

> 园尽有山之三面,其下平田十余亩,水石半之,室庐与花木半之。为堂者二,为亭者三,为廊者四,为台与阁者二,为堤者三。其他轩与斋类,而幽敞各极其致。居与庵类,而纤广不一其形;室与山房类,而高下分标共胜。与夫为桥、为榭、为径、为峰,参差点缀,委折波澜。
>
> 大抵虚者实之,实者虚之,聚者散之,散者聚之,险者夷之,夷者险之。如良医之治病,攻补互投;如良将之治兵,奇正并用;如名手作画,不使一笔不灵;如名流作文,不使一语不韵。此开园之营构也。①

此处体现出祁彪佳绝好的分类布局意识观,轩与斋类,居与庵类,室与山房类,错落有致,各逞其胜。祁彪佳本身就十分强调戏曲布局重要性,"作南传奇者,构局为难,曲白次之"②。在评曲分类上,《远山堂曲品·剧品》将杂剧、传奇分类评价,并在具体门类下再细分,如《曲品》评论明代传奇作品计分妙、雅、逸、艳、能、具六品和杂调一类加以综合性的品评。而妙、雅、逸、艳同样被用到品评园林之中。

园林的"参差点缀,委折波澜"和戏曲批评的曲折照应、故作波澜手法息息相关;园林构造虚实相生,奇正相半等辩证观,也在其戏曲理论中有鲜明体现。其《远山堂曲品·剧品》反复突出了"转折生波澜"之于戏曲重要性,如《远山堂曲品·能品》评价史槃《檀扇》:"叔考诸作,多是从两人错认处搏挽一番。一转再转,每于想穷意尽之后见奇。幸其词属本色,开卷便见其概,不令人无可捉摹耳。"③

---

① 〔明〕祁彪佳撰:《祁彪佳集》卷七,《寓山注·序》,中华书局1960年,第151页。
② 《历代曲话汇编·明代编·第三集》,第610页。
③ 《历代曲话汇编·明代编·第二集》,第565页。

清人钱泳《履园丛话·营造》论及:"造屋之工,当以扬州为第一,如作文之有变换,无雷同,虽数间小筑,必使门窗轩豁,曲折得宜,此苏、杭工匠断断不能也。……今苏杭庸工,皆不知此义,惟将砖瓦木料搭成空架子,千篇一律,既不明相题立局,亦不知随方逐圆。""修改旧屋,如改学生课艺,要将自己之心思而贯入彼之词句,俾得完善成篇,略无痕迹,较造新屋者似易而实难。然亦要看学生之笔下何如,有改得出,有改不出。如仅茅屋三间,梁朽栋折,虽有善手,吾未如之何也已矣"①,钱泳意识到造园、修园与诗文词创造相通。园林中的假山、小桥、小溪、回廊,曲径通幽,如同为文为戏的曲折有致,起承转合;造园要求新求变,脱去窠臼,倘若只有千篇一律空架子则非好园林,这和为文作曲是一个道理。

李渔创造园亭"因地制宜,不拘成见,一榱一桷,必令出自己裁,使经其地入其室者,如读湖上笠翁之书,虽乏高才,颇饶别致",构筑园林亲力亲为,体现主人特色,绝不雷同。他还批判陈旧的构园风气:"噫,陋矣!以构造园亭之盛事,上之不能自出手眼,如标新立异之文人;下之不能换尾移头,学套腐为新之庸笔,尚嚣嚣以鸣得意,何其自处之卑哉!"强烈表达出"通侯贵戚"事事皆仿名园的不满和不屑。对待戏曲也是同样的态度:"欲为此剧,先问古今院本中,曾有此等情节与否?如其未有,则急急传之。否则枉费辛勤,徒作效颦之妇。"(《闲情偶寄·结构第一·脱窠臼》)他还在《窥词管见》中论道:"虽贵新奇,亦须新而妥,奇而确。妥与确,总不越一理字。"作曲戒荒唐,不能一味求奇而不讲理,这是一种极为理性的戏曲创作观。

综上,构造园亭结构难,而戏曲创作同样结构难,《李卓吾批评古本荆钗记》之总评就有:"传奇第一关棨子全在结构,结构活则节节活,结构死则节节死。""立主脑"、"减头绪"、"脱窠臼"是李渔在《闲情偶寄》阐释戏曲"结构第一"的内部要求,亦是对于前代曲论家的总结,而在园林构造理论中此三点也有相同内在的呈现,在结构诉求上"异质同构"。

---

① 〔明〕钱泳撰:《履园丛话》,《笔记小说大观(第25册)》卷十二,第97页。

## 三、园林借景与戏曲虚构

无借景则难成园林,无虚构则难成戏曲。园林理论家陈从周先生认为:"三五步,形通天下;六七人,雄伟万师。演剧如此,造园亦然。"① 这也说透了两者在虚实结合方面的特点。计成《园冶》卷一《兴造论》记载:

> 园林巧于"因"、"借",精在"体"、"宜",愈非匠作可为,亦非主人所能自主者,须求得人,当要节用。"因"者:随基势之高下,体形之端正,碍木删桠,泉流石注,互相借资;宜亭斯亭,宜榭斯榭,不妨偏径,顿置婉转,斯谓"精而合宜"者也。"借"者:园虽别内外,得景则无拘远近,晴峦耸秀,绀宇凌空,极目所至,俗则屏之,嘉则收之,不分町疃,尽为烟景,斯所谓"巧而得体"者也。体、宜、因、借,匪得其人,兼之惜费,则前工并弃,既有后起之输、云,何传于世?②

造园需合理规划,贵在借景,巧而得体,无拘远近。卷三《借景》"构园无格,借景有因。……夫借景,园林之最要者也。如远借、邻借、仰借、俯借、应时而借,然物情所逗,目寄心期,似意在笔先,庶几描写之尽哉",借景即是虚虚实实构景之法,将园外之景巧妙纳入小园中,成为自建小园的一部分。得江山之助,或芥子纳须弥,或壶公幻日月。

计成敏锐地认为借景和书法、绘画、为文之"意在笔先"是相似的。"巧于因借,精在体宜",一切借景、凭靠都需因时因地,以得体适宜为原则。一切园林构造应该达到"虽由人作,宛自天开"的超然境界。借景,也就是构园做到虚实相生。虽暂没关于计成精通戏曲的记录,但是其造园理论很好地总结了中国的造园艺术,而这种巧妙亦被戏曲理论家、戏曲家所接纳

---

① 陈从周著:《书带集》,生活·读书·新知三联书店2002年版,第176页。
② 〔明〕计成著,陈植注释:《园冶》,第47—48页。

使用。

刘士龙《乌有园记》:"实创则张设有限,虚构则结构无穷,此吾园之所以胜也。"①虚构比实设发挥的空间更大,这也是对于构园的精妙体会。李渔在《闲情偶寄·取景在借》中强调"开窗莫妙于借景,而借景之法,予能得其三昧",通过开窗等手段来借景,而这也是虚实相生,藏露结合的过程。而这则是直接借鉴自《老子》"凿户牖以为室,当其无,有室之用",正借其虚无,才能造有。沈复就认为园亭楼阁等"大中见小,小中见大,虚中有实,实中有虚,或藏或露,或浅或深,不仅在周回曲折四字,又不在地广石多徒烦工费"②,的是行家里手。

园林借景的实质在于虚实相生,而戏曲创作同样注重虚则实之,实则虚之。吕天成《曲品》认为戏曲"有意驾虚,不必与事实相合",徐复祚在《曲论》认为:"传奇皆是寓言,未有无所为者,正不必求其人与事以实之也。"王骥德认为:"剧戏之道,出之贵实,而用之贵虚。"(《曲律·杂论上》)谢肇淛认为:"凡为小说及戏剧戏文,须是虚实相半,方为游戏三昧之笔。"(《五杂俎》卷十五)李渔认为:"传奇无实,大半皆寓言耳。"所论几相一致。

清人凌廷堪在《校礼堂诗集》有《论曲绝句三十二首》,第十二首:"仲宣忽作中郎婿,裴度曾为白相翁。若使硁硁征史传,元人格律逐飞篷。"在其后有"元人杂剧事实多与史实乖迕,明其为事也。后人不知,妄为穿凿,陋矣"③。郑光祖杂剧《王粲登楼》王粲竟与蔡邕之女结婚,郑光祖《㑳梅香》中晋公裴度征讨淮西时,曾许其女为白敏中之妻。这都是明显的违背历史事实。所以不能认真计较。其十五:"是真是戏妄参详,撼树蚍蜉不自量。信否东都包待制,金牌智斩鲁斋郎。"诗后有点评"元人关目,往往有极无理可笑者,盖其体例如此。近之作者乃以无隙可指为贵,于是弥缝愈工,去之

---

① 赵厚均、杨鉴生编注:《中国历代园林图文精选(第三辑)》,第386页。
② 〔清〕沈复著,俞平伯校点:《浮生六记》,人民文学出版社1980年版,第19页。
③ 《清代诗文集汇编》第448卷,上海古籍出版社2010年版,第287页。

愈远"①。由于元人不重关目导致一系列相关问题,所以不可刻意用今意为之说合弥缝,无理可笑往往无理而妙。这种破绽完全可以用虚实相生来解释。戏曲的虚构意识、虚实相生,这和园林的借景得宜是完全一致的。

明清文人热衷园林演剧,而戏曲舞台同样需要布景、借景,戏曲表演依然强调虚拟性,"写实的布景必然破坏了国剧表演虚拟化的表演,使得这些虚拟的繁复表演手法,顿时从一种优雅细腻的抒情意味中,显出了他们的多余与累赘"②,这极好表达了布景与表演的虚拟性。

《易·系辞》论及:"近取诸身,远取诸物。"中国人有以类比方式来理解事物的传统。回到吴梅批评顾大典的《青衫记》传奇,吴氏将两者类类比给人颇多启发。园林、小说、戏曲,都是处理空间的艺术。清人张竹坡在《张竹坡批评第一奇书〈金瓶梅〉》第二回总评道:"故作文如盖造房屋,要使梁柱笋眼,都合得无一缝可见。而读人的文字,却要如拆房屋,使某梁某柱的笋,皆一一散开在我眼中也。"盖与拆,也就是结构与解构过程。"作文如盖造房屋"道出了诸多评论家的心声。中国古代戏曲和这些艺术一起同生共长,古代戏曲理论家也极为重视戏曲结构理论的发生发展,他们在园林中欣赏戏曲,探索曲艺,园林空间理论和戏曲结构理论相互碰撞生成,构园重构局,忌繁琐,重曲折有致,这完全暗合戏曲理论之"立局为上"、"减头绪"、"脱窠臼"的要求。园林构筑艺术重借景,虚实结合,这也和戏曲的虚构一致。明清园林构筑与戏曲结构理论的相伴发展,体现出空间艺术在结构理论发展上的共同诉求,这种文化意脉的延续这也为研究中国古代曲论提供了一个新的视角。

(本文原载《戏曲艺术》2020年第3期)

---

① 《清代诗文集汇编》第448卷,上海古籍出版社2010年版,第287页。
② 傅谨著:《中国戏剧艺术论》,山西教育出版社2000年版,第213页。

# 元明杂剧中那吒形象与密教关系研究

汤德伟　高人雄

密教于唐初开始流行，在不断本土化的过程中，逐渐渗透到文学创作之中。元明时期密教得到了统治阶层的推崇或扶持，密教对民间信仰不断进行渗透和融合，对文学艺术产生过重要的影响。杂剧作为一种叙事性文学，塑造出一些鲜明生动的神魔形象。戏剧的产生与演进受佛教的深刻影响，从现存元明杂剧可以看到密教对神魔形象展现的影响。本文从杂剧文本和密教的经文、图像、造像、理论等着手，探究密教对那吒的武器、多头多臂、法术的影响，分析那吒形象演变与密教的关系。杂剧里那吒形象对密教元素的摄取，使得其更具吸引力，拓宽了民众的想象空间。那吒是古代小说和民间信仰中的重要人物，学界多从古代小说中的那吒故事入手，探究密教对那吒形象的影响[①]，至今仍忽略了密教对元明杂剧中那吒形象的影响。通过元明杂剧，更能明晰文学作品中那吒形象的演变与密教之间的渊源关系。

## 一、元明杂剧中那吒的武器与密教

那吒的武器是那吒形象在民间流传的标签，分析杂剧中那吒的武器与密教之关系，需先从杂剧文本出发。元明杂剧中对那吒武器进行详细描述的是元杂剧《二郎神醉射锁魔镜》。[②] 杂剧从二郎神路过玉结连环寨而探访

---

[①] 柳存仁：《毗沙门天王父子与中国小说之关系》，收入《和风堂文集》（中），上海古籍出版社1991年版，第1045—1076页；李小荣：《那吒故事起源补考》，《明清小说研究》2002年第3期；刘韦廷：《神异与多貌——以宗教神话观点论哪吒太子形象》，《辅仁宗教研究》2018年第37期。
[②] 关于该剧的创作年代，明代剧曲家陈与郊、戏曲理论家祁彪佳认为其为元代杂剧，后世郑振铎、王季烈等学者皆认定其为元代时所作，故为元代作品证据较确凿。该剧作者不详，《脉望馆钞校本古今杂剧》、涵芬楼藏版《孤本元明杂剧》均有收录。

那吒三太子来展开故事,二郎神在醉酒校射中误射了天狱里的锁魔镜,使关在镜中的九首牛魔王和金睛百眼鬼逃脱。天神奉驱邪院院主法旨,命那吒和二郎神擒拿两洞妖魔,妖魔最终被降伏。先看《二郎神醉射锁魔镜》第一折中正末那吒一登场,唱词中对自我光辉形象的一番夸赞:

〔混江龙〕则为这玉皇选用,封我做都天大帅总元戎。我将这九天魔女,觑的似三岁孩童。则我这断怪降妖施计策,除魔灭祟建奇功。摆列着长枪阔剑,各执着短箭轻弓。周遭有黄幡豹尾,乘骑着玉辔银骢。前后列朱雀玄武,左右列白虎青龙……绣球落似千条火滚,火轮举如万道霞红。人人慷慨,个个英雄。我摇一摇束喇喇外道鬼神惊,撼一撼赤力力地户天关动。腾云驾雾,唤雨呼风。①

再看第四折探子描述那吒的唱词:

〔古水仙子〕腾腾腾火焰起,见见见火轮上烟迷四下里,火火火降魔杵偏着,飕飕飕火星剑紧劈,他他他绣球儿高滚起,呀呀呀牛魔王怎生支持。来来来缚妖索紧绑住……②

杂剧唱词所提供的信息广阔,是展现人物形象的重要途径。第一折中"摆列着长枪阔剑,各执着短箭轻弓"这句指的是那吒的武器,有以下几点证据:第一,整段唱词是那吒的自述,该段始终是以第一人称来展开叙述,故这句应是省略了主语"我";第二,该句所述非指周围兵将的武器,因为整个剧本除了那吒和二郎神,没有描写其他的兵将,而对周围环境的描写是以下句"周遭"一词来转移视角的;第三,这句话是指那吒六臂中所执武器,

---

① 《古本戏曲丛刊》编辑委员会:《脉望馆钞校本古今杂剧》第三十一册《锁魔镜》,商务印书馆1958年版,第2页。
② 《古本戏曲丛刊》编辑委员会:《脉望馆钞校本古今杂剧》第三十一册《锁魔镜》,第13页。

与第四折探子的唱词说那吒"显着那三头六臂,六般兵器"相呼应。如果不是那吒的武器,那整个剧本那吒的武器只有绣球、火轮、降魔杵、火星剑、缚妖索五种,显然与"六般"武器不符。所以第一折中长枪阔剑和短箭轻弓各指一类武器,与绣球、火轮以及第四折的降魔杵、缚妖索一起,组成了那吒的"六般武器"。同时唱词中描绘交战场面的宏大激烈,更是凸显武器的功用。在密教的经文中,枪、剑、弓箭、轮、杵、索等作为法器非常常见,如宋代施护所译《佛说金刚香菩萨大明成就仪轨经》卷下:

  画本尊金刚香菩萨,……光焰炽盛现大恶相或大笑相,以二手头指直竖安当心,余手执捉器仗,谓金刚杵、钩枪、剑、弓箭、宝瓶、三叉、髑髅、羂索等。①

唐代不空所译《仁王护国般若波罗蜜多经》奉持品:

  东方金刚手菩萨摩诃萨,手持金刚杵放青色光……西方金刚利菩萨摩诃萨,手持金刚剑放金色光……北方金刚药叉菩萨摩诃萨,手持金刚铃放琉璃色光……中方金刚波罗蜜多菩萨摩诃萨,手持金刚轮放五色光……②

  枪、剑、弓箭、轮、杵、索等在其他密教经文中也很常见,或集中或分散地作为密教神的法物。密教诸菩萨、明王、天神等所持法物,在密教体系中既是密教神的装扮,又在本身宗教意义的衬托下,具有诸多神奇的威力。③如密教法物金刚杵,在举行宗教仪式时常和铃一起使用,寓意以坚固锋利之智

---

① 《大正新修大藏经》第二十册,佛陀教育基金会1990年,第698c页。
② 《大正新修大藏经》第八册,第843b—843c页。
③ 参见黄阳兴著:《咒语·图像·法术——密教与中晚唐文学研究》,海天出版社2015年版,第261页;刘彦彦著:《〈封神演义〉道教文化与文学阐释》,西安交通大学出版社2015年版,第111页。

断除烦恼、降伏恶魔，往往能得到异乎寻常的神奇功用。藏传密教三面六臂顶髻尊胜佛母的标志就是持有降魔杵，代表着降伏魔怨，具有神奇的法力。[①]且诸多密教神手持法器时散发出强烈的火光，和杂剧中那吒手持武器的同时显现其火光异象是一致的。

杂剧中反复渲染那吒火轮、"火"绣球展示时的状况和威力，富有强烈的艺术表现力。"火轮"意象常见于密教经文中，如唐代善无畏、一行所译的密教重要经典《大毗卢遮那成佛神变加持经》（亦称《大日经》）记载有十喻，其中一喻"旋火轮"[②]就深入人心，指的是持火炬旋转后所生之轮像，比喻观一切现象因缘而生。其他密教经典也反复表现火轮之类的意象，如善无畏所译《佛顶尊胜心破地狱转业障出三界秘密三身佛果三种悉地真言仪轨》卷一"水轮之上有火轮，火轮之上有风轮……"[③]，密教以地水火风空为五轮，万物依此五轮相互调动而发生。辽代慈贤所译《妙吉祥平等秘密最上观门大教王经》卷四介绍供养仪轨的异象就有火轮："次粉月轮形（白色），次日轮形（红色），次金刚轮形。……次粉随坛大小，现宝轮形如红光焰。"[④]所述乃坛场供养中的神异，显现出红色光焰的宝轮。密教经文中"火轮"意象尽管是虚幻的，却包含了内在的博大意义以及仪轨中的神异性要素。"火轮"还作为真言在民间传播，更说明了"火轮"的神异性功用。密教在唐代盛行以后，民间流行诵陀罗尼真言，"火轮"常被作为真言念诵，如咸通十一年（870）建造的"唐天宁寺经幢"上，乡贡进士赵匡符如实记录其"念火轮金刚真言一万五千遍"[⑤]。念诵真言在密教中能得到意想不到的神异作用，故而被民众所信奉。杂剧中那吒的火轮取自密教意象，一方面缘于杂剧创作者取密教中"火轮"意象所蕴含的广博性以及神异性这些要素，另一方面还由于其概念为民众所熟知，从而形成杂剧中"火轮举如万道霞红"的

---

① 参见唐颐：《图解曼荼罗》，陕西师范大学出版社2009年版，第246页。
② 《大正新修大藏经》第十八册，第3c页。
③ 《大正新修大藏经》第十八册，第912c页。
④ 《大正新修大藏经》第二十册，第925a—925b页。
⑤ 〔清〕阮元编纂：《两浙金石志》卷三，道光四年（1824）刻本，第41页。

展现。

那吒的"火"绣球在《二郎神醉射锁魔镜》中共出现了三次，绣球是作为火球的形态来展示的，这源于民间文化中对那吒的理解。在民间"那吒"是作为咒语和"火球"而被广为知晓的，南宋洪迈《夷坚志》记载了民间盛传的哪吒作为咒语和"火球"形态的灵验故事："张村程法师，行茅山正法，治病驱邪。附近民俗，多诣坛叩请，无不致效。……急诵咒步罡，略无所惮，渐渐逼身。程知为石精，遂持哪吒火球咒结印叱喝云：'神将辄容罔两敢当吾前，可速疾打退。'俄而见火球自身后出，与黑块相击，久之，铿然响迸而灭。火球绕身数匝，亦不见。"① 那吒作为咒语常见于密教经文，称那吒为神将，类似于不空所译密教经文《北方毗沙门天王随军护法真言》《毗沙门仪轨》中的护法形象。② 在道教典籍中没有类似有关那吒法术的记载，再结合坛场、咒语、结印的记载，程法师应是基于密教的法术来展现那吒咒语的神通和神异。③ 事实上密教传入以后，道教就积极吸纳密教的元素来发展自身。那吒的武器撷取民间文化符号"绣球"，呈现出"火"的异象，这样既贴近民众的生活，又与民间文化中对那吒是"火球"的理解保持一致。故杂剧中反复描写那吒的"火"绣球以增加杂剧的吸引力。

杂剧中那吒的一些武器，在密教图像、造像、壁画遗存中有类似的呈现。元代以前的造像如1987年法门寺发掘的唐懿宗供奉的八重宝函，其中第七重宝函造像的四面主尊为四大天王，依据密教经轨所錾造，当中"南方毗娄博叉天王，左手持弓，右手执箭""银函西方毗娄勒叉天王，左手向下执剑著地"④。再如有学者曾以研究密教诸神形象化过程的宝贵文献资料《成就法鬘》中的《圣真实名成就法》一文为例，对藏传佛教密宗包含不同含义的七

---

① 〔宋〕洪迈撰，何卓点校：《夷坚志》三志辛卷第六"程法师"，中华书局1981年版，第1429—1430页。
② 参见《大正新修大藏经》第二十一册，第225c、228c页。
③ 参见二阶堂善弘：《哪吒太子考》，高致华编：《探寻民间诸神与信仰文化》，黄山书社2006年版，第8页。
④ 吕建福著：《密教论考》，宗教文化出版社2008年版，第129—130页。

种真实名文殊的图像特征进行了分析。①《成就法鬘》主体部分成书约比元朝早约一个世纪,对了解元杂剧形成前藏传密教神的图像特征有着重要的认识价值。文章从保存在藏地、敦煌、河西、尼泊尔等地的图像、造像考察,所列举的七种文殊图像中剑、弓、箭、杵、索、印、铃都属常见的法物,这些法物与元杂剧中那吒的武器基本吻合。另如杂剧《那吒三变》②中那吒既"闲持魔杵护佛门",又"六臂中所持天印""再将金铃摇动"③,所使用的武器就是杵、印和铃。文殊形象是极受藏人推崇的藏传佛教神,藏传佛教密宗文献和图像纷繁众多,这些密教图像是认识元杂剧产生前的藏传密教神特点的参照。元代受藏传密教的影响很大,这也是杂剧中那吒武器来自密教神法物的一个例证。

  那吒手里拿的武器,另外还可以从密教壁画中找到影踪。敦煌莫高窟在元代是藏传密教译经、传经的中心之一,藏传佛教艺术兴盛,出现了专门供奉藏传密教神的石窟。敦煌元代密教壁画主要保存在莫高窟462、463、465、477等窟。第465窟最具代表性,其中五佛呈降伏妖魔的忿怒相,主像本尊多为多首多臂之相,持有弓、箭、金刚杵等法物。图像、造像、壁画等都是有效的宗教宣传手段,在其影响下,民众对密教神及其法物有一定的认知基础,自然容易接受以密教法物作为戏剧中的武器。

  杂剧中那吒的武器源自密教不是孤立的现象。元末明初杨景贤杂剧《西游记》第十一折沙和尚说"九个骷髅尚在我的脖项上"④,骷髅也是密教的法物。杂剧中诸种武器或扮相之所以以密教法物作为原型,就是取自密教法物神奇的威力。这样那吒所持的武器既契合了杂剧降魔主题的需要,又为其神通性增添了"资本"。另外,杂剧中那吒的武器之所以取自密教神

---

① 郝一川:《〈成就法鬘〉中的真实名文殊研究》,谢继胜、罗文华、石岩刚主编:《汉藏佛教美术研究》(第四届西藏考古与艺术国际学术讨论会论文集),上海古籍出版社2014年版,第236—246页。
② 《那吒三变》,全名《猛烈哪吒三变化》,《孤本元明杂剧》中题目为"慈悲愍伏五鬼魔",学者多认定其为明代杂剧。该剧作者不详,《脉望馆钞校本古今杂剧》《孤本元明杂剧》《古本戏曲丛刊》均有收录。
③ 《孤本元明杂剧》第四册《那吒三变》,中国戏剧出版社1958年版,第2、7页。
④ 《古本戏曲丛刊》编辑委员会:《古本戏曲丛刊》初集《杨东来批评西游记》,商务印书馆1954年版,第47页。

的法物,是看重密教神的护法性,如前文所述密教中的金刚手菩萨、四大天王、文殊菩萨等密教神都是护法神形象。自唐代开始,密教广泛流传,不空等密僧重视以密教来护法护国。大量的密教经典和造像等表明,密教神的护国护法性在唐代及后世广泛传播,广受统治者和民众的欢迎。源自西域的毗沙门信仰自唐代起盛行,四大天王之一的毗沙门天王被奉为民间和军中的保护神,这在文献史料、文学作品中有大量的证据和记载。[①]毗沙门天王以护法、护国的形象受到民众的敬信,那吒作为北方毗沙门天王之子,和毗沙门天王信仰一样,在唐以后的民间信仰体系中定型为护法神形象。[②]故杂剧中那吒的武器取自密教的法物即是基于密教法物的神奇功能甚至是神异性,以及密教神护法性的综合考虑,这种考虑在文本中是隐蔽的,但也是有迹可循的。正是那吒对密教法物的使用,使其神通广大,和二郎神一起轻而易举地降伏妖魔。杂剧中打斗的场面不多,重点在那吒武器和神通的描写,也从侧面说明了来源于密教武器的神奇威力。

虽无法还原戏剧创作和表演过程的本原,很难具体地说杂剧中那吒的武器是从某一部经或某位密教神图像、造像、壁画演变而来的,但可以肯定剧中那吒的武器是在密教法物的基础上经过艺术加工而成的。流传至今的杂剧文本是珍贵的那吒题材剧本,折射出戏剧艺术对宗教意象的吸收。

## 二、元明杂剧中那吒的多头多臂与密教

汉地正统的佛和罗汉等,都是以人间世的本来面目现身应化,而密教影

---

[①] 参见杨宝玉:《敦煌文书〈龙兴寺毗沙门天王灵验记〉校考》,《文献》2000年第2期;李小荣:《敦煌密教文献论稿》,人民文学出版社2003年版,第159—181页;党燕妮:《毗沙门天王信仰在敦煌的流传》,《敦煌研究》2005年第3期;夏广兴:《从隋唐五代小说看密教对唐代社会的影响》,复旦大学中国古代文学研究中心编:《中国文学研究·第八辑》,中国文联出版社2007年版,第41—42页。

[②] 参见〔五代〕王仁裕等撰,丁如明辑校:《开元天宝遗事十种》,上海古籍出版社1985年版,第57—58页;〔宋〕赞宁撰,范祥雍点校:《宋高僧传》,中华书局1987年版,第329页;〔北宋〕子璿集:《首楞严义疏注经》,《大正新修大藏经》第三十九册,第904c页;〔南宋〕志磐撰:《佛祖统记》,《大正新修大藏经》第四十九册,第297a页。

响下的菩萨系统，常见多头多臂多目之类的形相。杂剧中多头多臂神的形象在那吒身上得到了集中展现，增强了杂剧的神异性。杂剧中那吒的多头多臂形象表现为三头六臂和两头四臂的形象，尤其对三头六臂的渲染无所不用其极。

《二郎神醉射锁魔镜》第三折那吒自身的唱词：

(末唱)……〔幺篇〕显出我六臂三头，密匝匝列着戈矛，齐臻臻统领貔貅。

第四折驱邪院主的宾白：

(院主云)俺这壁那吒出马，三头飑飑，六臂辉辉。三头飑飑显神通，六臂辉辉降妖怪。
(院主)俺这壁是那吒出马，三头六臂显神威，变化多般敢战敌。他是那玉结连环都帅首，杀的那雾罩乾坤天地迷。①

杂剧《西游记》第九折也提到了那吒的形象：

(那吒云)你欺负我？我乃八百万天兵都元帅，我着你见我那三头六臂的本事。②

《那吒三变》上演的是释迦佛命那吒去降伏焰魔山的五鬼和夜叉山的四魔女，那吒先后变成两头四臂和三头六臂降伏妖魔的故事。《那吒三变》第二折提到"正末扮两头四臂同护法天神上"；第三折提到"正末扮三头六臂同护法天神上"，"则我是六臂那吒佛圣差"；第四折阿难说："俺那吒太子，

---

① 《古本戏曲丛刊》编辑委员会：《脉望馆钞校本古今杂剧》第三十一册《锁魔镜》，第10—11、12页。
② 《古本戏曲丛刊》编辑委员会：《古本戏曲丛刊》初集《杨东来批评西游记》，第42页。

有千变万化之机,六臂三头之势,神威猛烈,圣武难敌。仰仗我佛法力洪威,天龙八部、四大天王;齐心奋怒,何觑那鬼怪邪魔也。"①

杂剧中多头多臂的那吒形象炫人眼目,以三头六臂为主,在展现那吒变化神通的同时,达到奇异、震撼的艺术效果。元明杂剧中那吒多头多臂的神异形象是密教影响下的产物。密教经文里多头多臂的法相神灵让人目不暇接,如东晋帛尸梨蜜多罗所译《佛说灌顶经》中"三脚山精,六手山精,九头山精,三头山精,四眼山精,四十九眼山精,三眼山精"②。多首多臂多目的精怪让人应接不暇。密教经籍中对三头神灵的叙述较多,如不空所译《大云经祈雨坛法》载"于东方画一龙王,一身三头,量长三肘。"③宋代法贤所译《十忿怒明王经》中,十位明王均为多头多臂,有五位是三面六臂,两位是三面八臂,另外还有六面六臂等,并且剑、弓、箭、杵等是十位明王所持的常见法物,与杂剧中那吒的整体形象相仿。④元明那吒戏中还推出了九首牛魔王、百眼鬼形象,二者落笔不多,一出场便被那吒和二郎神捉住。这种多头多目形象与那吒多头多臂扮相的同时出现,也说明了民众对这样的人物展现是喜闻乐见的。

密教图像、造像遗存中也常见多头多臂神形象,有学者对国内外所藏敦煌遗书中的纸本画进行系统研究整理,其中密教神多面多臂的形象非常之多,且常手持弓、箭、剑、杵、火焰轮、羂索、降魔印、幡等法物,从图像的角度反映出密教信仰中多头多臂神的常见,并且密教神法物与杂剧中那吒的武器是基本一致的。⑤多头多臂之相在密教造像中也有鲜明的体现,宋金开窟的密教造像"黄陵双龙千佛寺、延安清凉山万佛洞还见多面多臂、手持各种法物的形象"⑥。三头六臂神形象在造像遗存中也较多,如晚唐至两宋大足龙

---

① 《孤本元明杂剧》第四册《那吒三变》,第4、7、8、9页。
② 《大正新修大藏经》第二十一册,第519c页。
③ 《大正新修大藏经》第十九册,第493a页。
④ 参见《大正新修大藏经》第十八册,第583—587页。
⑤ 参见邰惠莉:《敦煌文献纸本画叙录》,秋爽主编:《寒山寺佛学·第七辑》,甘肃人民出版社2012年版,第250—301页。
⑥ 韩伟:《陕西石窟概论》,《文物》1998年第3期。

岗山石窟造像"有许多密宗造像,或三首六臂,或怒目扬眉"①。藏传密教神如前文所述的七种真实名文殊图像,其中就有三面六臂形象。

密教中的多头多臂形象追根溯源是源于印度文化,多头多臂神在印度教神话里很常见,几乎各位大神都能够显现多头多臂形象。例如湿婆神是印度教和婆罗门教的主神,主要是三头六臂和三头八臂形象。②北印度乌仗那之僧寂护及莲华生到西藏传密教,所传之教派属湿婆密教,崇拜三头六臂的湿婆神。③密教与当地本土宗教融合而产生喇嘛教,蒙元王朝封密教领袖为国师,喇嘛教在中原甚为流行。元代是密教发展的活跃阶段,藏传密教随蒙古族入主中原而盛行,影响广泛。英宗皇帝曾诏各路立帝师殿,封藏密首领八思巴为帝师,命其统管全国佛教,藏密的流传可想而知。如有学者考证元代在江南所安排的主要僧官是藏密僧人,塔寺佛像多是当时盛行的藏密形像。④在不断本土化和世俗化的过程中,密教神形象也影响到普通民众的生活,这在当时及后世的文学作品中有充分的反映。那吒多头多臂的形象就是例证,那吒的多臂形象甚至在非神魔主题的杂剧中也有提及,如元代石君宝的杂剧《紫云庭》载"也难奈何俺那六臂那吒般很柳青"⑤,可见那吒三头六臂的艺术形象深入人心。

一些密教神的形象为当时民众所熟知,另与元代佛教文学极力渲染多头多臂神形象有关。管主八,元人尊称其为广福大师,曾为松江府僧录,多考证其为藏人或西夏人。管主八所撰《密迹力士大权神王经偈颂》,塑造了密教中富有神异性和艺术性的大权神王形象。智昌《密迹力士大权神王经偈颂序》记管主八"集成偈颂,补阙流通,亦曰《密迹力士大权神王经》,广行遍布"⑥,可见该偈颂的影响力。偈颂通过直叙事义的诗歌形式,夸饰大

---

① 阎文儒:《大足龙岗山石窟》,《四川文物》1986年石刻研究专辑。
② 参见兰亭编著:《佛像造型图鉴》,黄山书社2014年版,第136页。
③ 《蒙古之宗教信仰》,收入《边政公论·第一卷》第七、八期,民国三十一年(1942)出版。
④ 宿白:《元代杭州的藏传密教及其有关遗迹》,《文物》1990年第10期。
⑤ 隋树森编:《元曲选外编》,中华书局1959年版,第347页。
⑥ 《大正新修大藏经》第三十二册,第777b页。

权神王降伏螺髻梵王，又至住世梵王奉请菩萨，化现出三头八臂忿怒相的故事。偈颂及序中反复渲染大权神王的多头多臂，如"三头"出现了六次，"八臂"出现了十一次，"三头八臂"出现了五次。① 与杂剧中反复渲染那吒的多头多臂形象有异曲同工之妙。

元明杂剧中反复渲染那吒的多头多臂形象，一方面在舞台上的冲击力较强，在密教神形象神异性的基础上，达到娱乐民众的目的。另一方面那吒多臂的形象设定与杂剧中使用武器的多样是一致的。《二郎神醉射锁魔镜》第四折中探子说那吒"显着那三头六臂，六般兵器，一来一往，一上一下，有似高飞"②。剧中将多头多臂与武器的使用结合在一起，由于武器具有神奇的作用，更加烘托出那吒的神通。

## 三、元明杂剧中那吒的法术与密教

元明杂剧还将密教法术融进那吒形象的展现，突出了那吒的神异性。密教特别重视各种咒语念诵、坛场供养，主张通过咒语、密印等种种仪轨的修行，来达到即身成佛的目的。《那吒三变》第三折中搬演富有神异色彩的法术显然受密教的影响：

> （正末扮三头六臂同护法天神上）（正末云）吾神那吒是也，因降五鬼，五鬼说夜叉山畔四魔女作警，好生厉害，天神。
> 
> （护法天神云）有。
> 
> （正末云）吾神临来时，世尊传与我秘法，若有急难，着吾神于山顶上击天印，山下摇动金铃，自有神将来护持也。
> 
> 〔紫花儿序〕度化了西乾东土，分别了地狱天堂，成就了佛果如来。自从在灵山说法，有缘的持斋，归向莲台。万万众人天列宝阶，将我佛

---

① 《大正新修大藏经》第三十二册，第777—784页。
② 《古本戏曲丛刊》编辑委员会：《脉望馆钞校本古今杂剧》第三十一册《锁魔镜》，第12页。

印戴,法力无边,不用编排。

……

（护法天神云）尊神,可是怎生那?

（正末云）来到此山顶上,六臂中所持天印,在这山顶上击响三下。（做击印三下科）（云）再将金铃摇动,神必至也。

（做摇金铃科）①

杂剧第四折的开篇,以释迦佛之口指出秘密教等佛教流派"千载无穷,万世顶礼"②,秘密教即是密教,再根据剧中"传与我秘法""戴佛印"等信息,可知那吒所施的显然是密教的法术。说明杂剧的创作者对密教的自觉接受,并且有意识地敷衍密教法术。杂剧中的印、铃都是源自密教的法物,这在密教经文和遗存中有充分的体现。例如元明时期是信仰密教大黑天神的顶峰,现在云南大理多地供奉的大黑天神还保留着原来作为密教护法神的特点,基本为三头六臂形象,且六臂中多持有印和铃。③不空所译《仁王护国般若波罗蜜多经》下卷中北方金刚药叉菩萨也是"手持金刚铃"④的护法形象。

剧中那吒依靠法物印而产生法术源自密教结印的修持方式和功用。密教重视手印、真言和观想,认为修持时要以身、口、意与大日如来的"三密"对应,"三密"即手结印契（身密）、口诵真言（语密）和心作观想（意密）。结印的方法在密教中时常出现,如《大日经》中阐述了作为法界曼荼罗标志的密印之结法,以密印加持自身,就会变成和如来等同的"法界身",八部众等不敢加害。另外如法贤所译《一切如来大秘密王未曾有最上微妙大曼拏罗经》介绍结夜摩天印的功用是"乃至所请召来一切诸佛贤圣,及彼天龙鬼

---

① 《孤本元明杂剧》第四册《那吒三变》,第7页。
② 《孤本元明杂剧》第四册《那吒三变》,第8页。
③ 参见田怀清著:《大理考古与白族研究》,云南人民出版社2013年版,第148—149页。
④ 《大正新修大藏经》第八册,第843c页。

神"①。在密教的体系中,结印不仅能招来护法神,同时还有降魔的功用,如《密迹力士大权神王经偈颂》中结"宝印"共出现了二十一次,并夸述结宝印具有"镇心灵文四十二,扫除妖怪尽归东方世"②的法术神通。在密教中,印分为手印和契印,手结成印为手印,手执法物为契印。该剧指出击契印能召集天神,如头折中那吒的唱词说"击动我通天印,聚集下万部天神"③,并最终降伏妖魔,这和密教中结印能招来护法神并驱除妖魔的神异性表现一致。剧中以那吒击响契印这样一种具有强烈冲击力的动作来展现法力,其实与结印的功用是一致的。法术通过击响法物契印这种变相的舞台表演形式展现出来,将原本神秘繁琐的结印方法用简单的动作形式来替代,实际上更适于舞台表演,使情节更好地回归杂剧的降魔主旨,不至于落入宗教性的模仿,从而更加引人入胜。

密教中结印和铃常在一起使用往往能达到召唤诸神,驱除邪魔的神奇功用,如法贤所译《大乘观想曼拏罗净诸恶趣经》下卷:

> 阿阇梨即左手持铃,……又复结根本印,诵遣魔真言及称吽字。如右舞势及如明王自在相,旋绕彼地,诵真言发遣一切魔。④

再如《密迹力士大权神王经偈颂》中结宝印也是配合铃等其他法器一起发挥除魔功用如:

> 都摄宝印火轮金刚挥,胃索铃音八龙缠身臂(二,一右手开山印,二手金刚杵,三手宝铃,四手宝印戟,左一手都摄印,二手火轮,三手胃索,四手宝剑)。⑤

---

① 《大正新修大藏经》第十八册,第558c页。
② 《大正新修大藏经》第三十二册,第779a页。
③ 《孤本元明杂剧》第四册《那吒三变》,第2页。
④ 《大正新修大藏经》第十九册,第93a页。
⑤ 《大正新修大藏经》第三十二册,第778b页。

故杂剧中那吒搬演密教法术以突显其神通,紧紧契合了杂剧人物的神通设定和降魔主题需要。剧中的击印和摇铃法术具有通俗化、神异化的特色,是剧作家结合对密教法术的认识,进行加工与创作的产物。一行所记《大毗卢遮那成佛经疏》卷八就有"一一歌咏,皆是真言;一一舞戏,无非密印"①的记载,指的是密教僧众借助说唱表演艺术宣传教义,反过来也说明了密教中真言、法术等成分适合说唱表演,故戏剧敷衍密教法术以增强吸引力就不难理解了。杂剧创作者对密教法术加以灵活变通和演绎发挥,用通俗的表演形式呈现出来,增强了那吒形象的神通性和吸引力。

## 四、那吒形象的演变与密教

那吒形象的生成和历史演变打着浓重的密教烙印。杂剧中的那吒形象既是特定时代的产物,也是历史的创作经验的延续。元明杂剧塑造的那吒形象,具有鲜明的特点,在后世文学中得到进一步的发展。

那吒的梵文全名为Nalakuvara或Nalakubala,佛典中音译作那罗鸠婆、那吒俱伐罗、那吒鸠钵罗等②,明代以后的文学作品中常称哪吒。那吒的形象最初见于密教的经文,密教经文中一般是作为毗沙门天王之子的形象出现的,如不空所译《毗沙门仪轨》载"天王第三子那吒太子,捧塔常随天王"③。较为特殊的是不空所译《北方毗沙门天王随军护法仪轨》,称那吒是毗沙门天王之孙,开篇载:"尔时那吒太子,手捧戟,以恶眼见四方白佛言:我是北方天王吠室罗摩那罗阇第三王子其第二之孙。"④另外,"那吒"一词还常出现在不空、施护等高僧所译密教经文的咒语中。

至宋代,民间盛传那吒故事,苏辙《栾城集》第三集卷一《那吒诗》反映

---

① 《大正新修大藏经》第三十九册,第666b页。
② 参见郑阿财:《佛教经典中的哪吒形象》,收入《第一届哪吒学术研讨会论文集》,2003年,第529页。
③ 《大正新修大藏经》第二十一册,第228c页。
④ 《大正新修大藏经》第二十一册,第224c页。

的是当时民间流行的那吒故事：

> 北方天王有狂子，只知拜佛不拜父。佛知其愚难教语，宝塔令父左手举。儿来见佛头辄俯，且与拜佛略相似。①

从中看出那吒是毗沙门天王的儿子，并且是笃信佛教，性格叛逆的人物形象。这些特征直承佛经本事，在元明杂剧中得到了很大程度的继承，这从元杂剧所提及的那吒形象中也可以看出。如杨显之的杂剧《酷寒亭》提及"则你这无端弟子恰便似恶那吒"，《昊天塔》中"问什么恶菩萨，狠那吒，金刚答话"②，可见在其他剧作家眼中，那吒是恶狠狠的形象，即是源自佛经中那吒"以恶眼见四方"以及民间的"狂子"形象。

南宋文言志怪集《夷坚志》中有那吒神将作为咒语火球的灵验故事，说明宋代民间广为流传的那吒故事中，那吒还作为密教元素明显的神异形象出现。元代那吒戏中，那吒故事蕴含的密教元素已被淹没在人物神通的展现中，剧中那吒具备了超越常人的神通，如《二郎神醉射锁魔镜》中传旨天神眼中的那吒是"他平生武艺施逞尽。卖弄他神通广大，倚仗着筋力无伦。拽的弓开秋月，忽的箭去流星"③。《二郎神醉射锁魔镜》这样的元代杂剧，重在那吒武器、三头六臂形象的神异性展现，实际上密教影响的因素浓厚。那吒的设定却是"玉皇选用"的"都天大帅总元戎"，玉皇大帝又是道教神话里的核心人物，此处的那吒更像是蕴藏浓厚密教元素的道教神仙。

元末明初杂剧《西游记》淡化那吒形象的描述，第九折"神佛降孙"中那吒说其武器是"七宝杵嵌玉妆金，八瓣球攒花刺绣"④，显然是受《二郎神醉射锁魔镜》中的降魔杵和绣球的影响，剧中只描述了两种武器，密教影响

---

① 〔宋〕苏辙撰：《栾城第三集》卷一，道光十二年（1832）刻本，第12页。
② 〔明〕臧晋叔编：《元曲选》，中华书局1958年版，第1004、833页。
③ 《古本戏曲丛刊》编辑委员会：《脉望馆钞校本古今杂剧》第三十一册《锁魔镜》，第6页。
④ 《古本戏曲丛刊》编辑委员会：《古本戏曲丛刊》初集《杨东来批评西游记》，第38页。

的因素明显削弱。但杂剧《西游记》依然明确那吒出身于密教系统,说:"某乃毗沙天王第三子那吒是也,见做八百亿万统鬼兵都元帅。奉玉帝敕父王命,追捕盗仙衣仙酒妖魔。"①第八折"华光署保"中,介绍那吒是为唐僧西游取经而安排的保官,已被纳入西游系统。那吒等都是"释道流中立正神,降魔护法独为尊"②,而《北方毗沙门天王随军护法仪轨》中那吒是"欲摄缚恶人或起不善之心。我昼夜守护国王大臣及百官僚"③,杂剧《西游记》与密教经文一样,降魔护法的本职仍然没有变化。

学者多考证《那吒三变》为明代的作品,该剧对那吒的外在形象描写不如元杂剧《二郎神醉射锁魔镜》具体,那吒的神威却同《二郎神醉射锁魔镜》以及佛经本事非常相似,第四折:

(阿难云)……俺那吒乃百亿化身,诸天神将,见其威猛,无不畏惧。若论那吒的神威浩浩,志气冲冲,怒时节海沸江翻,恼时节天昏地惨。④

着重夸饰那吒的神威连天神都畏惧,恼怒时的表现神异至极。这样的描述与《北方毗沙门天王随军护法仪轨》也较为相似,该经说"相与杀害打陵,如是之辈者,我等那吒以金刚杖刺其眼及其心。"⑤那吒也是一副威震四方的形象,可见元明杂剧对密教中那吒形象的生发。与杂剧《西游记》不同的是,《那吒三变》头折中说:"谁知道善胜童子,变那吒元本前身。每日家礼佛听讲,消磨那痴恶贪嗔,惩劝俺诸恶莫作,方信道佛教为尊。"⑥那吒的前身是善胜童子,信道佛教为尊,而剧中其他处则明确那吒是佛教的人物。

---

① 《古本戏曲丛刊》编辑委员会:《古本戏曲丛刊》初集《杨东来批评西游记》,第38页。
② 《古本戏曲丛刊》编辑委员会:《古本戏曲丛刊》初集《杨东来批评西游记》,第34页。
③ 《大正新修大藏经》第二十一册,第224c页。
④ 《孤本元明杂剧》第四册《那吒三变》,第9页。
⑤ 《大正新修大藏经》第二十一册,第224c—225a页。
⑥ 《孤本元明杂剧》第四册《那吒三变》,第2页。

元明时期神仙传记类著作《三教源流搜神大全》里的那吒形象，武器、多头多臂、神通等元素与杂剧中的那吒形象类似，其中"那吒太子"条目：

> 那吒本是玉皇驾下大罗仙，身长六丈，首带金轮，三头九眼八臂，口吐青云，足踏盘石，手持法律，大嗷一声，云降雨从，乾坤烁动……不意时上帝坛，手搭如来弓箭，射死石记娘娘之子，而石记兴兵。帅取父坛降魔杵西战而戮之……吓一声，天颓地塌。呵一气，金光罩世。锦一响，龙顺虎从。枪一拨，乾旋坤转。绣球丢起，山崩海裂。①

这里那吒的武器金轮、弓箭、降魔杵、枪、绣球与《二郎神醉射锁魔镜》非常相似，应是从杂剧中演变而来。那吒神通广大、三头八臂的形象，也与元明那吒戏中轻松降伏各种妖魔及多头多臂的形象类似，可以看出民间传说故事对杂剧中那吒形象的吸收。杂剧中那吒形象对密教元素的汲取，对神魔小说中的那吒形象产生了重要的影响。如《西游记》中哪吒：

> 大喝一声叫"变"，即变做三头六臂，恶狠狠手持六般兵器，乃是斩妖剑、砍妖刀、缚妖索、降妖杵、绣球儿、火轮儿。②

小说《西游记》中的哪吒形象与杂剧相比，阔剑变成了斩妖剑，增加了砍妖刀，长枪和短箭轻弓不见了，而火轮、绣球儿、缚妖索、降妖杵保留了下来。那吒形象在演变过程中有所变化，小说《西游记》中哪吒是依靠自身的法力变为三头六臂。在小说家的艺术构思中，基本形象和武器保留了下来，这是元明杂剧中密教元素在《西游记》中的演变。《封神演义》中对哪吒的描述：

---

① 阙名撰：《绘图三教源流搜神大全》（外二种），上海古籍出版社1990年版，第330页。
② 〔明〕吴承恩著，〔清〕黄周星点评：《西游记》，中华书局2009年版，第21页。

（哪吒）把脚一登，驾起风火二轮，只见风火之声如飞云掣电，望前追赶。（第十四回）

（太乙）真人曰："……今着你现三头八臂，不负我金光洞里所传。此去进五关，也见周朝人物稀奇，个个俊杰。这法隐隐现现，但凭你自己心意。"哪吒感谢师尊恩德。太乙真人传哪吒隐现之法，哪吒大喜，一手执乾坤圈，一手执混天绫，一手执金砖，两只手擎两根火尖枪，还空三手。真人又将九龙神火罩，又取阴阳剑，共成八件兵器。[①]（第七十六回）

《封神演义》成书于《西游记》之后，哪吒形象演变到这里，是以正常人出现的，只在吃了太乙真人的食物或特殊情况下现出三头八臂，不像杂剧里反复渲染三头六臂，显示出向世俗神仙形象的转变。哪吒化现多头多臂之法也是道教尊师所传，仿佛毫无理据地变成了一个全面的道教神形象，道教色彩浓厚。尽管武器融入了道教等文化元素，人物塑造中密教性在削弱，但其手持枪、剑，多头多臂等核心密教元素保留了下来，火轮也演变成了脚踏之工具。明代小说中哪吒形象的密教元素在本土道教、民间文化的影响下有所削弱。伴随着与道教文化的碰撞、融合，文学作品中哪吒形象的演变结果就是与道教系统紧密联系，最后打上了浓重的道教标签。

从历时性的角度进行比较分析，能够明晰密教与元明杂剧哪吒形象的关系及其密教元素的承传和演变情况。小说中摄入的密教元素，不仅丰富了小说的内容，而且折射出小说对杂剧艺术的吸收。

## 五、小　　结

考察密教经典、传播、遗存等信息，有助于深入理解和探究密教对哪吒形象的影响。唐代"开元三大士"善无畏、金刚智和不空三位密僧先后从印

---

[①] 〔明〕许仲琳：《封神演义》，上海古籍出版社2005年版，第96、535页。

度到中国弘传密法，翻译了大量的密教经典，使密教成为当时重要的宗教活动，密教影响广泛。宋辽金元时期密教继续传播，印度法天、法贤、施护等密僧入译经院主持译经，当时正值印度密教全盛时期，流入中国的佛教经文以密教为主，密教在世俗化的过程中对文学艺术和民间文化产生了重要的影响。

密教的发展于元代尤甚，至明代仍有深广的影响力，元明杂剧中的那吒形象受到密教的综合影响，折射出密教对于杂剧家创作思想和创作实践的影响。杂剧中所表现出来的密教内容和元素，对于研究元明时期的密教传持情况有着一定的参考意义。那吒形象在漫长的演变过程中，一直与密教关系密切。从密教经文中的本事演变为神魔题材戏剧的主角，再到神魔小说的重要人物，逐渐成为后世的经典形象，其密教因素也在不断传衍，这是艺术探索的结果。

杂剧中的那吒形象产生时间较早，在那吒形象演变发展中的重要性不言自喻。元明杂剧中那吒的武器、多头多臂、法术的展现，为神魔小说中那吒形象的塑造奠定了基础。在那吒故事的演变中，那吒形象逐渐融入了道教等文化，最终在现在的民间信仰中变成了地道的道教神。元明杂剧将那吒故事搬上舞台，展现了独具特色的艺术形象，对后世文学作品产生了深远的影响。

（本文原载《文化遗产》2020年第5期）

# 在娱乐中"表现真实的人生"
## ——论杨逵的戏剧观

吴 彬

著名作家杨逵是台湾现代文学的一面旗帜,被称作"台湾的鲁迅"。他以毕生精力从事台湾新文学的建设工作,并取得了卓越成就。作为文学家的杨逵,不仅创作出了《送报夫》《模范村》等一系列优秀小说,而且,在戏剧领域也独擅胜场。在杨逵的世界,戏剧不仅仅是文学体裁之一种,也不只是生活中可有可无的点缀,它更是唤醒民众鼓舞民众的精神食粮,是彰显民族意识的一把利器。杨逵以其创作实绩丰富了台湾戏剧文学,更以其广见博识对戏剧功能和舞台演出提出了宝贵意见与建议。这一切最终归结于他一直坚守的草根立场和劳动者本位

## 一、戏剧功能:"找乐子"与"为人生"

戏剧的功能何在,这是治戏剧者经常思考的问题。由于中西方文化结构、民族心理等诸多方面的差异,对戏剧功能的认知也就有所不同。对西方观众而言,看戏"是一项高雅而又严肃的公共文化活动"[1],西方剧场体现的是"一种根深蒂固的公民精神"[2]。正如戏剧家罗伯特·科恩所言:"戏剧总是立场坚定地让观众与社会问题对峙,最优秀的戏剧能让观众面对面地看到自己对于这些社会问题的想法和感受。"[3]远在古希腊时代,戏剧就作为彰

---

[1] 董健、马俊山著:《戏剧艺术十五讲》,北京大学出版社2004年版,第250页。
[2] 董健、马俊山著:《戏剧艺术十五讲》,第246页。
[3] 〔美〕罗伯特·科恩著,费春放等译:《戏剧》,上海书店出版社2006年版,第354页。

显公民精神的活动成为社会生活的组成部分。亚里士多德更是从理论高度给予这种活动以神圣和庄严，称其具有净化灵魂的作用。俄国美学家别林斯基称其是"诗歌发展的最高阶段，艺术的皇冠"①。如果说西方人对戏剧抱着一种神圣感的话，那么中国观众对戏剧则持一种玩的心态。诚如学者所言："旧时代的中国观众从来就没有对'戏'认真过，看戏不过是一种很随便的消闲娱乐活动。"②在传统的中国观众心目中，戏剧就是玩意儿，是技术活儿。也正因这个"玩"的心态，才会出现如学者董健所批评的那样：以京剧为代表的传统旧戏"一方面把多年积累的唱腔和表演艺术发展到烂熟的程度，一方面却使戏剧的文学性和思想内容大大'贫困化'"③。德国戏剧家布莱希特也认为："中国人的戏剧似乎力图创造一种真正的观赏艺术。"④也正是如此，民国初年，才会出现以鲁迅、胡适为代表的新文化运动者对中国戏曲大张挞伐的现象。他们试图以西方新剧来框范中国旧剧，挽救世人心态，启民智，强国家。杨逵的戏剧活动正是在这样一个文化环境中开始的。

在杨逵看来，戏剧的主要功能就是找乐子，但又必须表现真实的人生。前者源于他对中国文化语境的感性认知，后者则是出于一个新文化者的理性自觉。

杨逵在《民众的娱乐》中曾这样写道：

> 人不是蚂蚁，不但不可能二十四小时不休息，拼命工作；而且，硬是这样子强迫工作，反而会降低工作效率。在工作的空档，人人都需要各自的喘息时间。前线的勇士利用停火的片刻看书、找乐子，或者玩玩乐器。去年，我有点事去拜访两、三个农村。每遇到一个人，就会接触到民众渴求娱乐的问题。接着又看到很多村民流入不健全、颓废的娱乐

---

① [俄]别林斯基著，满涛、辛未艾译：《诗歌的分类和分科》，《别林斯基文学论文选》，上海译文出版社2000年版，第374页。
② 董健、马俊山著：《戏剧艺术十五讲》，第253页。
③ 陈白尘、董健：《中国现代戏剧史稿》，中国戏剧出版社1989年版，第5页。
④ [德]布莱希特著，丁扬忠等译：《布莱希特论戏剧》，中国戏剧出版社1990年版，第206页。

的实情,使我不禁黯然神伤。①

在这里,杨逵透露了两点信息,也就是戏剧的主要功能:一是找乐子,这样可以做到劳逸结合,提高工作效率;二是提高民众素养。民众有"渴求娱乐"的心理,但"不健全、颓废的娱乐"只能产生误导。民众若想有健康、健全的娱乐,必须有新文化人的参与。

找乐子,这是中国观众欣赏戏曲的主要目的,也是中西戏剧欣赏的主要区别所在。从接受美学的角度来讲,"每一个民族,都是按照自己的不同风尚和不同规则,创造它所喜欢的戏剧,一出戏,是这个民族创作的,很少能令别的民族完全喜欢"②。西方那种彻头彻尾的大悲剧,在中国鲜有存活的土壤,虽然偶尔能引起人们的兴趣,但也难能持久。这是由"庞大的民族心理定式"决定的。③所以,中国观众喜欢看喜剧,纵是悲剧也要穿插一些喜剧场面,并以"大团圆"结局。为了满足中国观众的欣赏习惯,编剧、导演和演员也都擅长铺排喜庆或搞笑场面。这种欣赏习惯自然对话剧作家也产生了一定的引导,迫使他们在创作中尽量考虑中国观众的欣赏习惯,进而创造出真正具有中国作风和中国气派的民族话剧。正如戏剧家马森所言:"在我国的话剧中,悲剧不多,但是喜剧不少,而且成绩也相当可观,这大概与我国传统戏剧的娱乐取向有关。既然看戏主要是为了娱乐,那么多写一点喜剧也是应该的。"④杨逵的戏剧创作便充分做到了这一点。

在杨逵留存下来的15部剧作中,绝大多数都是喜剧,或者穿插有喜剧性场面,有的甚至在标题中便注明"喜剧"。而且,这种喜剧题材的剧目多集中在独幕剧和两幕剧。《丰年》和《真是好办法》以"喜剧"二字特别标

---

① 杨逵:《民众的娱乐》,彭小妍主编:《杨逵全集》第10卷,台南文化资产保存研究中心筹备处2001年版,第10页。
② [德] 约·埃·史雷格尔:《关于繁荣丹麦戏剧的一些想法》,古典文艺理论译丛编辑委员会编:《古典文艺理论译丛》第11册,人民文学出版社1966年版,第176页。
③ 余秋雨著:《观众心理美学》,现代出版社2012年版,第46页。
④ 马森著:《中国现代戏剧的两度西潮》,联合文学出版社有限公司2006年版,第112—113页。

注,里面人物的行动和语言妙趣横生,作为喜剧之作自不待言。《婆心》和《睁眼的瞎子》通过对家庭某一成员贪图享受、好吃懒做、不惜出卖自己女儿的不良行为进行了批判,对其本人进行了嘲讽,使他们最终都能认识到自己的错误,重新做人。《光复进行曲》和《胜利进行曲》都是街头剧,分别以村民们与荷兰人和日本人的较量,并以台湾居民的胜利告终,作家在剧中穿插安排了许多歌舞性场面,表达了一种欢快气氛,使观众也能在这种气氛中受到感染,从而达到"提高观众的兴趣与了解"的目的。《猪哥仔伯》写的是穷孩子阿秀为了给母亲治病,来到酒馆谋职,却遭色鬼猪哥仔伯调戏。这是一个有钱有势者欺负穷人家女孩子的故事,在中国传统戏曲中不乏其例。单从情节来看,应该是苦情戏,但结尾却颇有喜剧味道。因为猪哥仔伯发现,被他调戏的女孩子竟是自己的亲生女儿,当他要给妻子钱治病时,妻子非但没接受,还把他骂了个狗血喷头。从观众心理来讲,这种结尾的突转,使观众审美期待遇挫,但这种遇挫又合情合理,恰到好处。也正是由于这种突转的结尾,达到了对资本主义社会"人被异化"现象的批判,对为富不仁者加以嘲弄与讽刺的目的。所以,有论者指出:"本剧具喜剧味道,藉着酒店生态嘲讽'会社'高阶色欲薰心以及欢场逢迎谄媚、争风吃醋的丑态,留着八字须、秃头,带着假发的猪哥仔伯造型也充满讽刺的趣味。"①正如剧中客人所言:"这比看戏还有趣"。准确地说,这是一出悲喜剧。"悲喜剧基本上仍然是喜剧","是一种带有深沉的悲剧感的喜剧,是一种叫人笑过之后往深处一想要流泪的喜剧"②。真正的喜剧就是让人看了"流着眼泪笑"的艺术。戏剧理论家乔治·贝克在谈到悲喜剧时说:"究竟什么是悲喜剧呢?伊丽莎白时代的剧作家经常提供一条严肃的情节线索和一条喜剧的情节线索,两条线索平行发展,直到戏剧的最后一场两者才合并在一起。"③在《猪

---

① 邱坤良:《文学作家、剧本创作与舞台呈现——以杨逵戏剧论为中心》,《戏剧研究》2010年第6期。
② 董健、马俊山著:《戏剧艺术十五讲》,第110页。
③ 转引自冉东平:《从传统悲剧与喜剧的夹缝中破土而出——浅谈悲喜剧的生成与审美价值》,《解放军艺术学院学报》2009年第3期。

哥仔伯》中就存在这样两条线索。从"严肃的情节线索"来看，主要是阿秀家穷，为了给母亲治病，阿秀来到酒家帮工却遭猪哥仔伯的调戏；从"喜剧的情节线索"来看，主要是猪哥仔伯来到酒家寻欢作乐，为追求阿秀，闯入阿秀母女住处，结果闹出一场父亲欲强暴女儿却被老婆大骂的丑剧。而且，"包袱"的解开就在剧末。纵是反映民生疾苦的《扑灭天狗热》也少不了将喜剧的因子蕴藏其间。即如多幕剧，纵然没有穿插喜剧情节，却还能给人留下一个希望的尾巴，如《牛犁分家》和《怒吼吧，中国！》；或者通过把一些人物前后行为加以对比，从其反差中达到批判目的，如《父与子》。有论者指出，"在戏剧方面，杨逵常常规划一个希望的结局，或安排一个欢乐的结尾，让幕谢灯熄后，观众在充满感动、胜利与欢笑的氛围下离开剧场"[①]。这确是实情。

对于中国传统的戏剧观众而言，找乐子是戏剧主要的功能，也是他们看戏的唯一目的。杨逵正是因为比较了解民族戏曲的审美特征和民众的欣赏习惯，所以，在他的许多剧作中，几乎都能见到喜剧性场面的安排和喜剧性人物的设计，不管是情节的设置还是人物性格的刻画，都是妙趣横生，充满了睿智。对"找乐子"这一重要的戏剧欣赏功能的认知，是与杨逵早年的经历分不开的。杨逵晚年曾多次回忆他小时候看村戏的情形。

> 小时候我喜欢听故事，也喜欢看村戏，布袋戏。[②]
> 我在小孩的时候，常有讲《三国志》或《水浒传》等古代故事的讲古人来，在街上庙宇讲古。我很喜欢，时常去听，此外，还有野台戏和傀儡戏。[③]

从这些言谈不难看出，童年时候村戏和讲古对杨逵影响之深。也正是因为亲身经历过野台戏的观演风貌，并从中得到了乐趣，才使杨逵能真切认识到

---

① 张朝庆：《杨逵及其小说、戏剧、绿岛家书之研究》，台南大学2009年硕士学位论文，第192页。
② 李怡：《访台湾老作家杨逵》，彭小妍主编：《杨逵全集》第14卷，第231页。
③ 戴国辉：《一个台湾作家的七十七年》，彭小妍主编：《杨逵全集》第14卷，第245页。

中国戏曲的美,为他日后从事戏剧活动打下基础。

找乐子是戏剧的主要功能,但杨逵并未停留在这个阶段。毕竟,作为受"五四"新文化运动洗礼而成长起来的新一代知识分子,杨逵与其同侪一样,有着自觉的启蒙意识。而启蒙民众,这是中国自"五四"运动以来一直高扬的伟大课题。正如杨逵回答采访者所言:"如今我对文学有三个要求:其一要让人家看得懂;其二要让人家有兴趣继续看下去;其三是最重要的,要表现真实的人生。"①在这三个要求中,最重要的还是"表现真实的人生"。表现真实的人生,最终也就是达到启蒙民众改造社会的目的,而"为人生"的文学恰恰是"五四"以来中国写实主义的一个优良传统。这种思想也贯穿了杨逵的一生。在《会报的意义与任务》中,他明确提到"启蒙"话语:"所谓'文化启蒙',当然是要对一般民众施以文化启蒙,藉此使岛民奋发向上,再从他们之中诱导出新的文艺家。"②在《"日据时代的台湾文学与抗日运动"座谈会书面意见》中,他讲道:"文学固然要带点娱乐性,但也应该能够有'反映时代,带动时代'的严肃性","作家应该睁开了两眼,把一切事事物物看得清清楚楚。只睁一个右眼和只睁开左眼的一样,都会走偏颇,扭曲历史,不可能被读者接受。"③这种"为人生"的创作观既与时代有关,也与杨逵生活阅历相关。杨逵多次提到:小时候哥哥杨大松被拉去当军伕,自己亲眼目睹日本兵的无法无天,噍吧哖事件,《台湾匪志》对台胞义举的诬蔑,"六三法案"对台胞生命权的肆意剥夺……。因此,他决心通过小说和剧本创作,把那些"被歪曲了的历史纠正过来"④。

在《猪哥仔伯》中,作家以误会、突转和发现的手法结构全剧,于嬉笑怒骂中鞭挞了社会上好吃懒做的酒色之徒的丑恶嘴脸,并深刻揭示了底层民众的凄苦生活。在《父与子》中,作家通过剧中人物前后言行不一的对比,

---

① 李怡:《访台湾老作家杨逵》,彭小妍主编:《杨逵全集》第14卷,第231页。
② 杨逵:《会报的意义与任务》,彭小妍主编:《杨逵全集》第9卷,第594页。
③ 杨逵:《"日据时代的台湾文学与抗日运动"座谈会书面意见》,彭小妍主编:《杨逵全集》第9卷,第391页。
④ 杨逵:《日本殖民统治下的孩子》,彭小妍主编:《杨逵全集》第14卷,第22页。

批判了"拜金思想将会灭绝人情和道德"的罪恶现实,在批判中带有调侃和讽刺。杨逵的目的,就是希望借助创作来表现人生、启蒙民众。在他看来,能最大限度地把启蒙思想传输给民众的最佳方式无疑是戏剧,因为戏剧具有大众性,识字的人和不识字的人都能看得懂。这是与他常年跟普通民众打交道,并从中获取的社会阅历分不开的。正如论者所言:"杨逵关心戏剧的原因,在于他一向注意底层的生活,了解一般市井民众较无阅读习惯,但有看戏的嗜好,因而希望利用戏剧的特质与群众性,选择生活性的题材,透过民间音乐、歌舞与生活语言的运用,走进民众,直接教育民众。"①杨逵小时候喜欢看布袋戏,去听讲古,从中认识到了戏剧受众的广泛性和观演的便捷性,所以,他也花很大力气于戏剧的创作和演出。

杨逵的剧作,多以写实为主,且有一个共同的主题,就是个人的自新与族群意识的觉醒。"人"的发现,这是"五四"新文学的重大贡献。日本戏剧家河竹登志夫认为:"现代戏剧所具有的意义,可以说是尚且在于克服现代社会的一切弊病而求得人性的复归。"②但是,在台湾被日本侵占的五十年间,从语言到生活习惯完全按照日本人的方式来培养,台湾本土的文化被破坏,台湾人不准有自我家园意识,一切都要听命于日本人,要为天皇陛下尽忠。及至后来,又被迫接受"皇民化运动"的洗脑。可以说,经过日本殖民者半个世纪的殖民统治,台湾已经与中国文化产生很深的隔膜,而对日本文化更加认同了,甚至如杨逵等许多知识分子连一句汉文国语都不会说,到国民政府接收台湾后,他们还不得不恶补国语读写这门语言课。但是,就是在这样的奴役统治之下,在这样的历史背景中,杨逵却从未忘记自己是一名中国人,他明确提出:"台湾是中国的一省","台湾文学是中国文学的一环"③。把台湾文学当作中国文学的一个重要组成部分明确提出,这是一种远见,也是一种勇气。正是有了这种见地,台湾文学才有了母体可依,杨逵的创作也

---

① 邱坤良:《文学作家、剧本创作与舞台呈现——以杨逵戏剧论为中心》,《戏剧研究》2010年第6期。
② [日]河竹登志夫著,陈秋锋、杨国华译:《戏剧概论》,中国戏剧出版社1983年版,第24页。
③ 杨逵:《〈台湾文学〉问答》,彭小妍主编:《杨逵全集》第10卷,第248页。

才突显出特有的分量。

《婆心》里面，王太太好吃懒做，为贪图富贵，不惜牺牲女儿的幸福，把她献给陈科长。她的丈夫苦口婆心地开导她，最终使之受到感化，重新做人。"剧中总是以团结作为诉求的目的，从来没有采取过断然或暴力的手段。"[①]吴晓芬认为："在剧作的表现上"，杨逵"以他一贯提倡的'互助合作'、'人道主义'的理想作为诉求"[②]。这种"互助合作"和"人道主义"是基于杨逵对当时台湾民众族群意识觉醒的敏锐感知。不管是《扑灭天狗热》《牛犁分家》这类反映农村生活凋敝的戏码，还是《光复进行曲》和《胜利进行曲》这类反映民族矛盾的剧目，其中都包含着"互助合作"与"人道主义"精神。在《扑灭天狗热》中，杨逵展示了互助合作精神的胜利。在《牛犁分家》中，杨逵明确提出互助合作的重要性。

在《牛犁分家》里，作家着力刻画了"穷且弥坚，不堕青云之志"的乡间知识分子林耕南形象。在第三幕第一场，林耕南训子的话，其实就是杨逵本人自况，也代表了他的立场。

> 男子汉，一点志气都没有，真是成什么体统！（愤怒）光复以后，许多人都以为天下太平了，可以花天酒地了，全没有做国家主人翁的气魄，也没有责任感，如此下去，国土一定会来第二次的沦陷，到那个时候，要想翻身是不容易的。国家建设如此，对于一个家的经营也是一样的道理，要是不赶快自觉，一直花天酒地，把父亲用血汗开拓的这一块园地丢掉了，看你们还有什么办法站得住！

林耕南希望两个儿子和儿媳能相互宽量、容忍，牛和犁要永远在一起相互帮扶，这也是他给孩子取名的用意。该剧最后一幕，大牛和铁犁兄弟俩闹分家，把劳作的工具也分开了，老大分得的是牛，老二分得的是犁，牛、犁分开，

---

① 吴晓芬：《杨逵剧本研究》，台湾大学2000年硕士学位论文，第20页。
② 吴晓芬：《杨逵剧本研究》，第71页。

两家都不能正常从事劳作。最后,"把牛套上犁",牛、犁合一,弟兄俩也和好如初,两家共同完成了耕作任务。很明显,《牛犁分家》的故事就是告诉观众"合则两利,分则两伤"的道理。二十多年后,该剧复排上演,杨逵看罢演出后说道:"《牛与犁》在经过了二十余年后,再由学生搬上舞台,我内心的感受,仍然与当时一样。当时,在光复后不久,我认为大家要沟通,才能重建一个新的时代,因而有感而发,写了这篇以童话为体的寓言。""我一直认为不管在社会、在家庭都是一样,必定彼此要有沟通的雅量,这样社会才能进步。更不可以私利或意气而闹分家,我们要本着理性、真理而争取,而不是一闹起来就是破坏性的、全无道理的争执;这样不但双方都没有好处,更可能令外人乘虚而入。""在家庭中我们说'家和万事兴',在国家中我们说'同舟共济',这才是生存之道。"①吴晓芬认为:"《牛犁分家》喻指战后两岸分治的现实,造成这样的结果,源自家人之间的争斗。"②这一点在杨逵的言语中也得以印证。在杨逵看来:"家是民族社会的基础,家庭生活是社会生活的起点,它的结合力就是爱。"③"我由衷地向爱国忧民的文学工作同志呼喊,消灭省内外的隔阂,共同来再建,为中国新文学运动之一环的台湾新文学。"所以,"全省在住的文艺工作者(不问本省人或外省人),必须先打成一片","真正的文艺工作者们结成一个自己的团体","使省内外的作家及作品活泼交流"④。

  《牛犁分家》表面上写的是家庭内部成员之间的争斗,实际上却包含着重大的社会和政治内涵。它使所谓的"族群"由一个村子(如《扑灭天狗热》)而扩展到了一个省,到后来又进一步延展到一个国(如《光复进行曲》和《胜利进行曲》)。《光复进行曲》写的是一对老夫妻和村民们一同打斗荷兰红毛蕃和汉奸的故事。《胜利进行曲》则是讲的一对老夫妻和村

---

① 杨逵:《〈牛与犁〉演出有感》,彭小妍主编:《杨逵全集》第10卷,第415—416页。
② 吴晓芬:《杨逵剧本研究》,第122页。
③ 杨逵:《太太带来了好消息》,彭小妍主编:《杨逵全集》第10卷,第330页。
④ 杨逵:《如何建立台湾新文学》,彭小妍主编:《杨逵全集》第10卷,第244页。

民们一同打斗日本兵的故事，剧末老头儿说道："要同敌人拼命去，还管得骨头断不断。"这正是一种被压迫民族的人民觉醒后的声音。他们不再沉默下去甘做奴隶，而是要站出来和敌人拼命。杨逵认为："一个民族要能够生存，要能够继续不断的繁衍，都不是侥幸可以得到的。要生存与繁衍，就一定要征服自然，也一定要防御异族的侵犯。因而，团结战斗与协力工作是民族生命不可缺少的条件。"①"团结战斗与协力工作"，这是杨逵剧作所要传达的一种精神。它既是日本殖民统治的逼迫使然，更是中国文学的深情召唤。

布莱希特在《戏剧小工具篇》中写道："'戏剧'就是要生动地反映人与人之间流传的或者想象的事件，其目的是为了娱乐"，"使人获得娱乐，从来就是戏剧的使命"②。杨逵的戏剧主张正是如此，他的作品既反映了"人与人之间流传的或者想象的事件"，又达到了娱乐的目的。纵观杨逵的戏剧创作，表现真实的人生一直是他创作的基点和重要内容，但在表现过程中却始终不忘戏剧的娱乐功能，其最终目的则是族群意识的激活。这种创作思想是与其所处的文化环境分不开的，也是杨逵留给后人的一笔精神财富。

## 二、舞台演出：净化剧场与写实布景

作为一名剧作家，杨逵不但非常重视剧本的文学价值，对舞台演出也深有洞察。与剧本表现真实的人生相对应，在舞台演出方面，他主张净化剧场空间，布景力求写实。

由于中国观众由来已久养成的"玩"戏心态，剧场里面，台上饮茶、扔垫子、台下扔手巾把的现象司空见惯，观众也习焉不察。就舞台艺术的严肃和

---

① 杨逵：《春天就要到了》，彭小妍主编：《杨逵全集》第10卷，第308页。
② ［德］布莱希特：《戏剧小工具篇》，伍蠡甫、童道明主编：《现代西方艺术美学文选——戏剧美学卷》，春风文艺出版社1989年版，第4—5页。

整一性而言,实为演剧之陋疾。再者,中国旧时的演剧,因物质条件落后,加以流动演出的限制,舞台上除了一桌两椅外,鲜有其他布景装置,一切都以虚拟化和程式化的动作,靠演员的身段表演来实现。当时代步入20世纪,随着西方文化的强势入侵,与西方新剧相比,中国旧剧的痼疾也就愈为明显,有识之士自然也就起而纠之。

  作为一名严肃的戏剧工作者,从戏剧艺术的整一性出发,杨逤对剧场空间提出了明确要求:一是杜绝检场人出现,二是反对耍弄噱头。检场人和耍弄噱头现象,这是中国戏曲演出所固有的传统,它们的出现与戏曲自身舞台空间的限制和接受者的特殊心理有关。检场人的随意出现,很容易干扰观众的戏剧欣赏,严重破坏了戏剧艺术的整一性。这种在各个地方剧种中普遍存在的现象,在民国早年曾为许多知识分子所注意并提出严厉批评。

  1935年10月,杨逤在观看了锦上花剧团演出的《冯仙珠定国》后认为:"扔垫子的行为、不相干的人物出现在舞台上,这都不是好现象。"[①] "扔垫子"又称"摔垫子",它是传统戏曲舞台上常见的一种检场现象。由于演员怕跪拜时候把衣服沾脏,所以才有了"扔垫子"这一惯例。至于检场人的出现,主要是为了防止"冷场",因为"中国戏是分场"的,"但一场连一场,不许间断"[②]。这些陋习,在许多地方剧种中都存在,已经习焉不察。锦上花剧团属于传统戏曲团体,《冯仙珠定国》也是一出旧戏,只不过该剧团锐意改革并向新剧靠拢,故而引起杨逤的注意和揄扬。杨逤也正是从新剧的美学角度来欣赏和考量这次演出的。从当时整个戏剧文化环境来看,由于以易卜生和斯坦尼斯拉夫斯基为代表的写实主义戏剧观居于主导地位,加以"五四"一代知识分子对旧戏摧枯拉朽的批判,用新剧的规则来要求和框范旧剧是当时的一股潮流。所以,杨逤提出杜绝检场人出现,认为"扔垫子"行为"不是好现象",这与当时大的戏剧环境刚好合拍。其实,作为旧剧"毛病"之一种的检场现象,是与中国戏曲美学息息相关的。检场人的存在,可

---

① 杨逤:《新剧运动与旧剧之改革——〈锦上花〉观后感》,彭小妍主编:《杨逤全集》第9卷,第380页。
② 齐如山著:《梅兰芳游美记(乙种本)》第2卷,商务印书馆1933年版,第47页。

以在观众的欣赏与演员的表演之间产生一种间离效果,避免观众过分入戏。这也正是布莱希特所追求的目标。因为"间离方法将观众那种肯定的共鸣的立场转变为批判的立场"①。

耍弄噱头,是旧戏中常见的现象,但在新剧演出中也不乏其例。特别是抗战时期大后方许多剧团,为了招徕观众,从导演到演员,都把大量精力花在了制造噱头上面。这种手法偶一为之尚可,但若长期如此,难免令观众反感。从戏剧艺术的纯洁性来讲,应该摒弃噱头。不过,杨逵没有用"噱头"这个词,而是用的"无厘头"。"无厘头"是粤语方言,它是故意把一些毫无联系的事物进行莫名其妙的组合,以达到搞笑目的,跟"噱头"虽名异却实同。杨逵认为:"艺术的本质是把作者的感情组织化、传达给他人","从灵魂深处以所有的生命力来创作"。所以,随意耍弄无厘头,就好比是"将文学视为等同于娱乐",是一种"低俗见解"②。

无视艺术的真谛,毫不顾惜观众的感受,只是随意卖弄噱头,耍弄无厘头,这无疑是在牺牲艺术而迁就个别观众。对于这种媚俗现象,杨逵是严厉批评的,他认为这类作家已经"远离了真正的艺术"③。1976年,夏潮编辑部对杨逵进行采访,杨逵以歌仔戏的"哭调"为例,再次表达了他对舞台上耍弄噱头现象的不满。

> 我认为文学作品除了反映时代之外,还要进一步带动时代。作家应该敏感,应该是在时代的前头。我要走的路就是这个路。像自然主义的记载式作品,像台湾歌仔戏的哭调,只是记录和反映时代表面现象,但哭哭啼啼是不能了解现象的根源的。④

---

① [德] 布莱希特著,丁扬忠等译:《批判的立场是一种非艺术的立场吗》,《布莱希特论戏剧》,第250页。
② 杨逵:《新文学管见》,彭小妍主编:《杨逵全集》第9卷,第305—306页。
③ 杨逵:《艺术是大众的》,彭小妍主编:《杨逵全集》第9卷,第136页。
④ 杨逵:《我要再出发——杨逵访问记》,彭小妍主编:《杨逵全集》第14卷,第165页。

> 目前不少人学西方一些沉迷没落的玩意,描写奇奇怪怪的东西,是无根的、迷失的,读者看不懂的。这些也等于是哭仔调,没出路的麻醉品。①

"哭调"是歌仔戏的主要曲调类别,它是"在日治禁演阶段生发出来的曲调。受传统大戏的影响很深,人们将被压抑的苦闷辛酸,以唱腔表现"②。作为一种音乐类型,"哭调"被运用于戏曲演出中本无可厚非,倘若没了"哭调",作为地方剧之一种的歌仔戏也就失其地方特色。但问题是,倘若以为凡是演出就必须用"哭调"才能传情达意,因此,不顾剧情需要,不顾观众感受,任意用"哭调"来欺骗观众,以为只要能让观众在剧场里哭得稀里哗啦就算演出成功了,这便是一种认识的误区,是对艺术的不负责任。这种现象,非但在歌仔戏剧团里存在,就是在新剧界也屡见不鲜,其危害在于,严重干扰了剧场演出和艺术欣赏。杨逵对歌仔戏中"哭调"的批评就是基于这个方面的。这在当时的环境中无疑是别有见地的。

还是在那次观看锦上花剧团演出后,杨逵说道:

> 我所看的戏码叫《冯仙珠定国》,这部戏好像很长,据说要连续上演十天左右。我只看了其中一集,所以不好对剧本表示什么意见。可是就我的感觉来说,好像和传统戏曲差不多。光在这一集里,就出现了很多次那种迷人的浪漫场面;神仙忽而一出场,忽而拿着"宝贝"扫平蕃人、俘虏蕃王,真是俗不可耐。但是,值得注意的一点是,这些场景渐渐对观众失去了吸引力,他们变得非常注意写实的场景。在这里,我看到我们落后大众许多。③

从杨逵的叙述来看,《冯仙珠定国》是一部连台本戏。连台本戏是清末民初

---

① 杨逵:《我要再出发——杨逵访问记》,彭小妍主编:《杨逵全集》第14卷,第171页。
② 陈芳主编:《台湾传统戏曲》,台湾学生书局2004年版,第93页。
③ 杨逵:《新剧运动与旧剧之改革——〈锦上花〉观后感》,彭小妍主编:《杨逵全集》第9卷,第378页。

随着舞台技术的发达在大上海首先出现的,后来影响到其他地方剧种。其特点就是多演神仙鬼怪、武侠凶案故事,且以机关布景为号召,以能否出新见奇为评判演出优劣之标的。在这里,杨逵为我们提供了重要信息。其一,他认为,"那种迷人的浪漫场面""和传统戏曲差不多","真是俗不可耐"。传统戏曲的演出,由于受舞台条件的限制,多以"写意"为主。对于那些神仙道化剧,非写意无以逗其情、达其观、炫其彩。但在杨逵看来,却是不能接受的。其二,他认为,观众"非常注意写实的场景","我们落后大众许多"。言外之意,我们戏剧工作者应该尽可能把实景搬到舞台,满足观众的欣赏诉求。其实,这就是以新剧"写实"的美学原则框范旧剧了。作为连台本戏,运用大量写实布景本是很自然的事,也是其特色所在,京朝派京剧与海派京剧的区别就表现在此。从当时广大观众的欣赏心理与戏剧环境来说,求新求奇的心理在某种程度上也是受一连串连台本戏的刺激,这种求新求奇的欣赏欲求与中国"写意"戏曲恰好是矛盾的。在这里,杨逵有意在牺牲传统戏曲的美而迁就观众。其实,这并非杨逵一人之主张,而是时代的必然反映。

当然,杨逵也并非无限度地迁就观众。单就用布景而言,写实的布景在舞台上搬用必会耗时,如果戏短的话,过度用实景只会喧宾夺主,干扰演出,造成不利影响。正如他在《评〈金公子娶亲〉》中所说:"四十多分钟的戏份做七八个场面,一景平均只有五六分钟,要是这样布景起来,休息的时间,便要比演戏的时间多出几倍了。利用布景的前提,场面必须重新整理一下,至少要有半个钟头以上的戏,才可以关一次幕,要不然,观众便会等得不耐烦。"① 由此看来,杨逵的考虑还是比较全面的,一方面主张以写实布景来布置舞台,另一方面也提醒戏剧工作者要有时空观念,空间设计要能根据时间长短来确定。否则,如果戏剧很短,却在里面不断地转换布景,极易出现错乱,给观众不好的印象,影响正常的艺术欣赏。

戏剧演出是有一定长度的。亚里士多德在给悲剧下定义时说:"悲剧是

---

① 杨逵:《评〈金公子娶亲〉》,彭小妍主编:《杨逵全集》第10卷,第367页。

古代戏曲研究　137

古代戏曲研究　173

① 杨迟:《评〈金公子娶亲〉》,彭小妍主编:《杨迟全集》第10卷,第367页。

对一个完整划一,具有一定长度的行动的摹仿",戏剧的动作要有头,有身,有尾,"因为有的事物虽然可能完整,却没有足够的长度。一个完整的故事由起始、中段和结尾组成。"①而且,这种长度应该以太阳的一周为界。一般而言,一台完整的戏剧演出大约是两个半小时。这种长度的戏剧在中国戏曲中叫大戏或本戏,它不同于三四十分钟的小戏。杨逵所说的用写实布景主要指的就是这类大戏,小戏则没有过多要求。如果考之中国戏曲,很多小戏确实也就一、两个场景,多靠演员载歌载舞的身段动作来完成,并不藉助过多的布景。倘若真的运用布景了,反倒会给演员的表演造成诸多不便。这种认识其实在杨逵本人的剧作中也有充分体现。

杨逵主张"写实",但也并非一味要求舞台布景采用实物,其标准是"真",只要是真的就好。他说:"艺术只要看起来是真的就好,并没有说一定要采用实物。"他还为自己"以前实在也太依赖道具,不太使用背景"而深为自责。但是,就锦上花剧团的演出而言,他认为:"'锦上花'并没有完全脱离传统的'无道具',还是让人物在屋外吃东西、谈话、睡觉。进一步改革舞台设计时,必须同时废除这种'无道具'和其他表演上的规则,例如拿马鞭表示骑马,抬高屁股表示坐轿子,以及门的开关及进出时的种种身段台步。骑马、搭车等动态不必搬上舞台,只要在后台用音响表现就好了。至于其他的身段台步,只要多想一想,多半不难用写实手法表现出来。"②其实,"拿马鞭表示骑马,抬高屁股表示坐轿子",这些程式性的动作本来是中国传统戏曲的特长,也是表演技术,是演员必备的基本功。杨逵一味地要抛弃这些,而要求"用写实手法表现出来",这种做法是否可取还是值得商榷的,至少应该根据具体演出、具体剧目做出具体安排。不过,杨逵在《金公子娶亲》中的批评倒是一针见血,深中肯綮的。

音乐固然要配合整个戏的进行,同时,一切角色的一切动作——一

---

① 〔古希腊〕亚里士多德著,陈中梅译:《诗学》,商务印书馆2003年版,第74页。
② 杨逵:《新剧运动与旧剧之改革——〈锦上花〉观后感》,彭小妍主编:《杨逵全集》第9卷,第379页。

古代戏曲研究　175

举手，一投足，一摆头也都要配合音乐。在歌剧里头所表现的生活与工作如有不合音乐的，演出来便不能和谐。这一点，除了员外、媒婆、家奴、小姐之外，都还没有做到理想，表情也不够。特别小生的旧剧特有的动作表情，好像拿马鞭出现在话剧场面，极不相称。[①]

这种以"旧剧特有的动作表情"，"拿马鞭出现在话剧场面"的现象在民初兴起的"文明戏"中确实存在，名伶汪笑侬就曾穿着西装皮鞋，拿着马鞭，在舞台上表演。其状不伦不类，妨害了观众的艺术欣赏。这种现象也最终导致观众抛弃演员，"文明戏"病入沉疴而日趋沦亡。

就舞台写实而言，与布景相应的无疑是灯光。在传统戏曲舞台上，并没有灯光的概念，白天黑夜一个样，观众完全可以根据剧情而对颠倒的时间熟视无睹。但是，随着照明器材引入现代剧场，灯光作为一种元素已经成为舞台的必备部分，并且直接参与了剧情的起伏进展。传统戏曲演出是否也需要遵循灯光的要求，这就牵涉到"写意"与"写实"的问题了。杨逵认为：舞台上要"先明确地区分出昼与夜。明明说是'三更时候'，照明却和白天没有点差别，这实在很好笑"[②]。很明显，这是在用话剧的写实手法来要求戏曲。这种把话剧导演技法硬搬到戏曲舞台上的现象，在今日愈渐明显，它严重破坏了观众对艺术的欣赏，很多时候出现台面上一片黑暗，观众什么也看不清的怪现象。当然，杨逵的可贵之处是，他充分考虑到观众的欣赏习惯，"如果场景是屋外，就留下一、两盏蓝灯，让人看得到舞台景象，而明亮的灯应该全部关掉。还有，只要背景上装上许多蓝色的小灯泡，月夜就会是月夜，星夜就会是星夜"，"如果场景是屋内，则配合剧中时代点上灯火就可以了。万一那样子太暗，看不清舞台上的动作，也可以像前面所说那样打蓝灯"[③]。

---

① 杨逵：《评〈金公子娶亲〉》，彭小妍主编：《杨逵全集》第10卷，第366页。
② 杨逵：《新剧运动与旧剧之改革——〈锦上花〉观后感》，彭小妍主编：《杨逵全集》第9卷，第380页。
③ 杨逵：《新剧运动与旧剧之改革——〈锦上花〉观后感》，彭小妍主编：《杨逵全集》第9卷，第380—381页。

其实,力求做到写实,不仅仅是杨逵对舞台的要求,也是他一贯的文学创作主张。在他看来,"我们的文章要写得又真又实,非有真实的认识与了解不可"①。"真正的写实主义是要捕捉真实状态下人与社会、或人与人之间关系。"②写实主义是台湾在日占时期形成的一股创作潮流。正如马森所言:"在'皇民化'的时期,表面上虽然不能不服从日本军方的命令,但实际上也有富有乡土色彩的演出","甚至有把民族感情偷渡的情形"③。关于写实主义,杨逵曾举日本作家立石铁臣氏的《艺能祭典之日》为例以说明:"人偶剧虽然好,但能和我们民众现在的积极精神相呼应的,无论如何,是现代戏剧成长后的东西吧。""真正的现实主义终究要立足在现实之中,使浪漫得以滋生;真正的现实主义不是虚无主义者的那种自然主义,它没有大爱是不会出现的。这需要锐利的眼光,不让任何事物蒙蔽双眼;这需要谦卑而坚定的决心,不让任何事物遮蔽心智。"④"立足在现实之中",这是杨逵所主张的现实主义创作的基本点,无论是他的小说创作还是剧本创作,皆不例外。正是因为有了这种坚守,杨逵的笔触才能深入民间疾苦,为普通劳动者而歌。这是杨逵的真正价值所在。但也正是因为特别强调立足于现实,杨逵的戏剧创作,有时才会出现"社会意识压过审美意识"的现象。⑤

## 三、结　语

作为一位现实主义作家,杨逵的创作立场一直是写实的。他多次谈到,文学艺术创作,不但要表现劳苦大众的生活,还要能够让他们看得懂。作为新文学作家,杨逵的戏剧主张是与当时新剧的取向合拍的。提倡写实主义,

---

① 杨逵:《文章的真实性》,彭小妍主编:《杨逵全集》第10卷,第371—373页。

② 杨逵:《新文学管见》,彭小妍主编:《杨逵全集》第9卷,第313页。

③ 马森著:《中国现代戏剧的两度西潮》,联合文学出版社有限公司2006年版,第153页。

④ 杨逵:《拥护粪便现实主义》,彭小妍主编:《杨逵全集》第10卷,第123页。

⑤ 胡星亮:《在狱中传递台湾现代戏剧精神——杨逵在1950年代台湾剧坛的意义》,《西南民族大学学报》2012年第9期。

让旧剧向新剧学习，在继承传统的同时注重创新，使戏剧真正为大众服务。由于杨逵一直坚守的草根立场和劳动者本位，他的剧作虽然学习新剧，但并未拘泥于新剧的规范，而是融入了许多传统因子。从而，使其剧作能真正成为由中国人用中国材料去写给中国人看的中国戏。虽然，杨逵的戏剧主张并不完善，甚至有些偏颇，但瑕不掩瑜，从整体来看，杨逵的戏剧主张适应了时代的需要，他的创作对台湾戏剧的发展做出了重大贡献。

（本文原载《戏剧艺术》2017年第4期）

# "花开桃李梅"引发的思考

## ——兼论戏曲的传承和接受问题

吴 彬

2017年6月3日下午,"花开桃李梅——十地方戏曲剧种《桃李梅》同城汇演"开幕式在吉林省长春市东方大剧院举行,从而拉开了十个地方剧种同城演出同一出戏的序幕。在此后历时一个月的演出中,越剧、秦腔、河北梆子、评剧、唐剧、吕剧、豫剧、茂腔、吉剧等剧种轮番登场,给初夏的长春市民带来了饕餮的艺术盛宴和美妙的艺术享受。十个地方剧种同城演出同一出戏,这在戏曲史上是一个创举,虽非绝后,但属空前,其意义与价值不言而喻。因此,比照传统并结合当下戏曲文化生态环境,从传承和接受的角度重新思考戏曲发展走向问题,显得尤为重要。

## 一、从传统"唱对台戏"反观"同城汇演"现象

中国戏曲在"冲州撞府"流动演出的过程中,曾形成"唱对台戏"的传统,往往是两个异地戏班不期然地在同一地点相遇,有时候也是当地"写戏人"有意为之。这些戏班为了争取更大的生存空间,必须以其高超技艺把别的戏班给压下去,从而获得当地观众认可,提高本班知名度,扩大演出市场,赚取更多戏金。这是旧时戏班存活下来的出路所在,也是艺术市场优胜劣汰的残酷法则,是旧时班社艺人为求生存的必然选择。在这个过程中,一方面会出现戏班内部主演与班主之间的不和,另一方面也会造成戏班与戏班之间的矛盾,甚至出现械斗事件。这种现象在中华人民共和国成立之前是很常见的,甚至有的戏班为了抬高自身将对方打垮,采取釜底抽薪的办法,

古代戏曲研究　**179**

把对手中的好角儿以重金挖过来，使本来在"唱对台戏"中占尽上风的班社一夜之间陷于瘫痪。如果挖角儿不成就抢，抢不得就一不做二不休，把那个好角儿给干掉，使这个戏班彻底垮下去。这种带有野蛮性、掠夺性和血腥味的做法，是残酷的竞争社会的常态。其实，在"唱对台戏"的时代，两个戏班比拼，并非争的是艺术水平的高下，他们比的是谁的戏收煞得最晚，收煞最晚就是赢家，当时以挂灯为号。这种评价尺度自然影响到台上演出，甚至影响到中国传统戏的剧目创作和结构编排。为了证明本班实力，很多演员就卖命地唱，原词唱完了，就想方设法把其他剧目中的唱段搬过来，加入进去，甚至也不管这段唱是否合乎剧情需要。中国很多地方剧种中的"路头戏"多半是在这样"应景"的环境中形成的。就演员而言，一般都掌握许多"篇子"（或称"赋子"），只要演出需要，随口可来。这种重唱现象，考验的是演员的嗓子，是唱功，前辈艺人中许多嗓子好的角儿就是在这样的环境中锻炼出来的。还有就是为了吸引观众，在舞台上刻意炫耀技艺，也不管这些技艺是否游离于剧情，只要能够吸引观众眼球，拖住他们，就算赢了。其实，中国传统戏曲的技艺发展到烂熟水平与这种"唱对台戏"是大有关系的。再者就是演唱中添加水词，插科打诨的多，东扯西扯延宕舞台时间。从戏曲文学性和戏剧性的角度来讲，这些都是赘疣，是妨碍艺术整一性的，应当删去。但在那个时代，观众对此司空见惯，也就习以为常了。而且，也与当时的观戏心态有关，观众去看戏，就是"找乐子"的，并不在意其艺术质量的优劣高下。

"花开桃李梅"的演出，从表面来看，十个剧种同城汇演，似有"唱对台戏"的意思，实则它是另一种现象。就这次"花开桃李梅"演出本身而言，十个剧种同城演出同一出戏，但不是同时演出，不是"唱对台戏"，而是连续性的演出，是"你方唱罢我登场"，各自展现自身的艺术魅力。传统的"对台戏"往往是同一个剧种的戏班，同一个时间在同一个地方，唱的不是同一个剧目；"花开桃李梅"则是不同剧种的剧团，不同时间在同一个地方，唱同一个剧目。如果前者比拼的是谁的戏舞台时间最长的话，后者则是比拼谁的戏演技最高。前者看重的是所演剧目的容量，后者看重的是所属剧种的特色。十个剧种演出同一个剧目，每个剧种是怎么演的，它们的剧种特色又是什么？其最大看点便在此，观众的审美期待也在此。曲学大家吴梅在谈到中国戏曲时说："无与于文学之事矣。"[①]盖言中国戏曲不注重剧本的文学性，而重在舞台的观赏性。长期以来，中国戏曲观众养成了一种期待心理，看戏就是找乐子的，是看台上的玩意儿的，也就是看演员唱得好不好，技艺怎么样，扮相又如何。至于戏曲故事本身，关注度并不大。这也正是中国传统剧目能够一再搬演的关键所在。因此，就这次十剧种同城汇演来说，故事本身不是主要的，而是剧种本身，十个不同剧种的《桃李梅》分别是什么样子的，这才是真正吸引观众的地方。由此，便牵涉戏曲的移植和改编问题。

## 二、从移植改编审视剧种特色和"戏保人"现象

中国传统戏曲存在着一种奇特现象，就是剧种不同，但往往会演出同一个剧目，而且这个剧目往往都能成为该剧种的经典保留剧目，一直传唱不衰。在传唱过程中，给观众留下深刻记忆的往往就是该剧种某位演员，至于它的剧作者早就湮没无闻，这类作品属于"世代累积型"的作品。譬如《秦香莲》，几乎各个剧种都有，许多剧种都把它当作看家戏来演，由此涌现出众多艺术名家，像京剧的张君秋、评剧小白玉霜和豫剧张宝英等，都擅演此剧，而且都拍成了电影。另如《白蛇传》，京剧、豫剧、越剧、川剧、评剧、婺剧、秦腔、粤剧、河北梆子等剧种，都擅演此剧。这是中国戏曲常见的移植改编现象，与今日许多剧团一直强调原创剧目大不一样。它牵涉到"戏保人"还是"人保戏"的问题，甚至直接关系到中国戏曲的传承发展问题。"戏保人"的戏，戏本身好，适合于众多剧种、剧团和演员搬演，不管是由谁来演，都不会演得太差。假如某个演员突然生病或临时有事不能演出，别的演员也能马

---

① 吴梅著：《中国戏曲概论》，岳麓书社2010年版，第77页。

古代戏曲研究　181

上登台救场，也不会出现"人亡戏绝"的现象。这个演员去世了，其他演员照样能演此戏，这出戏照样能流传下去。"人保戏"则不然，很多戏必须有好角儿才能撑起来，甚至某出戏只适合某个演员来演，一旦这个演员出现事故，戏只能停演。如果一个戏一旦停演，对剧团的票房收入影响是很大的，甚至关系到剧团在观众中的声誉。如果是"戏保人"的剧目，就可以尽量避免出现这种情况，或者把危险程度降低到最小。当前不少剧团，花大力气打造一出原创剧目，希望能够拿全国大奖，往往本团要么缺角儿，要么是没有适合的角儿，就从外面剧团临时聘请名角儿担纲主演。从某一方面来讲，这也与如今剧目生产有直接关系，这类原创剧目属于"人保戏"的剧目，必须好角儿来演，而非"戏保人"的剧目。这种现象值得当前戏曲创作者们深刻反思。戏曲的传承，更需要的是"戏保人"的剧目，因为它关系到剧目更大范围的推广和传播。

这次同城汇演《桃李梅》，真正可以称得上是"角儿"的演员，只有豫剧名丑金不换，但在该剧中他并非主演，真正的主演是饰演花旦袁玉梅的郭桂叶。很有趣的现象是，在十个剧种分别演绎的《桃李梅》中，从整体效果来看，被观众评价最高的是并非名角儿领衔的河北梆子和吉剧。这两个剧种的演出，其中担纲主演袁玉梅的演员都不是名角儿，都是年轻后生，特别是吉剧，其主演唐晓凤才24岁，正在中国戏曲学院读本科。就在该剧演出之前，她还曾担心会不会被派上舞台去做主演。后来的事实是，她有幸做了主演，并以自己的出色表现赢得观众好评。这一事例足以说明，"戏保人"的剧目，无须动用名角儿，也能成就一台圆满的演出。倒是有名角儿担纲的豫剧《桃李梅》，从这次演出效果和观众反应来看，并不能让人满意。正如有的观众所言："当粗制滥造的LED屏显搭配上本有名角儿演出的豫剧《桃李梅》，就像是老坛酸菜方便面主场的《深夜食堂》，生生毁了一段情怀啊……"那位观众的感叹，其实牵涉剧种特色和艺术表现问题。

《桃李梅》是20世纪50年代，吉剧诞生初期出现的一个新编传奇剧目。从编写时间和环境来看，它是新的。但从舞台呈现来看，它又是传统的。不但故事传统，而且台上的脚色行当、表演技巧、艺术手法等也都是传统的。传统戏有一个重要特征，就是有严密和精细的行当分工，它可以充分调动各个行当演员，将其技艺发挥到最好状态。《桃李梅》这个戏，行当是很齐全的，生、旦、净、丑都有，这样就给演员留下了充分的表演空间，可以一逞演技。就吉剧而言，因其是在二人转基础上发展起来的剧种，在演出中就充分运用了二人转表演中常见的手帕，比如第二场"吵家"，封氏和丫鬟出场，各拿一块手帕，并做"舞帕"动作。第三场"闺戏"，袁玉梅出场，不但运用了手帕，还运用了折扇。据初排导演金玉霞回忆，她接到排戏任务后，首先就明确了方向，《桃李梅》的舞台形象"必须保持和发扬二人转的艺术特色"。因此，她在熟悉和把握了二人转的艺术手段之后，"尽可能把它们揉到《桃李梅》的导演手法中去。比如，玉梅一出场，便运用了二人转的扇子和手绢，而且在'闺戏'一场，把二人转的舞蹈移植过来，让三姐妹的舞蹈动作带上了二人转舞蹈的特点。这不仅使场上的气氛有了东北人民熟悉的二人转的情趣，而且也有利于表现人物性格。这里的舞蹈，已经不是单纯的舞蹈，而是和人物思想性格紧紧结合在一起，是塑造人物性格的艺术手段了"[①]。这种让袁玉梅手拿折扇和手绢出场的表现形式，被秦腔、豫剧、河北梆子等剧种吸收了过来，并有所发挥。譬如秦腔名旦袁丫丫，擅长水袖功和耍手帕，在袁玉梅出场之时，就很好地展示了她的绝技。就剧种移植来说，不同剧种在移植过程中可以根据本剧种特长，展示各自的绝活儿。特别是对于行当齐全的剧种，在这方面更有优势。比如豫剧，其须生唱腔素有"十生九唐"之说，在该剧中，饰演袁如海的张国朝一上场就是豫剧唐派的二本嗓，甚有韵味，也符合行当人物特征。而豫剧名丑金不换饰演的赵运华，则充分展示了豫剧牛派绝活儿——帽翅功。

对于行当不齐全的剧种，比如以小生和花旦为主的越剧来说，就不仅仅是简单的移植了，必须改编。一方面要使改编后的本子适合本剧种的行当

---

① 金玉霞：《不离基地——导演吉剧的一点体会》，华迦、关德富编著：《吉剧艺术》，文化艺术出版社1982年版，第230页。

特色，另一方面也要适合本剧种的艺术风格。《桃李梅》是吉剧原创剧目，属于北方剧种，而且它的故事背景就发生在东北。[①]虽然，越剧在其形成和发展过程中也曾进行过净行和丑行的创造，甚至出现了茅胜奎、张小巧等为数不多的优秀的净、丑行演员。但整体来看，越剧的净行和丑行还是不发达的，很多剧团并不具备演出这两个行当脚色的条件和能力。所以，在改编过程中，越剧对吉剧的本子进行了大胆改动。其一是行当的改动。一是把丑行脚色赵运华改成小生扮演，易名为赵云华，演员任志莲师法越剧著名小生流派"尹派"，把"尹派"小生那种"文雅温柔""朴实而不呆板"的特色很好地表现了出来；二是把净行脚色方亨行改成老生扮演，易名为郎亨行。其他几个次要脚色也有改动。其次是情节的改动，主要集中在"闹园"那场戏。一是为了劝燕文敏连夜离开袁府，袁玉梅假扮二姐袁玉李，和燕文敏在花园相会。在吉剧本和其他剧种演出本中，都是袁玉李本人在花园和燕文敏相会，并由袁玉梅从中设计，劝走燕文敏。二是郎亨行带领家丁夜闯袁府，在花园里，封氏智斗郎亨行，袁玉梅假扮算命先生出场。假扮算命先生的情节，在其他几个剧种的演出中是没有的。这两处情节的改动，使得剧情更曲折，更有戏剧性。其三是场面的改动，主要就是"遇友"那场戏。袁玉梅女扮男装进京途中，与鸿学勤相遇，并同船共渡。结合当时情境，越剧增加了诗情画意的场面，营造出江南水乡的风俗韵味，既符合越剧风格特色，也增强了舞台美感，受到观众好评。

## 三、从舞台装扮重塑戏曲的"美"

中国戏曲是追求美的艺术，唱腔美，身段美，扮相美，台上演员的一颦一笑、一举一动都要给人一种美的享受。这与写实话剧把"真"的追求放在第一位是截然不同的。

---

① 华迦、关德富：《吉剧概述》，华迦、关德富编著：《吉剧艺术》，文化艺术出版社1982年版，第230页。

中国戏曲有句行话:"宁穿破,不穿错。""破"并非是指所穿衣服破旧,"而是要使服装服务于剧中人的身份和剧本所规定的情节"①。这是对台上演出所穿服装的规定。旧时的戏班有专门的衣箱师傅,称作"箱倌",主要负责演员上场所需戏衣。传统戏曲舞台上,戏曲服饰大致采用的是宋明时期的风格,且以明代为主。所以,不管是表现先秦题材,还是汉唐宋元与明清题材的故事,演员所穿戏衣都一样,并无二致。凡是皇帝上场,都是明黄色滚龙蟒袍,头戴旒冕。生行文官上场,根据品阶不等,身穿不同颜色的蟒袍,头戴双翅乌纱。中级以下的文官则穿类似蟒袍但无满身纹绣的官衣,如该剧中丑扮官员赵运华。中国戏曲是程式性极强的表演艺术,其程式化的表现,不仅仅在于舞台上的行当技巧,还有脸谱图案、行头服装及其颜色。穷生所穿必然是黑色带有补丁的富贵衣,不能穿成别的颜色。服装程式化的好处在于:首先,观众一看戏衣就大致可以推测该角色是什么样级别和性格的人物;其次,给表演留下充分的空间,演员可以根据行当特色运用本行当的技巧来表现人物,这个时候中国戏曲中一些技巧性很强的玩意儿就会呈现出来,比如扇子功、帽翅功、靴子功等。就戏曲服装而言,它已经成为塑造人物形象的一种外在手段。戏曲舞台上,装扮向来是非常讲究的,什么样的人穿什么样的衣服,戴什么样的帽子,都是有明确规定的,很多时候并不是单纯根据历史事实来确定。正如学者所言:"戏曲的靴、鞋与其行头,盔头等共同构成戏曲服装的完整体制。靴、鞋的样式,选料、花色,制法均有严格的传统格式。与各行当的表演基本功密切相关。并且什么人物穿什么靴,鞋,都有一定的规矩。"②

　　这次十个剧种同城汇演,整体上,还能够根据行当特色装扮,但也有个别细微之处,或者是台上演员的疏忽,或者是剧团刻意创新,以致出现错穿或不伦不类的现象。比如吕剧演出"遇友"那场戏,跟随袁玉梅女扮男装的书童本该穿薄底的便鞋,却穿成了厚底云头靴。从舞台画面看,其他三个

---

① 吴小如:《台下人随笔》,蒋锡武主编:《艺坛》第五卷,上海书店出版社2007年版,第83页。

② 尤宝诚等主编:《美术辞林·舞台美术卷》增补本,陕西人民美术出版社1989年版,第243页。

古代戏曲研究　185

演员身材都高，这个书童个子太矮，可能是考虑到整体观感效果，希望穿上高靴抬高演员身高。但明显是穿错了，忽视了角色的身份和地位。再者就是最后"拜堂"那场戏，除了河北梆子外，其他几个剧种都严重出现头饰戴错的现象，袁玉李和袁玉梅姐妹俩竟然都戴上了凤冠。根据古代社会的礼仪制度，凤冠霞帔乃皇家御用之物，原为宫中专用。到了明代，虽然诰命夫人、文官妻子，甚至庶人女子在结婚时都可以穿戴凤冠霞帔，一些传统剧目在表现此类场面时也确实常有穿戴凤冠霞帔的现象，但是，在这个戏里却是不行。因为在"闹园"那场戏里，情节已经交代得很明白，封氏提出，要想娶她的女儿，必须依她三件事，就是头戴凤冠，身穿凤衣和凤裙，半副銮驾来迎亲。封氏心里明白，"三宗物件在宫门"，这种排场是皇家礼仪，普通老百姓是不能享用的，她就是想以此为借口拒掉这门亲事，让方亨行知难而退。而且，后来袁玉梅之所以能够扳倒方亨行，就是靠的方亨行在婚约上留下的这三款罪证。这是欺君之罪。如果结尾那场戏，袁氏姐妹也戴凤冠的话，同样是犯了欺君之罪，这与方亨行何异？所以，这个戏里，袁氏姐妹在婚礼场面是不能戴凤冠的。河北梆子比较讨巧，让角色都顶上红盖头，从而避开了戴凤冠的场面。这个问题提醒我们，戏曲舞台上着装是有严格规定的，纵然现实中可能出现的场面，在戏曲舞台上若与剧情不相符也不能使用。这也正应了戏曲中的行话："宁穿破，不穿错。"这里的"错"不是与现实生活相比的对错，而是在戏曲舞台上，在戏曲审美中的对错。这个例子也再次说明，戏曲是一门综合艺术，它牵涉许多学科知识、文化知识，对演职人员的要求是很高的。还有就是头面。传统戏曲中丫鬟梳水头，而且梳的是抓髻头。这种发式是清代秦腔名旦魏长生的发明。[①] 但豫剧版的丫鬟刻意创新，采用了古装头，完全改变了传统戏曲舞台上的丫鬟发式，给人一种不伦不类的感觉，与整体的舞台风格极不协调。古装头是清末戏曲改良运动中，"在新编的古装戏里，由旦角演员冯子和、欧阳予倩、梅兰芳等人参考敦煌壁画及

---

① 刘月美著：《中国京剧衣箱》，上海辞书出版社2002年版，第14页。

186　曲苑拮梅：黄梅戏与古代戏曲卷

古代仕女画装束，同时又借鉴外来电影、戏剧艺术的装扮技巧"而新创的。①
豫剧版《桃李梅》中旦角的发式，走的就是这条改良创新的路子。但从演出
效果来看，并不能让人接受，给观众一种妖艳的感觉。中国戏曲是讲究美
的，美是它的极致。所以，我们看舞台上，不管是丑行，还是净行，都要追求
一种美感，不管是吃东西，睡觉，还是哭笑，都要美观，运用改良后的装扮并
非不可，但一定要照顾到舞台整体和观众的审美感观。

　　"花开桃李梅——十地方戏曲剧种《桃李梅》同城汇演"已经落下帷幕，
作为戏曲史上的首创，它有重要的价值和意义。这次汇演的经验值得总结，
其不足也需要认真反思，它关系到戏曲的传承和接受问题。

（本文原载《戏剧文学》2017 年第 9 期）

---

① 黄钧、徐希博主编：《京剧文化词典》，汉语大词典出版社 2001 年版，第 51 页。

# 从"诗品"到"曲品"：
## 论吕天成、祁彪佳的曲品批评

汪　超

　　"品"作为艺术鉴赏的批评形态，从汉代鉴识人物转至艺术领域，成为文人喜好的文艺批评方式，涉及诗、词、书、画、戏曲、小说等领域，其中"画品"有谢赫《古画品录》等、"书品"有张怀瓘《书断》等、"诗品"有钟嵘《诗品》等、"词品"有郭麟《词品》等、"文品"有许奉恩《文品》等。品评风气同样弥漫于明代曲坛，呈现出相对突出的戏曲品评现象，先后有朱权《太和正音谱》、吕天成《曲品》、祁彪佳《远山堂曲品·剧品》、高奕《新传奇品》等较为完整的曲品著作，此外尚有王骥德《曲律·杂论》提及两则材料：一为"词隐《南词韵选》，列上上、次上二等"[①]；一为"余欲于暇中仿《辍耕》《正音》二书例，尽籍记今之戏曲，且甄别美恶，次为甲乙，以传示将来。恨未能悉见所有"[②]。可见，沈璟与王骥德二位戏曲专家也有涉及"曲品"范畴的材料。

　　检阅关乎"曲品"研究的系列成果，多涉及吕天成、祁彪佳品评戏曲功能、语言、结构等理论的探讨，如赵景深《祁彪佳〈曲品〉、〈剧品〉》、齐森华《〈远山堂曲品、剧品〉臆说》等文，总结批评各自"曲品"的理论价值和思想局限。所以本文试图从诗文品评的范畴入手，意在从外在批评形态和内在批评准则的演绎角度，展现明代以吕、祁为代表的"曲品"价值。

## 一、"诗品"范式的移植与借鉴

　　明代文人涉足戏曲品评的阐述，相对于诗文抑或书画领域而言略晚，

---

① 〔明〕王骥德：《曲律注释》，上海古籍出版社2012年版，第341页。
② 〔明〕王骥德著，陈多、叶长海注释：《曲律注释》，第328页。

所以吕、祁"曲品"探究的切入，存在品评范式的移植借鉴或者不谋而合之处，共同构成"品"的独特魅力。此处标列而出的"诗品"范式，并非仅限钟嵘《诗品》的体制形态，而是泛化为诗词、书画等领域，吕天成等曲家关于戏曲品评的阐述，一方面直接延续传统的品评模式，吕天成《曲品·序》云："仿钟嵘《诗品》、庾肩吾《书品》、谢赫《画品》例，各著论评，析为上、下二卷"①，将诗文品评的形态移植引入戏曲领域，丰富戏曲批评的外在形式和理论内涵；另一方面受到明代批评风气的熏染，高棅《唐诗品汇》、杨慎《词品》、李开先《中麓画品》等，纷纷展开各自领域的文艺品评。同时，沈璟、王骥德与吕天成等曲家亦师亦友，都有涉及戏曲品评范畴的论析，成为明代"曲品"深入阐释的时代背景。梳理传统诗文、书画等的品评，存在较具特色的品评范式，反映在"曲品"的移植借鉴大致有如下三个层面：溯源得委的流派意识、品第高下的比较意识、意象譬喻的审美意识。

首先，溯源得委的流派意识。吕天成《曲品》品评曲家90人和作品192部，面对如此众多的曲家作品，吕氏标示出明确的流派意识："予虽不遵古而卑今，然须溯源而得委，仿之《诗品》，略加诠次，作《旧传奇品》"，钟嵘《诗品》作为诗学领域品评的典范，清代学者章学诚评价为"深从六艺溯流别也"②，而《曲品》流露出的流派意识大约在于：一是风格倾向的流派。"今人不能融会此旨，传奇之派，遂判而为二：一则工藻缋少拟当行；一则袭朴淡以充本色"，从风格角度区分为"藻缋"与"本色"两派，其中针对"玉茗派"评《拜月亭记》曰："元人词手，制为南词，天然本色之句，往往见宝，遂开临川玉茗之派。"尤其是嘉隆曲坛追求骈俪的风尚，如评郑若庸《玉玦》："典雅工丽，可咏可歌，开后人骈绮之派"，明确标出诸家之间的前后关联；二是地域群体的流派。《曲品》评谢谠《四喜记》提出"上虞有曲派，此公甚高"，按其著录评议的上虞曲家大约包括谢谠、郑祖法、车任远、朱期、赵于礼等人。

---

① 〔明〕吕天成撰，吴书荫校注：《曲品校注》，中华书局2006年版，第1—2页。下文所引《曲品》引文皆出此书。

② 〔清〕章学诚著，叶瑛校注：《文史通义校注　附校雠通义》，中华书局1985年版，第1页。

祁彪佳《远山堂曲品》也有对骈俪曲派的梳理，认为最早源自贾仲明《金安寿》（又名《度金童玉女》），其流则有梅鼎祚《玉合》"骈俪之派，本于《玉玦》"等。所以，吕、祁针对源流原委的梳理，并非作家作品的简单罗列，而是体现出强烈的曲史意识。

其次，品第高下的比较意识。重视纵向溯源梳理的同时，尚有横向的高下比较，六朝时期的品评著作受到当时人物品评风气的影响，借用第一、第二、第三等，或者上、中、下三等九品的排列顺序进行高下先后的等次评定。钟嵘《诗品》按照"三品升降"品第122位五言诗作家，所以"品"存在品评的批评指向：一是设置高下品级，一是评定优劣特质，同时"评"、"品"又有差别："评"重在评论作家作品自身的内容；"品"则辨明作家作品之间的高下，更加突出品第优劣的比较意识。体现在"书品"如李嗣真《书后品》分为上、中、下三品，"画品"如朱景玄《唐朝名画录》云："以张怀瓘《画品》断神、妙、能三品，定其等格，上、中、下又分为三。其格外有不拘常法，又有逸品，以表其优劣也。"[①]明代"曲品"也有沿袭这一思路，朱权《太和正音谱》评元代曲家即有前后主次的态度，如马东篱"宜列群英之上"、白仁甫"宜冠于首"、张鸣善"诚一代之作手，宜为前列"等。吕天成《曲品》也对"新传奇"进行高下评定，如将汤显祖与沈璟二人同时列为"上之上"，并且二者之间略有区分："予之首沈而次汤者，挽时之念方殷，悦耳之教宁缓也。略具后先，初无轩轾。允为上之上。"将曲坛争议较大的汤沈之辩纳入品第的批评范畴。

最后，意象品评的审美意识。以意象譬喻风格特征较早见于袁昂《古今书评》，如"卫恒书如插花美人，舞笑镜台"；"孟光禄书如崩山绝崖，人见可畏"等[②]。钟嵘《诗品》也有具体品述各家风格，如"中品"论述范云、丘迟云："范诗清便宛转，如流风回雪。丘诗点缀映媚，似落花依草"，形象具体地描述勾勒起到画龙点睛的妙处。涉及"曲品"范畴则有朱权论"古今群英乐府格势"选取意象分别品评元明曲家，其中立动物之"象"如"马东篱

---

① 何志明、潘运告编著：《唐五代画论》，湖南美术出版社1997年版，第76页。
② 〔南朝梁〕袁昂：《古今书评》，《历代书法论文选》，上海书画出版社1979年版，第75页。

之词,如朝阳鸣凤",立自然风景之"象"如"费唐臣之词,如三峡波涛",立人物之"象"如"王实甫之词,如花间美人"等①,构建的意境偏于空灵蕴藉之美。王骥德《曲律》曾借用意象品评汤、沈如"新出小旦"与"老教师登场"②,形象生动地点拨出二人的不同风格。祁彪佳则多于文词、结构等品评,其中文词方面如祝长生《红叶》"葩藻之词,如三峡波涛,随地委折",戏曲结构方面如王元寿《空缄》"此记贯串如无缝天衣"等③。

所以,吕天成、祁彪佳关于"曲品"的展开,基本延续诗文、书画领域品评的体例,移植借鉴传统的品评体形态,同时结合明代戏曲文体的时代演变,从而构成明代"曲品"的独特风貌。

## 二、诗学批评思想的介入与演变

吕天成、祁彪佳"曲品"移植借鉴于"诗品",不只体现于体例形式的外在表现,更重要在于诗学批评思想的介入,流露出明代戏曲批评的曲本位观念,同时又力图传奇戏曲文体的建构确立,折射出戏曲批评向剧本位观念也即戏曲综合体性辨析认知的转变。

"曲品"虽然面向元明时期的戏曲文体,但依旧无法摆脱传统文人的批评视野,时时流露诗学批评思想的介入,吕天成明言其所效仿钟嵘的《诗品序》云:"观王公缙绅之士,每博论之余,何尝不以诗为口实。随其嗜欲,商榷不同。淄渑并泛,朱紫相夺,喧议竞起,准的无依"④,意在品第高下以实现诗坛准的可依,钟嵘品诗的现实针对性非常明确。吕天成指向曲坛利弊的用意也很明显,其《曲品序》记载:"予曰:'传奇侈盛,作者争衡,从无操柄

---

① 〔明〕朱权撰:《太和正音谱》,俞为民、孙蓉蓉主编:《历代曲话汇编·明代编》,黄山书社2009年版,第32—33页。

② 〔明〕王骥德著,陈多、叶长海注释:《曲律注释》,上海古籍出版社2012年版,第284页。

③ 〔明〕祁彪佳:《远山堂曲品》,中国戏剧研究院编:《中国古典戏曲论著集成》六,中国戏剧出版社1959年版,第564—569页。下文所引皆出此书。

④ 〔南朝梁〕钟嵘著,周振甫译注:《诗品译注》,中华书局2004年版,第22页。

古代戏曲研究 **191**

而进退之者。矧今词学大明，妍媸毕照，黄钟瓦缶，不容并陈，白雪巴人，奈何混进？子慎名器，予且作糊涂试官，冬烘头脑，于曲场张曲榜，以快予意。何如？'生笑曰：'此段科场，让子作主司也。'"认为品第曲坛"黄钟瓦缶"与"白雪巴人"的混乱局面十分必要，这也与曲家祁彪佳的观点不谋而合，"予操三寸不律，为词场董狐，予则予，夺则夺，一人而瑕瑜不相掩，一峡而雅俗不相贷，谁其能幻我以黎丘哉"。可见"曲品"具有较为浓烈的"试官"和"主司"意味，试图整顿曲坛秩序以促进曲坛良性发展。

吕天成依旧延续诗学批评的术语，以"当行"、"本色"作为品评曲坛的标准，"第当行之手不多遇，本色之义未讲明。当行兼论作法，本色只指填词。当行不在组织饾饤学问，此中自有关节局概，一毫增损不得；若组织，正以蠹当行。本色不在摹勒家常语言，此中别有机神情趣，一毫妆点不来；若摹勒，正以蚀本色"。早在南宋严羽《沧浪诗话》就提出"大抵禅道惟在妙悟，诗道亦在妙悟。[……]惟悟乃为当行，乃为本色"[1]，严羽借以禅理来喻诗论，道出熟参各类诗歌作品以妙悟"本色"的真谛并形成浑然天成的艺术境界。"当行"、"本色"术语进入戏曲理论批评内涵丰富，涉及戏曲文词语言、表演风格等方面，强调朴素、自然的审美标准。吕天成则将二者分立别说，特意细化二者各自的内涵指向："当行"在于整体布局结构，"本色"倾向文词审美趣味，强调戏曲文学范畴的文体要求，同时又指出"殊不知果属当行，则句调必多本色；果其本色，则境态必是当行"，肯定各自关联的"句调"、"境态"两途，对于戏曲文体体性整体呈现的统一性。

吕天成从"当行"、"本色"入手，实又指向意境和趣味的审美追求，成为其品评元明曲家和曲作的重要元素。吕天成界定"当行"已从"境态"着眼，同时辨析传奇与杂剧文体也说："杂剧但撷一事颠末，其境促；传奇备述一人始终，其味长。无杂剧则孰开传奇之门？非传奇则未畅杂剧之趣也。"分别辩论杂剧于"境"、传奇于"味"两途的长处，而落实至具体戏曲作品的

---

[1] 〔宋〕严羽著，郭绍虞校释：《沧浪诗话校释》，人民文学出版社1961年版，第12页。

谈论，"味"与"境"则又称为其品评的关键词。

"味"与"境"作为诗学批评术语并不陌生，钟嵘《诗品序》明言："五言居文词之要，是众作之有滋味者也，[……] 干之以风力，润之以丹彩，使味之者无极，闻之者动心，是诗之至也"[1]，其讨论五言诗的重要标准就在意味深远，其后诸如唐代王昌龄、皎然、司空图诸家说诗也都提出"味外之旨"的审美追求。吕天成品评曲作关注"曲味"如"《杀狗》：事俚，词质。[……] 词多有味"，"《四节》：初出时甚奇，但写得不浓，只略点大概耳，故久之觉意味不长"，"《风教编》：一记分四段，仿四节体，趣味不长"，"《白练裙》：曲未入格，然诙谐甚足味也"。同时还以"致"作为关键词，如评"《灌园》：有风致而不蔓，节侠具在"，"《桃符》：宛有情致，时所盛传"，"《存孤》：事甚奇，词亦雅，且有风致"，无论肯定与否都立足戏曲文本整体审美趣味的追寻。

诗境的讨论同样见于唐代皎然《诗式·辨体有一十九字》："夫诗人之思初发，取境偏高，则一首举体偏高；取境偏逸，则一首举体偏逸"[2]，境界的构建成为诗人创作的文体自觉。吕天成《曲品》多次出现诸如"境界"、"佳境"、"苦境"、"情境"等词，并且品评戏曲境界多集中于汤显祖、沈璟、徐渭等名家名篇，如评《牡丹亭》"著意发挥怀春慕色之情，惊心动魄。且巧妙叠出。无境不新，真堪千古矣"。而平庸的作品则运用"腐境"、"酸境"等词，如"《彩楼》：作手平平，稍入酸境，且是全不核实"，"境"不仅作为理论批评的支撑点，而且视为戏曲品格的审美理想。同时，"境"与"情"出现连用："情同境转""真情苦境""境惨情悲""有境有情""情境亦了了""虽有情境，殊失事实""第情境犹未彻圈"，将明代戏曲普遍阐扬的"情"与"境"连接起来。这既是对于诗论情境说的印证阐释，又是明代戏曲主情说的理论附着。

可见，吕天成从"当行"、"本色"入手，发掘戏曲文体"境"与"味"的审美趣味，足以体现其品评的曲本位观念，侧重于戏曲文学意味的强调。但

---

① 〔南朝梁〕钟嵘著，周振甫译注：《诗品译注》，中华书局2004年版，第19页。
② 〔唐〕皎然著，李壮鹰校注：《诗式校注》，人民文学出版社2003年版，第69页。

同时吕天成又进行剧本位的综合思考,对于传奇戏曲文体整体特性的品评辨析,也完成从诗学批评向曲学批评的转变建构。

吕天成品曲于情境、趣味的强调之外突出戏曲格律的重要,如评"《双卿》:景趣新逸,且守韵调甚严,当是词隐高足","《投桃》:甚有情趣,且知守韵律,尤为可喜",两部作品都属于上品之列,对于趣、律双美的作品赞赏有加,这尤其表现在对于晚明曲坛汤、沈二人的争议,吕天成首先肯定王骥德"松陵具词法而让词致,临川妙词情而越词检"的点评,认为二人"略具后先,初无轩轾。允为上之上",并且高度评价"此二公者,懒作一代之诗豪,竟成千秋之词匠,盖震泽所涵秀而彭蠡所毓精者也"。不仅如此,吕天成进一步提出调谐的思路,"倘能守词隐先生之矩镬,而运以清远道人之才情,岂非合之双美者乎?"明确填制戏曲格律、文词必不可少,并意识到汤、沈二人各有所长,从而摒弃优劣而合之双美。此外,"曲品"还时时关注填制戏曲之"法",体现出强烈的戏曲文体思想,如"卷下"评《琵琶记》曰:"其词之高绝处,在布景写情,真有运斤成风之妙。串插甚合局段,苦乐相错,具见体裁。可师,可法,而不可及也",针对情节、文词、布局等作法一一品判。此外还旨在传奇文体的树立,如评"《双环》:此木兰从军事,今增出妇翁及夫婿,串插可观。此是传奇法","《霞笺》:此节心坚金石传,死者生之,分者合之,是传奇体"等,完成对于戏曲综合体性的整体审视。

祁彪佳也在《曲品叙》表明"韵失矣,进而求其调;调讹矣,进而求其词;词陋矣,又进而求其事。或调有合于韵律,或词有当于本色,或事有关于风教,苟片善之可称,亦无微而不录",明确指出调、词、事三大品判依据,并且认为"故求词于词章,十得一二;求词于音律,百得一二耳。品中虽间取词章,而重律之思,未尝不三致意焉"。所以从祁彪佳品评具体作家作品可见,已然存在从曲词向场上的关注,如评"《玉杵》:文彩翩翩,是词坛流美之笔。[……]然律以场上之体裁,吾未敢尽为《蓝桥》许也","《水浒》:记宋江事,畅所欲言,且得裁剪之法。曲虽多稚弱句,而宾白却甚当行,其场上之善曲乎?"。所以祁彪佳与吕天成较为一致地表现出,涉及传奇之"事佳"、结构是否"传奇"、串插是否奇特等问题，更加关注戏曲叙事因素的强调，实现从"曲"向"剧"的演进转变，从某种程度而言也是在戏曲品评这一特殊方面，揭示出晚明戏曲批评理论的突破与升华，以及晚明背景下曲家戏曲观念的转变，"中国古代戏曲批评的建立经历了一个从诗学体系借用品鉴范式到逐渐建构适应于剧场艺术的品鉴范式的过程，这是戏曲批评逐步走向成熟的过程"①。

## 三、"曲品"品格的列置与辨析

按吕天成所言"仿之钟嵘《诗品》、庾肩吾《书品》、谢赫《画品》例"，其间上中下三品的体例源出人物品评的三等九品制，同时增添"神、妙、能、具"的四分法，以及祁彪佳"妙、雅、逸、艳、能、具"的六分法，实际上又融合了"书品"、"画品"领域的演绎，实现品第与审美的融合统一，促进品评形态的丰富成熟。

唐代皎然《诗式》"辨体一十九字"曾高度凝练地概括意境风格，展现出审美品格在批评观念的流露。而"神、妙、能、具"等品评体例，着重从品格审美的角度展开论述，其具体操作出现于唐代张怀瓘《书断》，品列"神品"二十五人、"妙品"九十八人、"能品"一百七人②，刘道醇《五代名画补遗》也分神、妙、能三品，而至《直斋书录解题卷十四》评朱景玄《唐朝名画录》则更进一步，"所分凡神、妙、能、逸四品，神、妙、能又各别上中下三等，而逸品则无等次，盖尊之也。［……］李嗣真作书品后，始别以李斯等五人为逸品。张怀瓘作书断，始立神、妙、能三品之目。合两家之所论定为四品，实始景玄。至今遂因之，不能易"。③至此，基本厘清书、画品领域"神、妙、能、

---

① 陈维昭著：《中国戏曲的双重意义阈：陈维昭古典戏曲论集》，凤凰出版社2011年版，第214页。

② 〔唐〕张怀瓘：《书断》，《历代书法论文选》，上海书画出版社1979年版，第171—175页。

③ 〔宋〕陈振孙：《直斋书录解题》卷十四评《唐朝名画录》。于安澜编：《画品丛书》，上海人民美术出版社1982年版，第65—66页。

**古代戏曲研究** 195

逸"四品的品定格局,吕天成、祁彪佳二人于"曲品"则稍有增减,并且其先后次序的界定以及具体作品的品评,则又折射出晚明戏曲思想观念的嬗变:一是从文词、格律的讨论模式转向整体审美风格的概述;二是"尚法"与"尚意"论争辨析的再现。

吕天成基本认同"神、妙、能"三品的界定,增加"具品"而独没有标列"逸品",考量吕天成具体曲作的品列评析,或可明晰吕天成戏曲品评的审美观念。首先,黄休复《益州名画录》具体诠释"妙品"为:"画之于人,各有本性,笔精墨妙,不知所然。若投刃于解牛,类运斤于斫鼻,自心付手,曲尽玄微,故目之曰妙格耳。"[①]要求"妙品"合乎本性、运用自如的艺术境界,那么吕天成品列"妙品"的曲家则有邵灿、王济二位,其中"常州邵给谏,〔……〕选声尽工,宜骚人之倾耳;采事尤正,亦嘉客所赏心。存之可师,学焉则套。"而"妙品三"《香囊记》则为:"词工,白整。尽填学问。此派从《琵琶》来,是前辈最佳传奇也",吕天成品评认可其工于音律和主题正统,邵灿文人化的创作得心应手,其"妙"对应于早期传奇戏曲创作主体的民间化和戏曲体制的凌乱现象而言,所以被列于前辈传奇的佳作之一,与后期其他曲家指摘邵灿戏曲的弊端,集中"尽填学问"和辞藻华靡的观点明显不同。

其次,吕天成将"逸品"从四品里落选,黄休复《益州名画录》里释"逸品"为:"画之逸格,最难其俦。拙规矩于方圆,鄙精研于彩绘,笔简形具,得之自然,莫可楷模,由于意表,故目之曰逸格尔。"[②]"逸品"一度被置于四品之上,作为书画创作的最高艺术境界,朱景玄《唐朝名画录》"自序"言"以张怀瓘画品断神、妙、能三品,定其等格上中下,又分为三。其格外有不拘常法,又有逸品,以表其优劣也"[③]。表明"逸品"的增加及其位次的排序直接关联着书画观念的辨析,"自昔鉴赏家分品有三,曰神、曰妙、曰能。独唐朱景真撰唐贤画录,三品之外,更增逸品,其后黄休复作益州名画记,乃以逸为

———————

① 〔宋〕黄休复著:《益州名画录》,人民美术出版社1964年版,第2页。
② 〔宋〕黄休复著:《益州名画录》,第1页。
③ 于安澜编:《画品丛书》,第68页。

先，而神、妙、能次之。景真虽云，逸格不拘常法，用表贤愚，然逸之高，岂得附于三品之末，未若休复首推之为当也。至徽宗皇帝，专尚法度，乃以神、逸、妙、能为次"[1]。可以说，基本体现出"尚法"与"尚意"观念的分歧，这同样作为传奇戏曲文体辩论不休的话题，尤其在"汤沈之争"的讨论中得以强化，吕天成落选"逸品"也直接反映出其戏曲思想，面对曲坛创作"不寻宫数调""不就拍选声"的现状，而强调"规矩设矣，方员因之"的目的，同时认为"予之首沈而次汤者，挽时之念方殷，悦耳之教宁缓也"，这些措辞也大致折射出吕天成"尚法"的曲学倾向。

最后，"具品"的讨论已见"画品"范畴，如所谓"具品"殆指"夫画特忌形貌采章，历历具足，甚谨甚细。而外露巧密，夫谨细巧密，世孰不谓之为工耶。然深于画者，盖不之取，正以其近于三病也"[2]，倾向于"缺乏情致、罗列记录、以求全备"的范围，吕天成评论"具品"如"沈寿卿蔚以名流，雄乎老学。语或嫌于凑插，事每近于迂拘。然吴优多肯演行，吾辈亦不厌弃"，沈龄作为名流却在曲家强调的"词""事"两途多有不足，只是鉴于吴中地区艺人仍有演出的考虑而存留，同时"卷下"部分列其三部作品为"具品"："《三元》：冯商还妾一事，尽有致。近插入三事，改为四德，失其故矣"，"《龙泉》：情节阔大，而局不紧，是道学先生口气"。从吕天成批评语气可见其不满的态度，另外其他诸如"《投笔》：词平常，音不叶，俱以事佳而传耳"，"《五伦》：大老钜笔，稍近腐"，都流露出遗憾之余作为存档的意味和无奈。

祁彪佳则借鉴"妙、能、逸"三品，未标列"神品"而补充有"雅品、艳品"，其《凡例》首先明确"文人善变，要不能设一格以待之。有自浓而归淡，自俗而趋雅，自奔逸而就规矩。如汤清远他作入'妙'，《紫钗》独以'艳'称；沈词隐他作入'雅'，《四异》独以'逸'称。必使作者之神情，与评者之藻鉴，相遇而成莫逆之面目耳"，说明曲家个体风格的多元化和可变性现象，也为其"曲品"列目的丰富提供理论前提。同时曲家风格的界定自

① 〔宋〕邓椿著：《画继》，人民美术出版社1964年版，第114页。
② 〔明〕何良俊撰：《四友斋丛说》，中华书局1959年版，第257页。

古代戏曲研究 **197**

由灵活，针对不同曲家甚至同一曲家的不同作品也区分对待，形成与"书、画品"、吕天成"曲品"相对固定的不同之处，呈现出"曲品"形态的包容性和变通性。

祁彪佳保留"画品"置"逸品"为先的体例，而在其后则新列"艳品"，入选的准则大约在于两个方面：一是描情写景的戏曲主题，如评"《紫箫》：工藻鲜美，不让《三都》、《两京》。写女儿幽怀，刻入骨髓，字字有轻红嫩绿"，"《红蕖》：记中有十巧合，而情致淋漓，不啻百转"；一是文词藻绘也即"艳品"的重要元素，如评"《紫钗》：先生手笔超异，即元人后尘，亦不屑步。会景切事之词，往往悠然独至，然传情出太觉刻露，终是文字脱落不尽耳，故题之以'艳'字"，"《戒珠》：勤之每下笔，藻采飚发，[……]语以骈偶见工；局以热艳取胜"，"《太霞》：眉公评之以'骈丽精整，雄奇变幻'，足为此曲定论"。品评杂剧作品同样如此，如"《踏雪寻梅》：以殊艳之词，写出淡香疏影，而艳不伤雅，以是见文章之妙"，"《牡丹园》：以美人配名花，飘韵欲仙，缀词如绣，繁英嫩芷，零落满楮"。可见祁彪佳对于"艳品"的设立，并非简单取材于"书、画品"的理论，而是针对当时曲坛的发展现状，紧扣曲坛戏曲创作的风气，突显戏曲品评的时代风貌。

同时，"凡例"又对"雅品"进一步说明：一处为"文人善变，要不能设一格以待之。有自浓而归淡，自俗而趋雅，自奔逸而就规矩。[……]沈词隐他作入'雅'，《四异》独以'逸'称"；一处为"词曲一经改窜，便与作者为二。有因改而增其美，如李开先之《宝剑》列'能'，陈禹阳之《灵宝刀》列'雅'是也。有因改而失其真，如高则诚之《琵琶》列'妙'，莲池师之《琵琶》列'雅'是也"。祁彪佳《远山堂剧品》列有"雅品"多达90种杂剧，其"雅"不仅在于以韵取胜，如"《海棠仙》【北四折】：韵致绝胜"，"《福禄寿》【北五折】：以俗境而独入雅道，盖縣韵胜其词耳"。而且还在于运笔遣词，如"《醉写赤壁赋》【北四折】：北剧每就谑语、俗语取天然融合之致，故北调以运笔为第一义。[……]此剧设色于浓淡之间，遣调在深浅之际，固佳矣"。可见，对于"雅品"的界定实则文人审美趣味的结晶，更是体现出明代曲家的集体追求，可体现于品评"《三义成姻》【南北四折】：词律严整。再得词情纤宛，则兼善矣"，"《男王后》【北四折】：取境亦奇。词甚工美，有大雅韵度"，两部曲作基本代表他们戏曲审美理想的塑形，紧扣曲坛现状发掘戏曲演变的文人化特性，揭示戏曲文人化的审美趣味。可见，"妙、逸、雅、艳"等品的标列，既体现出戏曲美学特性的高度肯定，又从"曲品"角度折射出明代戏曲的时代风貌。

与此同时，较之吕天成与祁彪佳"曲品"分类的互有同异，又体现出二人戏曲观念的分歧，再次印证"专尚法度"与"专尚意趣"的不同倾向，代表了当时曲坛两股明显的戏曲思想，也是明代诗文批评对此问题辩论的又一反映。

吕天成《曲品》时时流露出"尚法"的倾向，针对曲坛发展现状指出"国初名流，曲识甚高，作手独异，造曲腔之名目，不下数百；定曲板之长短，不淆二三。[……] 不寻宫数调，而自解其毁；不就拍选声，而自鸣其籁"，与沈璟等曲家一样目的非常明确，试图通过"曲品"形式树立标准以廓清曲坛乱象。祁彪佳《远山堂曲品·叙》同样得以佐证："故吕以严，予以宽；吕以隘，予以广；吕后词华而先音律，予则赏音律而兼收词华。要亦执牛耳者代不数人，虑词帜之孤标，不得不奖诩同好耳。"祁氏明确表示与吕品角度和原则的差异，或者说"吕天成和祁彪佳各自的戏曲审美趣味直接决定了他们对戏曲品评所构置的评判准则，可以这样说，吕天成所持的乃是以'当行领衔'的、体现新的美学准则的戏曲审美标准；祁彪佳所持的戏曲审美标准则是以'自然统摄'的，较多地融化了传统审美思想和文人士夫的审美趣味"①，实际上，自"汤沈之争"后"尚法"与"尚趣"一直争议不休，直至"合之双美"观点的最后形成，这也是明代戏曲发展的集中反映。

毋庸置疑，吕天成、祁彪佳突破明代戏曲批评的体例形态，无论从外在

---

① 谭帆：《"行家之品"和"文人之品"——吕天成、祁彪佳戏曲审美思想的比较》，《艺术百家》1987年第1期，第93页。

形式还是内容思想方面，积极移植"诗品"、"书品"、"画品"传统在戏曲领域的具体实践，同时又结合曲坛的背景现状与戏曲的文体特性，既扩充"品"这一独特的批评形态，又丰富明代戏曲理论的思想内涵，如此方是发掘审视明代"曲品"价值的角度所在。

（本文原载《文艺理论研究》2017年第3期）

# 古代曲家的身份认同与观念阐释

汪 超 谭 帆

关于古代曲家身份认同的讨论，并非指向所有的戏曲活动从事者，而是主要探究介入戏曲领域的文人阶层。古代文人群体介入戏曲领域，或多或少受制于社会的等级思想和文统的正变观念，尤其是词曲小道的传统观念①，纠结于主体身份的自我认同与他人关注。所以，从业身份的认同和定位实际关系着文人的创作心态，他们究竟以何种心态涉足戏曲？面对戏曲艺术，其思想观念又如何落实到戏曲创作和理论批评？他们一旦深入戏曲领域，如何突破传统文人的视野，是以诗文名家还是戏曲专家，抑或职业曲家的身份从事戏曲活动？可见，身份认同直接影响着他们的戏曲创作与理论批评，探究古代曲家的身份认同及其观念阐释，无疑是研究古代戏曲史的一个重要视角。

## 一、"行家"与"戾家"：元代书会才人的自我定位

元代统治阶层设定的等级制度，形成不同层次、不同身份的文人，他们面对戏曲的态度也有差别。正统儒者受制于传统思维的影响，视戏曲为小道末技，"儒者每薄之"②，认为是不经之事："余昔在朝，以文字为职，乐律之事每与闻之，尝恨世之儒者，薄其事而不究心，俗工执其艺而不知理，由是

---

① 徐复祚：《曲论·附录》，中国戏剧研究院编：《中国古典戏曲论著集成》四，中国戏剧出版社1980年版，第244页。

② 罗宗信：《序》，〔元〕周德清辑：《中原音韵》，中华书局1978年版，第19页。

古代戏曲研究　201

文、律二者，不能兼美。"① 虞集的感叹彰显了当时正统文人的优越感，而更多的元代文人则居于尴尬的处境。通过科举实现自身理想的路途受阻，所谓"沉抑下僚，志不获展"②，他们或消遣于酒宴茶楼，或留连于勾栏瓦舍等社会底层。"我皇元初并海宇，而金之遗民若杜散人、白兰谷、关已斋辈，皆不屑仕进，乃嘲风弄月，留连光景，庸俗易之，用世者嗤之"③。元代文人沦落为书会才人，出现自我辩护的言词，显示出元代曲家独特的身份认同。

书会在南宋时期即已出现，是文人学子聚集读书的所在④，至元代，书会性质逐渐转变为创作、编演戏曲和其他说唱技艺为主的群体。元代的书会才人大部分都是"门第卑微、职位不振，然高才博艺"⑤的文人，如钟嗣成《录鬼簿》所列才人关汉卿为太医院尹、郑光祖为路吏、马致远为江浙行省务官、宫天挺为书院山长、赵文英为教坊色长、萧德祥为医生等。他们虽然具体职位不同，但爱好戏曲是他们共存的机缘。有论者认为："由于杂剧作家是从士大夫文人沉沦为书会才人的，因而他们具有比较复杂的'双重身份'。他们既是来自上层社会的正统儒生，有着传统儒学的知识和修养；他们又是属于下层社会的书会才人，具有'混迹勾栏'和粉墨登场的体验。"⑥身居社会底层的文人与民间艺人共处，其背后又隐含较为矛盾的心态：一方面基于社会底层的共同命运和戏曲爱好，与艺人打成一片，为艺人打抱不平；另一方面囿于文人身份的立场，流露出传统文人的自矜情怀。

元代文人有感于艺人地位的不平等，对他们表示出非同寻常的称赏。如胡祗遹肯定"乐工伶人之亦可爱也"⑦，称赞李心心、赵真、秦玉莲等的高

---

① 虞集：《序》，〔元〕周德清辑：《中原音韵》，第9页。
② 〔明〕胡侍：《珍珠船》卷四《元曲》，俞为民、孙蓉蓉编：《历代曲话汇编》，黄山书社2009年版，第208页。
③ 〔明〕郏经：《青楼集序》，孙崇涛等笺注：《青楼集笺注》，中国戏剧出版社1990年版，第20页。
④ 〔宋〕耐得翁著：《都城纪胜》，王国平主编：《西湖文献集成》，杭州出版社2004年版，第44页。
⑤ 〔元〕钟嗣成：《录鬼簿序》，浦汉明校：《新校录鬼簿正续编》，巴蜀书社1996年版，第32页。
⑥ 么书仪著：《元代文人心态》，文化艺术出版社1993年版，第177页。
⑦ 〔元〕胡祗遹：《赠宋氏序》，《中国古代戏曲序跋集》，中国戏剧出版社1990年版，第6页。

202　曲苑拈梅：黄梅戏与古代戏曲卷

超技艺，肯定黄氏艺人戏曲表演"九美既俱，当独步同流"①。但同时，他们又刻意计较自我身份的定位，试图与"俗工"艺人区别开来，明初曲家朱权《太和正音谱》针对"杂剧十二科"的分类，曾载录元代曲家的辨识：

> 杂剧，俳优所扮者，谓之"娼戏"，故曰"勾栏"。子昂赵先生曰："良家子弟所扮杂剧，谓之'行家生活'，娼优所扮者，谓之'戾家把戏'。良人贵其耻，故扮者寡，今少矣，反以娼优扮者谓之'行家'，失之远也。"或问其何故哉？则应之曰："杂剧出于鸿儒硕士、骚人墨客所作，皆良人也。若非我辈所作，娼优岂能扮乎？推其本而明其理，故以为'戾家'也。"关汉卿曰："非是他当行本事，我家生活，他不过为奴隶之役，供笑献勤，以奉我辈耳。子弟所扮，是我一家风月。"虽是戏言，亦合于理，故取之。②

针对戏曲从业者身份的界定，赵孟頫区分为"良家子弟"与"娼优"；同样，作为杂剧演出的扮演者，身份差异导致其审美趣味的迥别，形成"行家"与"戾家"的分立。查检宋元文人资料，所谓"戾家"有"外行"的意味，如南宋耐得翁《都城纪胜》："凡四司六局人只应惯熟，便省宾主一半力，故常谚曰：烧香点茶，挂画插花，四般闲事，不许戾家。"③显然，表演的标准已经脱离技艺层面，而是出于对演出者身份的考量，他们是试图从品第等级与审美趣味方面谨守自我的。

以关汉卿为代表的元代曲家还刻意标榜"我家"的身份立场，将"我辈"归入"良人"之列，标举"鸿儒硕士、骚人墨客"的优越心态，认为元代杂剧的兴盛关键在于文人阶层的加入。关汉卿一方面被贾仲明《录鬼簿》赞誉为"驱梨园领袖，总编修师首，捻杂剧班头"④，另一方面却自嘲："我是个

---

① 〔元〕胡袛遹：《黄氏诗卷序》，《中国古代戏曲序跋集》，第5页。
② 〔明〕朱权撰：《太和正音谱》，中国戏剧研究院编：《中国古典戏曲论著集成》三，第24—25页。
③ 耐得翁著：《都城纪胜》，王国平主编：《西湖文献集成》，第8页。
④ 钟嗣成：《录鬼簿序》，第49页。

古代戏曲研究　203

普天下郎君领袖，盖世界浪子班头。愿朱颜不改常依旧，花中消遣，酒内忘忧。……占排场风月功名首，更玲珑又剔透，我是个锦阵花营都帅头，曾翫府游州。"①他人的美誉与自我的解嘲形成鲜明对比，可谓元代曲家身份反差的典型反映，背后无法割舍的仍是传统的文人情怀。在关汉卿看来，文人创作才是当行本色，而娼优则"奴隶之役，供笑献勤，以奉我辈"，这种划分对立二者的身份地位，既是受到优伶自古低贱的传统观念影响，又基于戏曲不为正统观念所接受的时代背景。明初曲家朱权《太和正音谱》搜罗"群英所编"的分类部分，单独标出"娼夫不入群英四人，共十一本"。其"注曰：子昂赵先生曰：'娼夫之词，名曰绿巾词。其词虽有切者，亦不可以乐府称也，故入于娼夫之列。'"②同样也是为文人涉足戏曲寻求依据和提升地位。

由此可见，元代书会文人介入戏曲领域虽然非常普遍，且成就突出，但依旧流露出文人的自我矜持，他们试图保持与民间艺人的适当距离，以体现文人的社会地位、审美趣味以及有别于娼优的优越心态。

## 二、"名家"与"行家"：明代曲家的批评论辩

由于明朝倡导程朱理学，重塑科举制度的核心地位，明代文人已无元代文人那样的窘迫感。而随着戏曲地位的渐次提升，明代文人涉足戏曲也不像元代文人那样，处处表现出一种自矜的心态以维持心理平衡。他们涉足戏曲多有闲情雅致的意味，故"今则自缙绅、青襟，以迨山人、墨客，染翰为新声者，不可胜记"③。整体而言，明代曲家大抵依从文人的惯常身份，坚持戏曲创作的文学立场，可以说，"文人化"是明代戏曲发展的基本倾向，故"文人"的自我认同是明代曲家的身份底色，但明代曲家的身份认同在不同的历史时期呈现多元的色彩，出现了"名家"、"行家"、"专家"乃至"职业

---

① 吴国钦校注：《关汉卿全集》，广东教育出版社1988年版，第604—605页。
② 〔明〕朱权撰：《太和正音谱》，第44页。
③ 〔明〕王骥德著，陈多、叶长海注释：《曲律注释》，上海古籍出版社2012年版，第317页。

曲家"等多重身份。

李开先曾将当朝曲家一分为二："国初如刘东生、王子一、李直夫诸名家，尚有金元风格，乃后分而两之，用本色者为词人之词，否则为文人之词矣。"①指出明初曲家如刘东生、李直夫等人"尚有金元风格"，曲词质朴自然，故为"词人之词"；而陈大声、王九思等则纯用"才士"笔调填词，失却曲词本色，故为"文人之词"。王骥德则针对当时曲坛现状，指出"近时才士辈出，而一搦管作曲，便非当家"②，认为"汪司马曲，是下胶漆词耳。弇州曲不多见，特《四部稿》中有一《塞鸿秋》，两《画眉序》，用韵既杂，亦词家语，非当行曲"③。同样，"世所谓才士之曲，如王弇州、汪南溟、屠赤水辈，皆非当行。仅一汤海若称射雕手，而音律复不谐。"④这种将曲家分为"词人之词"与"文人之词"、批评"才士""非当行曲""便非当家"的做法，实则指向的就是明代文人涉足戏曲不同的身份认同。

故明代曲家虽然共有"文人"身份，然依据介入戏曲不同的身份定位又存在着"名家"与"行家"的区别。臧懋循对此曾作详细区分：

> 总之，曲有名家，有行家。名家者出入乐府，文彩烂然。在淹通闳博之士，皆优为之。行家者随所妆演，无不模拟曲尽，宛若身当其处，而几忘其事之乌有。能使人快者掀髯，愤者扼腕，悲者掩泣，羡者色飞，是惟优孟衣冠，然后可与于此。故称曲之上乘首曰当行。⑤

所谓"名家"者乃"淹通闳博之士"，他们饱读诗书，满腹才华，剧本创作重在自我才情的抒发，展现出"文彩烂然"的文本特征。而"行家"固然也属文人，但其创作已不再把戏曲视为自我才情的纯然展现，他们"宛若身

---

① 〔明〕李开先：《西野春游词》序，《李开先全集》，文化艺术出版社2004年版，第494页。
② 〔明〕王骥德著，陈多、叶长海注释：《曲律》，第296页。
③ 〔明〕王骥德著，陈多、叶长海注释：《曲律》，第296页。
④ 〔明〕王骥德著，陈多、叶长海注释：《曲律》，第368页。
⑤ 〔明〕臧懋循：《元曲选序二》，《元曲选》，中华书局1989年版，第4页。

当其处","随所妆演","模拟曲尽",以戏曲的舞台性为依归,突出表演的逼真生动,从而实现动人的演出效果。可以说,"名家"与"行家"身份立场的不同,直接促成了曲坛"案头之曲"与"场上之曲"的鸣争。

这种"名家"与"行家"的身份认同突出表现在汤显祖与沈璟这两位曲坛巨擘身上。作为文人曲家,汤、沈二人其实都有"才士"痕迹,汤显祖处女作《紫箫记》曲词锤炼,宾白骈俪,尝被帅机指摘为"案头之书,非台上之曲也"①。而沈璟开篇之作《红蕖记》也从骈俪之风,"记中有十巧合,而情致淋漓,不啻百转。字字有敲金戛玉之韵,句句有移宫换羽之工;至于以药名、曲名、五行、八音,及联韵、叠句入调,而雕镂极矣"②,沈璟自己也坦承"字雕句镂,止供案头耳"③。但在以后的创作中,两人明显体现了身份认同的差异,汤显祖倾向于"名家"大手笔式的剧本创作,沈璟则致力于"行家"规范性的戏曲呈现。如此不同的身份认定,也造成二人戏曲观念的迥别:汤显祖在曲坛俨然为冲锋陷阵、特色鲜明的"名家",强调戏曲创作中主体色彩的张扬,他创作《牡丹亭》"因情成梦,因梦成戏"④,通过杜丽娘与柳梦梅的形象刻画,宣扬"生者可以死,死者可以生"⑤的爱情理想,激起了强烈的社会反响;沈璟则以曲坛盟主的"行家"自居,他的戏曲创作、曲谱编订和理论阐述均以规范戏曲为旨归,"如老教师登场,板眼场步,略无破绽"⑥。其《南曲全谱》从曲牌、曲词乃至字音、腔调、板眼等细微入手。其【二郎神】套曲提出的格律论则指导具体的创作与演唱。而所有这些工作,均指向希冀通过戏曲格律的谨守,出现"一人倡,万人和,可使如出一辙"⑦的局面,从而确立传奇戏曲的文体规范。

"名家"与"行家"的身份认同还表现在明代的戏曲批评中,尤其突出

---

① 〔明〕汤显祖:《紫钗记》题词,《汤显祖全集》,北京古籍出版社2001年版,第1157页。
② 〔明〕祁彪佳:《远山堂曲品》,《中国古典戏曲论著集成》六,第18页。
③ 〔明〕吕天成:《曲品》,中华书局2006年版,第201—201页。
④ 〔明〕汤显祖:《复甘义麓》,《汤显祖全集》,第1464页。
⑤ 〔明〕汤显祖:《牡丹亭记题词》,《汤显祖全集》,第1153页。
⑥ 〔明〕王骥德:《曲律》,第284页。
⑦ 〔明〕李鸿:《南词全谱原叙》,吴毓华编:《中国古代戏曲序跋集》,第429页。

地体现在作为"行家"的何良俊、沈德符等对"名家"王世贞的批评。作为当时文坛的盟主，王世贞以"名家"身份介入戏曲批评，其关注点即体现了"名家"特性。如《艺苑卮言》更多评判曲中语词（包括散曲和剧曲），"元人曲，如'红尘不向门前惹，绿树偏宜屋角遮，青山正补墙东缺。''枯藤老树昏鸦，小桥流水人家，古道西风瘦马，夕阳西下，断肠人在天涯。'景中雅语也"①。其肯定《西厢记》为北曲压卷之作，也因其"景语"、"情语"、"浑语"都显示了作者的才情。而何良俊则指摘这些都是《西厢记》"全带脂粉"②处。就戏曲文辞角度而言，作为"名家"的王世贞和作为"行家"的何良俊的分歧即在于骈俪典雅与简淡真切，王世贞着重从文人角度出发，强调文人墨客才情的宣泄；而何良俊则突出戏曲文辞的本色，强化戏曲的本体特性。这场"名家"与"行家"的争执最为集中的是关于《琵琶》、《拜月》和《西厢》的高下之争。沈德符云："何元朗谓《拜月亭》胜《琵琶记》，而王弇州力争，以为不然。此是王识见未到处，《琵琶》无论袭旧太多，与《西厢》同病，且其曲无一句可入弦索者；《拜月》则字字稳帖，与弹挡胶粘，盖南词全本可上弦索者惟此耳。"③徐复祚《曲论》的批评则更为直接："王弇州一代宗匠，文章之无定品者，经其品题，便可折衷，然于词曲不甚当行。"④这些材料呈现一个有趣的现象，沈德符、徐复祚等俨然不顾名家文豪的颜面，公然指摘王世贞的不足。或许他们敢于批评的底气正是基于其"行家"的身份。

这一"名家"与"行家"的身份认同及其观念阐释与戏曲"专家"的成批涌现密切相关。这一批戏曲"专家"从开始对戏曲的喜爱而涉足戏曲创作，逐渐进入深层的理论探究。如沈璟家居二十年，潜心研究音韵格律，成为万历曲坛的盟主；吕天成的父亲吕玉绳、舅祖孙鑛、表伯孙如法，皆深究曲学；而王骥德更一生致力词曲并以此知名当世。又如潘之恒一生观剧，

---

① 〔明〕王世贞著：《曲藻》，中国戏剧研究院编：《中国古典戏曲论著集成》四，第29页。
② 〔明〕何良俊著：《曲论》，中国戏剧研究院编：《中国古典戏曲论著集成》四，第6页。
③ 〔明〕沈德符著：《顾曲杂言》，中国戏剧研究院编：《中国古典戏曲论著集成》四，第210页。
④ 〔明〕徐复祚著：《曲论》，中国戏剧研究院编：《中国古典戏曲论著集成》四，第235页。

古代戏曲研究　　207

特别是寓居南京之时多次主持"曲宴"，仅万历十三年 (1584) 冬至十四年 (1585) 春，就主持顾氏馆"凡群士女而奏伎者百余场"①。潘之恒的朋友黄居中将其一生主要活动概括为"宴游、征逐、征歌、选伎"②，主要著述概括为"品胜、品艳、品艺、品剧"③。而在理论上，潘之恒以才、慧、致作为衡量演员的基本标准，以度、思、步、呼、叹评价表演技巧，正是由于丰富的艺术经验和专业的鉴赏水平，潘氏被时人推许为"独鉴"④。这些专门从事戏曲的"专家"，逐渐摆脱文人的身份立场，以"专家"的身份成为明代戏曲发展中的核心力量。

"名家"与"行家"的身份认同及其理论辨析在戏曲史上具有突出价值。沈、汤之间的创作和观念差异几乎成了当时曲坛的一个时代质询，"情辞"与"声律"之辨，"本色"与"文采"之争，探讨的是戏曲发展中带有根本性质的问题。而"名家"与"行家"之间关于《琵琶》、《拜月》和《西厢》高下之争的价值，也并不主要显现在三部作品的孰优孰劣之中，更主要的是表现了人们对戏曲艺术审美理想和戏曲典范作品的寻求。这对于明代戏曲的发展具有导向性的意义。

## 三、"砚田糊口"：明清之际职业曲家的涌现

职业曲家出现于明末清初时期，他们纷纷以此作为谋生之道，无论是剧本创作的实践，还是戏曲理论的探讨，都力图从舞台实践出发。如何更为广泛地满足观众的需求，成为他们从事戏曲活动的重要基点。明代戏曲的繁荣，尤其是江南民间职业戏班的日益增多，除了"俗优"、"优师"等职业艺人，还催生了大批以创作剧本、从事戏曲活动为生的职业曲家，如李渔、徐石

---

① 〔明〕潘之恒：《鸾啸小品》，汪效倚辑注：《潘之恒曲话》，中国戏剧出版社1988年版，第32页。
② 〔明〕黄居中：《潘髯翁戊己新集叙》，汪效倚辑注：《潘之恒曲话》，第329页。
③ 〔明〕黄居中：《潘髯翁戊己新集叙》，汪效倚辑注：《潘之恒曲话》，第330页。
④ 〔明〕潘之恒：《鸾啸小品》，汪效倚辑注：《潘之恒曲话》，第28页。

麒、徐沁、范希哲、李玉、朱素臣、万树、王续古、薛旦、周昊、朱英等文人，他们都是毕生从事戏曲创作和研究，躬亲戏曲的排练表演，且将戏曲活动视为"砚田糊口"①的途径。

明清之际曲家身份的这种群体性变化，与社会生活环境的转变密不可分。明中叶以来的戏曲"专家"、"名家"基本活动于士大夫文化圈，此时的文人曲家则大多生活于社会底层。尤其是甲申鼎革以后，大量曲家都是布衣文人，文人曲家的精英成分减弱而平民色彩浓郁，如李玉"甲申以后，绝意仕进，以十郎之才调，效耆卿之填词"②，混迹市井之间度曲填词。晚明以来戏曲商业演出的繁盛，也推动职业戏班不断竞演新戏，而向文人曲家竞价购买成了他们获取优秀剧本的主要来源。李渔自称"每成一剧，才落毫端，即为坊人攫去，下半犹未脱稿，上半业已灾梨；非止灾梨，彼伶工之捷足者，又复灾其肺肠，灾其唇舌，遂使一成不改，终为痼疾难医"③。李玉同样与民间职业戏班关系密切，"初编《人兽关》盛行，优人每获异稿，竞购新剧；甫属草，便攘以去"④，"玄玉言词满天下，每一纸落，鸡林好事者争被管弦，如达夫、昌龄声高当代，酒楼诸妓咸歌其诗"⑤。文人戏曲创作与班社商业演出的不断结缘催生了职业曲家的形成。由此，明清之际曲家的身份出现了新的趋向：传统文人的身份与社会分工的职业形成交集。

职业曲家的形成及其身份认同，深深影响了他们的戏曲观念和剧本创作。

在戏曲观念上，"填词之设，专为登场"⑥，这是李渔的观者本位观，也是职业曲家的普遍追求。他们的创作立场开始从作者自我本位倾向于观者本位，强调作者的主体性要服从于观者的需要，不再单纯寻求与人物角色的情

---

① 〔明〕李渔：《曲部誓词》，《李渔全集》第一卷，浙江古籍出版社1991年版，第130页。
② 〔明〕吴伟业：《北词广正谱序》，吴毓华编：《中国古代戏曲序跋集》，第320页。
③ 〔明〕李渔：《闲情偶寄·文贵洁净》，《李渔全集》第三卷，第51页。
④ 〔明〕冯梦龙：《永团圆叙》，吴毓华编：《中国古代戏曲序跋集》，第275页。
⑤ 〔清〕钱谦益：《眉山秀》题词，《眉山秀》卷首，《古本戏曲丛刊》三集，文学古籍刊行社1957年版。
⑥ 〔明〕李渔：《闲情偶寄·选剧第一》，《李渔全集》第三卷，第66页。

古代戏曲研究　209

感共鸣。由此，戏曲中浓郁的文人色彩慢慢消解，而"卖赋以糊其口"①的谋生考虑则成为主流。李渔《风筝误》【尾声】云：

> 传奇原为消愁设，费尽杖头歌一阕；何事将钱买哭声？反令变喜成悲咽。
>
> 唯我填词不卖愁，一夫不笑是吾忧；举世尽成弥勒佛，度人秃笔始堪投。②

此诗道出两点关键：一为"何事将钱买哭声"，说明观戏已转变为文化消费的商业行为；二是观者成为戏曲活动的中心，为了实现作品的商业价值，剧本创作要"一夫不笑是吾忧"，追求作品的娱乐效果。由此，文人作者的主体价值即体现为观者的笑声和金钱的回报。李渔曾自述其创作情形："笠翁手则握笔，口却登场。全以身代梨园，复以神魂四绕，考其关目，试其声音，好则直书，否则搁笔，此其所以观听咸宜也。"③追寻"观听咸宜"的效果是戏曲创作的主要目的，也是其职业价值实现的主要形态。

在剧本创作上，职业曲家同样也是从舞台出发，强化观赏性与戏剧性，以满足普通市民的欣赏需求。对此，他们主要做了三件工作：一是以舞台演出原则限制剧本的创作和选择。他们强调剧本要"缩长为短"④，认为紧凑的关目和精彩的情节是吸引观众的关键。李渔甚至还特意关照，作传奇付优人"必先示以可长可短之法：取其情节可省之数折，另作暗号记之，遇清闲无事之人，则增入全演，否则拔而去之。此法是人皆知，在梨园亦乐于为此"⑤。二是以普通百姓的生活素材和扣人心弦的戏曲冲突来满足观众的观演兴趣。李玉《一捧雪》贬斥奸臣严嵩父子、《清忠谱》描写苏州城政治

---

① 〔明〕黄鹤山农：《〈玉搔头〉序》，《李渔全集》第五卷，第215页。
② 〔明〕李渔：《风筝误》，《李渔全集》第四卷，第203页。
③ 〔明〕李渔：《闲情偶寄·词别繁减》，《李渔全集》第三卷，第48页。
④ 〔明〕李渔：《闲情偶寄·缩长为短》，《李渔全集》第三卷，第70页。
⑤ 〔明〕李渔：《闲情偶寄·缩长为短》，《李渔全集》第三卷，第70页。

事件，朱素臣《翡翠园》揭露豪宦麻逢之等，都引起了观众的强烈共鸣和社会反响。而有关市井人物的刻画，更能引起市民观众的切身之感，具有浓郁的市井社会气息。如朱佐朝《渔家乐》"摹写网船嫩妇，形容曲肖，音调谑，如在金闾牙市中，令人叫绝"①。其他还有装裱匠、卖油郎、织工、报童、妓女等小人物的集中表现，改变了传统戏曲讴歌的才子佳人形象，故深受欢迎并持续搬演于舞台。三是渲染闹热的场面来凸显舞台的生动效果。如李玉《清忠谱》第二十二出《毁祠》表现苏州百姓群情忿然的场面，把戏曲表演与社会时事相融合，形成台上台下、戏内戏外的互动，场面非常闹热。而李渔剧作的喜剧效果更是突出商业演出的特性，在道具造型的设计、故事情节的构思和语言描写的风格上都强调喜剧效果的追寻。

在这批职业曲家中，李渔和李玉可为代表。两者有共性，如以戏曲为谋生之道，强化戏曲创作的观者本位等。但因其个人趣味和追求的差异，两者也有自身的个性。

相对而言，李渔的戏曲活动更具商业化色彩。他清醒地认识"谋生不给"②的生活环境，戏曲创作"只好作贫女缝衣，为他人助娇"③。康熙十年其致信尤侗云："历观大作，皆趋最上一乘。弟则巴人下里，是其本色，非止调不能高，即使能高，亦忧寡和，所谓'多买胭脂绘牡丹'也。"④"胭脂画"即媚俗之意，故李渔作为曲家的价值呈现是在最大程度上迎合观者的趣味，追求戏曲的演出效果和商业报酬。他的喜剧风格浓郁的剧本创作、以"结构"为主体的理论阐释，都是以观者本位的观念为基础，前人评其剧作"格调"不高，认为其人品有污，其实与其明确的戏曲职业化、商业化追求密切相关。质言之，在李渔看来，戏曲活动同样也是一种文化消费的商业行为，以观者为中心，追寻演出的效果以实现其商业价值。而与李渔稍有不同的是，李玉

① 〔清〕吴长元：《燕兰小谱》卷四，周骏富辑：《清代传记丛刊》，台北明文书局1985年版，第74页。
② 〔明〕李渔：《闲情偶寄·变旧成新》，《李渔全集》第三卷，第72页。
③ 〔明〕李渔：《闲情偶寄·变旧成新》，《李渔全集》第三卷，第72页。
④ 〔明〕李渔：《复尤展成先后五札》之五，《李渔全集》第一卷，第191页。

等虽然也身居社会底层，同样写百姓喜闻乐见的故事以迎合观众的情感和趣味诉求，但作品的自我寄托颇为遥厚，体现出李玉作为文人士大夫关注社会的自觉。其历史题材则多取宋明之事，更是展现出对明清易代的思考。如《千忠戮》讴歌明初殉难忠臣，寄托家国之痛；《牛头山》表现岳飞千行血泪、一腔热血的感叹等。可以说，李玉等职业曲家的追求是以明清之际共同的时代背景和社会环境来引起观众的情感共鸣，从而形成良好的舞台效果。

总之，明清之际戏曲的商业化催生了一批职业曲家，成为当时曲坛颇具生命力的创作主体。而职业曲家的积极参与又反过来刺激了戏曲市场的繁荣，其推进戏曲文化的发展功不可没。明代以来，传奇戏曲经过文人化以后所形成的文学意趣，也慢慢地转向娱乐性的强调，戏曲的审美趣味呈现出平民化和大众化的倾向。

## 四、填词为文字之一体：清代曲家学者文人身份的回归

以"砚田糊口"为追求的职业曲家在明末清初呈群体性出现，这一由"行家"（"专家"）衍生的戏曲群体本可成为戏曲史上突起的"异军"而深深影响中国戏曲史的进程，但颇为遗憾的是，这一群体在明末清初只是"灵光乍现"，并未成为主流。从整体倾向来看，以学者文人身份而非以单纯的曲家身份从事戏曲创作和理论批评是清代曲家的主体特性。这种学者文人身份的回归与清代曲家自身的身份认同有着深切的关系，同时也与清代"怀柔"与"高压"并置的文化政策密切相关。

清代曲家往往是以学者文人的身份从事戏曲活动的。他们大都饱读诗书，兼具学识，且有较高的社会声望，就是那些沉抑下僚的落魄文人也以学者文人身份参与戏曲创作。清代曲家学者文人身份的回归导致他们常常把戏曲创作视为"余事"："窃观多文才艺之士，用之不尽，则溢为小说词曲。"①

---

① 〔清〕清静道人：《临春阁》杂剧序，吴毓华编：《中国古代戏曲序跋集》，第323页。

更有甚者，"匡时淑世之学，无所抒泄，一一寄诸诗歌，而更以其余事托之传奇，以效移风易俗之一助。呜呼，文人有才无命，借三寸管以自表，见可哀也已"①。此语切中文人之创作心态，经世之学——诗歌——戏曲，地位依次降低，戏曲乃是"以其余事托之"。同时，文人士大夫还把戏曲创作视作消磨光阴，遣兴排闷的"消遣"，"故出其余暇，雅好填词以传奇。……偶成一剧，授诸梨园"②，"董君恒岩工文章，具卓识，为政之余，以高才博学著作自娱"③，而"偶成一剧"正是其政治生活空余的消遣放松。

视戏曲创作为"余事"，清代曲家所认同的是学者文人的身份。正是这种身份的认同致使他们的戏曲创作和理论阐释打上了深深的学者文人的"烙印"：

首先，清代曲家大多视填词为"文字""其一体也"④，强化戏曲的文学性和文人本位性。其中传奇创作的"以文为曲"和杂剧创作的"以诗为剧"是最为突出的表征，有学者称："顺治、康熙年间正统派曲家的传奇戏曲作品已表现出'以文为曲'的创作倾向，到了乾隆（1736—1795）、嘉庆（1796—1820）年间，这种倾向更成为剧坛上占主导地位的创作思潮。文人曲家明确地声称：'填词为文字之一体'。于是，在传奇戏曲创作中出现了史传叙事传统的复归与演化。"⑤而在杂剧创作中，由于清代曲家对文人身份的自我认同，杂剧创作更强化个体情感的宣泄和表达个人的风格趣味，甚至将戏曲视为"自娱"的工具，从而显现出一种"以诗为剧"的独特意味。如尤侗谓："假托故事，翻弄新声，夺人酒杯，浇己块垒，于是嬉笑怒骂，纵横肆出，淋漓极致而后已。"⑥不仅如此，他们还"以剧为自传"⑦，甚至让自己入戏，如廖燕《醉画图》、《镜花亭》等剧作都亲为剧中主角，上场便云"小生姓廖名燕，别

---

① 〔清〕徐之存：《新曲六种》之前五种总序。吴毓华编：《中国古代戏曲序跋集》，第483页。
② 〔清〕张鹏：《天灯记》序，《石恂斋传奇四种》乾隆间清素堂刻本。
③ 〔清〕黄知琳：《芝龛记》序，吴毓华编：《中国古代戏曲序跋集》，第465页。
④ 〔清〕张三礼：《空谷香序》，周妙中点校：《蒋士铨戏曲集》，中华书局1993年版，第433页。
⑤ 郭英德：《明清传奇戏曲叙事结构的演化》，《求是学刊》2004年第1期。
⑥ 〔清〕尤侗：《叶九来乐府序》，《尤西堂杂俎》，上海新文化社1935年版，第55页。
⑦ 卢前著：《明清戏曲史》，商务印书馆1935年版，第57页。

号柴舟,本韶州曲江人也"①。故清代文人所作杂剧大都以自我欣赏为中心,体现了浓烈的个人化色彩。这种视戏曲为文字之一体的观念其实是试图将戏曲列入正统文体之行列,在很大程度上也是对戏曲文体地位的提升。

其次,清代曲家特别强调戏曲的教化功能,从而凸显学者文人涉足戏曲的独特担当;同时,居于文人学者的立场,视戏曲为"曲史"、追求"尚实"的倾向也非常明晰。经历康乾几朝的积淀和巩固,崇儒尊道成为文人创作的自觉与自律,视戏曲创作与诗文一样,充分肯定戏曲的风教作用。"填词虽云末技,实能为古人重开生面,阐扬忠孝义,寓劝惩,乃为可贵。"②这种理论阐释一方面是对于统治阶级强化文艺政治功能的回应,体现为作为学者文人的思想自觉;另一方面,也是文人曲家对于轻视戏曲的传统观念的反驳,强化戏曲与诗文在"劝惩感发"上具有同等的特性。"故欲善国政,莫如先善风欲;欲善风欲,莫如先善曲本者。曲本者,匹夫匹妇耳目所感触易入之地,而心之所由生,即国之兴衰之根源也。"③蒋士铨要求戏曲承担"观感劝惩、翼裨风教"、"善国政"的重任,突出戏曲创作褒扬忠烈节义等思想主旨,这在某种意义上也是清代曲家大多秉承的戏曲纲领。清代曲家文人学者身份的强化,又形成重视考据的实学风气,尤其是《长生殿》、《桃花扇》的出现,"二家既出,于是词人各以征实为尚,不复为凿空之谈。所谓陋巷言怀,人人青紫,闲闺寄怨,字字桑濮者,此风几乎革尽"④。孔尚任《桃花扇》以南明旧事为题材,还特意撰写《桃花扇考据》附于刻本卷首,一一呈现创作依据的文献条目,强化传奇具有正史的特性,所谓"朝政得失,文人聚散,皆确考时地,全无假借。至于儿女钟情,宾客解嘲,虽稍有点染,亦非乌有子虚之比"⑤。重视传奇创作中事有所本,言必有据,正是力图以传奇为史传。孙郁《天宝曲史》更是明确提出"曲史"概念,"是集俱遵正史,稍参外传,编

---

① 〔清〕廖燕:《醉画图》,《清代杂剧选》,中州古籍出版社1991年版,第153页。
② 〔清〕卢见曾:《旗亭记》凡例,吴毓华编:《中国古代戏曲序跋集》,第536页。
③ 阿英编:《晚清文学丛钞·小说戏曲研究卷》,中华书局1982年版,第72页。
④ 吴梅撰:《顾曲麈谈 中国戏曲概论》,上海古籍出版社2000年版,第187页。
⑤ 〔清〕孔尚任:《桃花扇凡例》,王季思等合注:《桃花扇》,人民文学出版社1959年版,第11页。

214 曲苑拈梅:黄梅戏与古代戏曲卷

次成帙，并不敢窃附臆见，期存曲史本意云尔"①。而蒋士铨所作剧本封面皆标"史院填词"四字，"聊将史笔写家门"②，其基本创作思路也是先据历史史实撰写人物传记，再据传记敷衍戏曲情节。

第三，清代曲家居于学者文人的立场，在理论批评和创作实践上还形成不少"破体"思维。他们不再完全恪守戏曲的文体特性，试图将戏曲与其他文体变通交融，如戏曲与史传、戏曲与制艺、戏曲与新乐府等③，从而使戏曲创作和理论阐释在借鉴其他文体的基础上有所出新。《铅山县志》卷一五《蒋士铨传》在评论其作品时即谓："其写忠节事，运龙门纪传体于古乐府音节中，详明赅洽，仍自伸缩变化，则尤为独开生面，前无古人。"④而将史传作为戏曲的比照对象更是清代戏曲批评的传统。将戏曲与八股文体相比拟也是清代曲家惯有的思路，如焦循以八股比拟传奇结构，指出八股是"舍小说而用经书，屏幽怪而谈道理，变曲牌而为排比，此文亦可备众体，史才诗笔议论。其破题、开讲，即引子也；提比、中比、后比，即曲之套数也；夹入、领题、出题、段落，即宾白也。习之既久，忘其由来，莫不自诩为圣贤立言，不知敷衍描摹，亦仍优孟之衣冠"⑤。这种强调破体与收结首尾呼应的结构追求在蒋士铨、夏纶、张雍敬、沈起凤等人的传奇作品都有体现。另如"新乐府式"的思维理念不仅体现在传奇的具体创作上，而且还依此为传奇解题，如石韫玉针对沈起凤《红心词客传奇》所作的《乐府解题四则》，就是按照乐府诗"即事名篇"的特征指明沈起凤传奇的独到精辟之处，点明传奇与乐府诗在表现方式的文体交互现象。

总之，文人学者身份的强化是清代曲家身份认同的主要特性，这使得清代的戏曲创作和理论批评呈现自身的特色。可以说，文人学者身份的强化

---

① 孙郁：《天宝曲史》凡例，吴毓华编：《中国古代戏曲序跋集》，第368页。
② 〔清〕蒋士铨：《空谷香》传奇卷末收场诗，周妙中点校《蒋士铨戏曲集》，第539页。
③ 汪超：《论明清文人传奇戏曲与八股文的文体交互》，胡晓明主编：《中国文论的价值论与文体论——古代文学理论研究（第三十九辑）》。
④ 郭英德：《明清传奇叙事结构的演化》，《求是学刊》2004年第1期。
⑤ 〔清〕焦循：《易余籥录》卷一七，《丛书集成续编》卷九一，上海书店1994年版，第479页。

古代戏曲研究 **215**

导致了由明后期突起的"行家"、"专家"乃至职业曲家的身份意识在清代逐渐弱化,也使得清代曲家逐渐边缘于曲坛中心,而慢慢退居为幕后的参与者,代之而起的是艺人群体成为曲坛活动关注的焦点。

综上所述,元代书会才人一方面受制于朝廷政策制度的不平等,另一方面又表现出与俗工艺人的分立之意,进行"行家"与"戾家"的剖析,体现文人涉足戏曲的"自矜"心态。明代曲家自我身份的认定则颇为多元,或据才士之立场,纠结于"名家"与"行家"的观念差异,隐含着"案头文学"与"场上之曲"的辨析;或出现"专家"对于"名家"的批评论辩,促成了戏曲观念的逐渐成熟。晚明商品经济的萌兴,又催生出了"砚田糊口"的职业曲家。清代曲家则回归文人学者的正统身份,视"填词为文字之一体"。可见,古代曲家的身份认同及其观念阐释呈现出一条较为鲜明的演变轨迹。古代曲家在不同时期不同的身份定位直接关联着戏曲的创作和思想的阐发,或许,中国古代戏曲史呈现出不同的阶段性特征也能在此寻找到它的根源。

(本文原载《文艺研究》2015年第5期)

# 戏曲欣赏的三种境界

胡祥云

在中国古代的艺术门类中，戏曲艺术产生和成熟的时间都是相对较晚的，故在戏曲艺术的发展过程中，积淀着其他艺术门类的丰富成果，从而使其自身成为一门综合性的艺术。在戏曲的舞台上，既有诗词曲赋的文辞美，又有歌喉丝竹的声乐美；既有生旦净末丑表演中的神容美，又有鼓板锣钹敲击出的节奏美；既有脚色身段的舞蹈美，又有行当行头的服饰美……；凡此种种，集中体现了戏曲艺术是中华艺苑里的一块瑰宝。然而，面对着如此精彩纷呈的戏曲艺术，初涉其中的观众（尤其是青少年观众）往往是应接不暇的，他们有时因为不理解戏曲艺术的奥妙而对欣赏戏曲生出腻烦之情。在这种情况下，我们戏曲工作者就应该责无旁贷地站出来，热诚地对他们进行戏曲欣赏方面的引导工作，向他们揭示出欣赏戏曲的方法、途径和审美境界，不失时机地培养戏曲观众，以冀弘扬戏曲文化。

人们常说"一千个读者就有一千个哈姆雷特"。对这句话的理解，我们一般只停留在这样一层意思上：在艺术欣赏的世界里往往是仁者见仁、智者见智；然而，这句话的另一层意思却常常被人忽视，在这"一千个读者"心中的"一千个哈姆雷特"，其生动性、深刻性是大相径庭的，如果要这"一千个读者"把他们各自心目中的哈姆雷特描述出来，再让行家加以比较，那一定能分出个轩轾高下。因此，虽然欣赏者的学识、阅历、性别、趣味、心境等因素的不同，将会导致他们对同一个欣赏对象产生不同的欣赏效果，但这不同的欣赏效果是有境界高下之别的。这就意味着在艺术欣赏的世界里，不是仅凭主观随意性的理解而莫衷一是，而是遵循一定规律的理性的知解过程；故而对初识之人的合理引导以臻于艺术欣赏的更高境界，是当为而又可为的。

那么,怎样使戏曲观众的戏曲欣赏臻于更高的艺术境界呢?要回答这个问题,我们必须弄清戏曲艺术的自身到底能呈现出多少种境界,也就是说,戏曲艺术的"看点"到底有多少个。

我以为,戏曲艺术的境界是多层呈现并以由低到高的序列而渐入妙境的,这些层次及其序列是:热闹的境界,故事的境界,歌舞的境界;这些境界所对应的"看点"是:看热闹,看故事,看歌舞。

## 一、热闹的境界

戏曲的热闹境界是指戏曲演出场面上的热闹气氛,它包括演员舞台上的热闹表演和观众席上的热闹观赏两个方面。

中国戏曲从它诞生的时候起,就有一种追求喜庆热闹、感官愉悦的娱乐化倾向。尽管上古时期巫祝们的祭典表演带有某种宗教性的神秘,但在这神秘的祭典仪式中,渗透着先民们在群体活动中的心理愉悦;之后,先秦的优、汉代的角抵戏、唐代的参军戏,直至戏曲成熟时期的宋元杂剧,都有一种娱乐性的追求。正是这种娱乐性的追求,各种名目的杂耍、魔术、奇巧技艺才不拘一格地吸纳到戏曲表演中来,使戏曲舞台融会了各种技艺性的表演,再加上演员们的俊美面容,锣鼓敲击出的欢快节奏,演绎出引人入胜的视听大餐,使整个戏曲舞台呈现出热闹非凡的境界。这种热闹的境界,即使对戏曲常识一无所知的人,只要他(她)有一副正常的感觉器官和心理,他(她)都能感受到戏曲的热闹境界所带来的快乐。

除了戏曲舞台上的热闹表演外,戏曲的热闹境界还表现在观众看戏时的热闹地观赏。中国戏曲的悲剧色彩大多较为轻淡,即便是表述悲剧故事,往往也是以大团圆来收场;当花部取代雅部之后,戏曲的悲剧色彩更加淡化,而喜庆热闹的成分越发浓郁。故在中国传统社会里,大户人家每逢喜庆节日的时候,差不多都要大摆戏台热闹热闹,在他们的脑海里,戏曲就是件热闹的事。自从有了戏院以后，市民百姓便有了热闹的好去处，许多观众去看戏，图的就是戏院内的轻松热闹的劲儿。对此，不熟悉中国戏曲文化的域外人士感受尤为深切，苏联剧作家特莱杰亚考夫说："我总觉得苏联观众在印象上对中国戏剧有所曲解，因为中国戏剧在这里给抹去了它的社会背景而给放在我们的'艺术殿堂'里了。中国戏剧在演出时的气氛根本不是那么神圣。演出时间经常持续七八个小时。观众席里难以想象的燠热，空气也不畅通，人们在演出过程中随意来来去去，嚼糖吃水果，喝茶，茶房把热手巾把儿扔给那些想擦擦脸和身上的汗的观众。在这种情况下，观众对戏的注意力完全不同于我们'识别'角色那样聚精会神，而是有时全神贯注，有时松弛休息，倒有点像布莱希特同志提到拳击场里出现的那种情况。观众在那些重要场面展现的'围合'之间热烈讨论角色的动作，特别是讨论不同演员不同的作派。"①特氏的这段描述，确实符合当时中国戏院里的实际情况。这里虽然"燠热"，"空气也不畅通"，但并不妨碍观众欣赏戏曲，相反，它正是观众乐在其中的热闹情境。现在，中国戏院里的观剧环境已大为改善，"燠热"和"空气也不畅通"的现象大都销声匿迹，但在茶水瓜果的品尝中热烈讨论、热烈喝彩的热闹情境却一直延续着。这样，台下的热闹情境与台上的热闹表演交相辉映，构成了戏曲欣赏的第一层境界——热闹的境界。

## 二、故事的境界

王国维先生在《戏曲考原》中给戏曲下了一个很简洁的定义，这就是"戏曲者，谓以歌舞演故事也"。王氏的这一定义，差不多已被学界奉为圭臬。从这一定义中我们不难发现"故事"在戏曲中的重要性。一台戏曲，如果仅仅只有热闹的场面而无其他实质性的内容，那只能成为哗众取宠的噱头，久而久之必将遭到观众的唾弃。因此，戏曲艺术必须在热闹境界的基础

---

① 转引自陈维昭：《中国戏曲的双重意义阈》，《戏剧艺术》2001年第3期，第11页。

古代戏曲研究　**219**

上翻出新的境界,我以为这新一层的境界便是戏曲的故事境界。

"故事"是贯连舞台表演的一根红线,戏曲之所以能一幕接一幕地演出,是因为"故事"在发生、发展着;"故事"不结束,舞台演出就不得结束,"故事"结束了,再在舞台上上演何等热闹的表演也是多余的。从这个意义上讲,戏曲的故事境界高于戏曲的热闹境界。

戏曲故事以演绎人间的悲欢离合而构成了一个意义的世界。从创作的角度说,戏曲故事一般要选取生活中富有戏剧性的事件来作为自己的题材,通过戏剧冲突来完成对剧中人物的塑造。因此,好的戏曲故事必须要有戏剧冲突,并且,"单有一般性的冲突还是远远不够的,关键在于要在人与人之间展开那种不同欲望、不同激情的冲突,也可以说是在舞台上打一场情感对情感、灵魂对灵魂的'战争'。这'战争'改变了剧中人原有的处境、关系与生活秩序,突显了人的精神面貌与性格特性"[①]。这样,围绕着好的戏曲故事,又形成了三个"次看点":

1. 看情节。所谓戏曲故事,它不是以囫囵块状的形式存在的,它有一个发生、发展、结束的过程,这一过程就是情节;因此情节是戏曲故事的外在线索,是引领观众进入戏曲情境之中的隐形向导。

情节是按照生活逻辑组织起来的一系列事件的总和。在同一台戏曲里,情节将构成一个自足的整体,因此它也能成为一个自足的欣赏对象。好的情节在按照生活逻辑组织一系列事件的时候,不仅能在事件的发展中揭示人物命运的变化过程,而且能使事件的发展过程充满悬念,出人意料而又合情合理,既有扣人心弦的紧张性,又有引人入胜的曲折性,使人在惊心动魄的观赏中享受着戏曲情节所带来的审美愉悦。

2. 看情致。情节是戏曲故事的外在形式,而戏曲故事的内在本质是蕴藏在情节之中的情致;对此,黑格尔作了这样的论述:"每一个动作(指情节中的行为——引者注)后面都有一种情致在推动它,这种推动的力量可以是

---

① 董健、马俊山著:《戏剧艺术十五讲》,北京大学出版社2004年版,第73页。

220　曲苑拈梅:黄梅戏与古代戏曲卷

精神的，伦理的和宗教的，例如正义，对祖国、父母、兄弟姊妹的爱之类。"①
因此，情节的曲尽其妙，是因为人的情致的曲尽其妙；故在戏曲故事的构建
中，应该以人为本、以情为根。汤显祖说："情不知所起，一往而深。生者可
以死，死可以生。生而不可与死，死而不可复生者，皆非情之至也。"②他的
"临川四梦"也是"因情成梦，因梦成戏"的。因此，情或情致是构建戏曲故
事境界的灵魂。反过来，观众在欣赏戏曲故事的时候，也是注目于戏曲故
事中的生动曲折之"情"。如果戏中无情，有谁还会愿意花钱费时地去观赏
呢？中国戏曲的故事题材虽很繁多，但最受欢迎的戏曲故事还是那些饱含
人间真情的剧目，如《牡丹亭》、《桃花扇》、《宋士杰》、《天仙配》、《白蛇
传》、《梁山伯与祝英台》，等等；这些优秀剧目的故事内容，由于展现了人
的情感世界的极致而成为观众们的永恒看点。

3. 看理念。戏曲故事的第三个看点是思想理念。高则诚在《琵琶记》
第一出借副末之口说道："不关风化体，纵好也徒然。"长期以来，由于儒家
诗教理论的影响，许多人试图通过戏曲舞台来实施他们的高台教化的主张，
而他们高台教化的理念无非是忠孝节义。在一定的历史范围内，这种理念
也并非是一无是处的。陶奭龄说："今之院本，即古之乐章也。每演戏时，见
有孝子、悌弟、忠臣、义士，虽妇人牧竖，往往涕泗横流。此其动人最切，较之
老生拥皋比，讲经义，老衲登上座，说佛法，功效百倍。"③

借用戏曲的形象性和生动性来劝人为善，并且达到了"功效百倍"的效
果，当然无可厚非。但是，戏曲故事的思想理念如果仅仅限于这么一点，那
是非常寒碜的。在新的历史时期，戏曲故事的思想理念必须突破忠孝节义
的樊篱而向人性解放的深处挺进。因此，高扬民主、自由、人道的旗帜，启发
人们摆脱愚昧的精神状态，做一个独立自由、思想解放、勤劳善良、有自尊而
又尊重他人的现代人，是优秀戏曲故事所操持的思想理念，如京剧《曹操与

①　［德］黑格尔著，朱光潜译：《美学》第三卷下册，商务印书馆1981年版，第246页。
②　汤显祖：《牡丹亭·题词》，人民文学出版社1963年版。
③　转引自赵山林著：《中国戏剧学通论》，安徽教育出版社1995年版，第660页。

古代戏曲研究　　221

杨修》、川剧《潘金莲》、黄梅戏《徽州女人》，等等；这些剧目中的故事的发生背景虽然是在很久以前的过去，但剧作家借用这些过去的故事所要表达的思想理念却是现代的；这些戏曲的故事内容凭借着深刻的思想理念而使其本身成为观众注目的焦点。

## 三、歌舞的境界

在戏曲欣赏的实践中，我们经常看到这样的现象：许多观众对某一剧目的故事情节早已烂熟于心，但还是乐此不疲地前往戏院进行观赏，而且是百听不烦、百看不厌。这一现象告诉我们，在戏曲欣赏的过程中，看完热闹、看懂故事并不意味着戏曲欣赏的结束，还有更高层次的美感等着我们去发现。我以为这更高层次的审美境界便是戏曲的歌舞境界。

中国戏曲相对于西方的戏剧，确有其独特的审美特质。中国戏曲是"无声不歌、无动不舞"，而这歌与舞又是以极富民族特征的程式展现在观众的面前，也就是说，中国戏曲是以程式演歌舞。

戏曲的程式是源于生活而又高于生活的，并且是对具体生活情形的诗意般的提炼。它以局部标示整体的结构方式完成了对社会生活的写意性的表现。如演员持鞭上场以示乘马而来，演员握桨摇划以示船行河中，一个圆场代表着行程百里，几个龙套代表着万马千军，等等；可以说，离开了程式，戏曲的歌舞将无所附着，不懂程式，观众的欣赏将无法进行。

"程式是人与人之间的一种契约。程式是人创造的，一种程式创造出来之后，如果得到约定俗成，它在文化中就具有生命力，具有规约性。"① 因此，戏曲的程式是在长期舞台实践中产生的、并在演观之间达成心灵默契的意义的呈现方式，它本身就是一种"有意味的形式"，是心灵世界的形体表达。戏曲演员在唱念做打的时候，无不凝结着戏曲程式的规约与滋养："唱有唱

---

① 陈维昭：《中国戏曲的双重意义阈》，《戏剧艺术》2001年第3期，第9页。

的腔调，念有念的规矩，做有做的范式，打有打的套路。"① 各种程式的美妙组合，构筑成戏曲的另一个自足的欣赏对象——歌舞的境界。

在欣赏戏曲歌舞境界的时候，我们必须廓清一些认识上的偏见。由于中国戏曲是以程式表演歌舞，这往往让一些不懂戏的人担心这种表演是不是太呆板了；其实这种担心是多余的。首先，程式的产生、完善，直至定型，经历了漫长的演出经验的积累过程，是多少代艺术家表演艺术的结晶；它的一招一式、一唱一白、一板一眼，无不优美动听，其本身就是以完美的形态呈现出来的；比如人走路的步态，各人往往有各人的走法，但戏曲用"急急风"之类的锣鼓点儿规范戏中特定人物的步态，这样就使戏中特定人物的步态富有了节律的美感，从而给人以赏心悦目的审美享受。其次，程式虽有一定的定制，但优秀演员运用起来却可以灵活多变；好的演员不是为程式而表演程式，而是通过程式的表演来为塑造人物服务；因此，对各种程式的重新组合，或者对某一程式的适当变形，正是戏曲表演的艺术创造之所在。以上两点告诉我们，戏曲程式非但不是僵化呆板的，而且是极富艺术生命力的。

"登台演剧，贵在传神"，以形传神，形神兼备是以程式演歌舞的最高境界。故在欣赏戏曲歌舞的时候，不但要识其形，更要见其神，通过见其神来玩索戏曲歌舞的韵味。因此在戏曲欣赏的圈子里，有"听戏，瞧电影"的说法。梅兰芳说："那时观众上戏院，都称听戏，如果说是看戏，就会有人笑他是外行了。有些观众，遇到台上大段唱工，索性闭上眼睛，手里拍着板眼，细细地咀嚼演员的一腔一调，一字一音。"② 这种"得意忘形"之态，可谓进入了戏曲欣赏的最高境界。

戏曲欣赏的三层境界，是在欣赏戏曲的过程中所见到的三种不同的景观，但这三种不同的景观并不是所有的人都有能力全部看到；常言道"会看

---

① 董健、马俊山著：《戏剧艺术十五讲》，第162页。
② 转引自孙惠柱：《第四堵墙——戏剧的结构与解构》，上海书店出版社2006年版，第175页。

古代戏曲研究　223

的看门道，不会看的看热闹"，说的就是在戏曲欣赏的世界里，各人的欣赏能力是有高下区别的。对于那些欣赏能力较低的观众来说，看戏也许是仅仅看个热闹而已；而对于那些对戏曲知识一无所知的后生们来说，再美妙的戏曲也许只能用着催眠。因此，揭示戏曲欣赏的方法，引导观众进入戏曲欣赏的最高境界，这对弘扬戏曲文化来说是十分重要的。本文揭示的戏曲欣赏的三种境界，是对以往戏曲欣赏经验的总结，倘若它能对读者的戏曲欣赏的水平有所提升，这是作者感到十分欣慰的。

（本文原载于《中国戏剧》2007年第9期）

# 论两部早期聊斋戏的"写心"旨趣

胡 瑜

小说是清代戏曲创作的重要题材来源，先后形成了"三国戏""水浒戏""红楼戏"等蔚为大观的创作潮流。据学者统计，仅"道光以后至辛亥革命之前"，由文人改编并流传至今的"聊斋戏"剧本即有23部之多。①除数量之外，改编者对于《聊斋志异》文本接受之迅敏与深入，也让人印象深刻：乾隆三十一年（1766），青柯亭刊本甫一面世，越二年，即有常州人钱维乔据其中《阿宝》改编作传奇《鹦鹉媒》，是为已知最早的"聊斋戏"。无独有偶，第二部改编之作亦出自常州人——陆继辂。嘉庆八年（1803），他选取《西湖主》与《织成》，捏合而成传奇《洞庭缘》。两部早期"聊斋戏""无论在内容上还是主旨上都对小说进行了不少改动，在结构上有所改变、创新"，与此相反，清末集中出现的大量"聊斋戏"则"大体上承袭了小说格局，无论在内容还是主题的阐发上照搬小说的痕迹明显，而结构上也基本套用之前的传奇模式"②。"聊斋戏"前后特色的迥异，由此可见一斑。惜所见论述未及深入阐明其中缘由，尤其是有关两部早期之作的解读仍有较大空间。笔者认为，正是钱、陆两位曲家对于"写心之旨""自传之意"③与"情感的真实"的自觉追求，决定了他们在改编中对原著情节的大加"篡改"。那么，"写心"是如何渗透于其中的？这对于解析清代中后期文人戏曲创作，又能提供怎样的思考呢？

①② 郑秀琴：《清代聊斋戏的总体特征》，《艺术百家》2008年第3期。

③ 此处借用了清代杂剧中颇具匠心的创作"范式"——"写心"来概括这一创作特色。参考杜桂萍：《写心之旨·自传之意·小品之格——徐爔〈写心杂剧〉的转型特征及其戏曲史意义》，《南京师范大学学报（社会科学版）》2006年第6期。

古代戏曲研究 **225**

# 一、伤逝之作:《鹦鹉媒》中的"自况"意味

钱维乔 (1739—1806),字季木,号竹初,维城弟。江苏武进人。著有《竹初乐府三种》《竹初诗钞》《竹初文钞》等。乾隆三十三年 (1768),时年30岁的他因科举失利而辗转至江苏如皋,以教席谋生。其间寓居由冒辟疆水绘园旧址重修的水明楼上,曾作《水明楼记》,追思冒氏生前广结宾朋、纵情逸乐的生活。祸不单行,是年四月一日,维乔发妻汪氏病故,留下一对年幼的子女,以及"除负郭田外,无一束箸"①的四壁皆空之家。维乔与汪氏青梅竹马,汪氏更是他在科举困顿的人生低谷时期相依为命的伴侣,因此,钱维乔的丧偶之痛是难以想象的。为了排遣前途未卜、孑然孤身的愁闷,钱维乔在如皋坐馆之余,将个人精力悉数付诸两部篇幅颇大的传奇创作上,先后完成了以悼亡为主题的《碧落缘》与《鹦鹉媒》。《碧落缘》改编自汉代乐府《孔雀东南飞》,敷演焦仲卿与刘兰芝夫妇的生死恋情②,这亦是已知最早将此长篇叙事诗改编为戏曲的创作。"碧落缘"当取自白居易《长恨歌》"上穷碧落下黄泉,两处茫茫皆不见",借唐玄宗苦觅死去的杨玉环这一历史故事,表达一种无法承受的相思之痛。而据维乔自述,《鹦鹉媒》的创作缘起在于《碧落缘》完成月余,作者的哀思仍绵绵不绝,对于逝者的牵挂远未获得超脱,于是他"揪然而叹曰:嗟乎! 情之不可以已也如是!"③并开始了《鹦鹉媒》的创作,再度尝试用作剧来拯救身处悲痛泥沼而无法自拔的情感与灵魂。

鉴于此,《鹦鹉媒》与原著相比,主旨意趣、情节、人物均发生了明显变化。钱维乔的改编意在突出自身在遭遇生死离别之际对于生命与爱情的思考,并且在剧中不惜借助于"物化"的灵异手段,来突破生死的界限,以追

---

① 〔清〕钱维乔:《亡妇汪孺人事略》,《竹初文钞》卷五,《续修四库全书》第1460册,上海古籍出版社2002年版,第269页。

② 《碧落缘》剧本已佚,剧情由逍遥子著《后红楼梦》之首尾两回得知。如该书最末一节直接以"林黛玉初演碧落缘,曹雪芹再结红楼梦"为题,亦可由此推测《碧落缘》或许曾经搬演于舞台。

③ 〔清〕钱维乔:《〈鹦鹉媒传奇〉序》,《竹初文钞》卷一,《续修四库全书》第1460册,第207页。

求爱情双方的天长地久。相应地,原著所着力表现的孙子楚与阿宝结合的"事之奇",到了《鹦鹉媒》则变为着重敷演的两人因生死不渝的爱情信念而终得完聚的"情之奇"。从人物形象而言,原著似乎高出《鹦鹉媒》一筹,因为阿宝对于恋爱、婚姻的自主意识,是王宝娘所不具备的,且《鹦鹉媒》中无论男女主人公皆带有浓厚的宿命思想,这更加削弱了原著中人物的可贵性情。但是,若从言情的角度而言,《鹦鹉媒》实高出了《阿宝》一大截,尤其是对主人公孙子楚"痴情""苦情"的描摹尤见力度,不仅着重于表现他追求之苦,更突出了他求而不得后越发坚定的信念。第九出《朋剖》中,孙子楚面对自己的断指表白道:"小生前日发愤去了这只指,又托巫妈妈去致意小姐,你看他并没个回音相覆,不知果然去也不曾。咳!小姐,难道我孙子楚这样苦情,你还有甚憎嫌也呵!"钱维乔不仅将孙子楚塑造成一位痴情者,而且一再借他之口唱出自己内心苦涩的思念:"恨佳人,守深闺心儿太忍,不解书生悃。是伊家形容逗的销魂,还则是受奚落些儿不嗔。那更拼骨肉为卿伤损,便铁石也留神。"

此外,钱维乔还在剧中设置了诸多情节让孙子楚为爱情经受种种考验,既疏解了内在的"苦情",又强化了人物坚定的爱情信念。在恋情的开始,孙子楚即"断指"表示爱的决心,此后情节的设计越发离奇:孙子楚为王宝娘两度离魂,命若游丝,最终只能在友人李蕴之及学中老师的鼎力相助下,才与宝娘双双生还、结为夫妇。第三十出《画叙》,以宝娘之口代言痴情书生的苦情衷怀:"端只为志诚一个,守虚缘拼却多磨。几瞒他侍妾长吁,感煞你新诗苦和。如何,直到物化相寻,不曾把前情轻抹。也算的心坚金石,两边担荷。"但在丧偶的剧作家看来,即便如此仍不足以宣泄其感伤。因此又改动了原著情节。原著为孙与阿宝结为夫妇三年后,孙忽然生病,将殁之时复活,言冥王以其妻贤而令再生。《鹦鹉媒》则改作孙王婚后半月,孙病逝,王即殉情,后双双冥释得返人间。此处的改动含意颇深,将孙生病的时间由婚后三年改为婚后半月,无疑是为了突出男女主人公在两情相悦的欢畅时节遭遇突如其来的分崩离析时的心灵剧痛。增添宝娘的殉情的情节,虽然不无礼教风化观的影响,然而在此处却加深了情人之间同生共死的感人意味。尽管结局《双还》一出虚拟了孙王双双生还的大团圆结局,该出的重头戏却是两人重逢时感人肺腑的互诉离情。孙子楚道:"俺苦悠悠刚别的妆台远,你惨生生却寻来残魄边。若不是返斜阳一梦牵,怕还在绕悲风两下悬。似这等地窟里夫妻,今日睁睁也,怎不入骨恩情双泪涟。"这实可看作是钱维乔自我"写心"之辞。王宝娘亦倾诉:"还待赤紧偎依,只怕轻离也,犹恐是邂逅泉台幻里缘。"唱词之所以感人,实缘于作者对恋人心理的深入揣摩,他想象亡妻如有灵念亦当苦苦思念自己;一旦有奇迹得以再生重逢,喜悦之余必然惧怕会再度失去。

通过以上的分析,我们可以领略钱维乔作剧的动机在于"浇自己块垒",其作品旨趣在于弥补丧妻后日常生活中的情感缺失。在改编过程中,他并不拘泥于原作的叙述细节,而是尽力营造与自己生活、情感细节相互贴切的氛围,企图最大限度地达成自己与剧中人物的情感共鸣以寄托内心的相思。对于"写心之旨"与"自传之意"的追求,可说是钱维乔此篇悼亡之作的创作旨趣。

## 二、应酬之曲:《洞庭缘》中的"感遇"情结

陆继辂(1772—1834),字祁孙,一作祁生,号修平主人、崇百药斋主人。江苏阳湖人。著有《崇百药斋文集》《合肥学舍札记》、杂剧《碧桃记》、传奇《洞庭缘》等。嘉庆八年(1803),陆继辂落第后入松江李廷敬幕。其间曾有"入幕遍集高才生,就中我辱青眼最"[1]之句,可见他极受幕主的礼遇。同时活跃于李府的常熟女史归懋仪亦记载了陆氏在幕中的优越处境:"怜才难得使君偏,列宿常看聚绮筵。有客月明吹玉笛,醉吞沧海制新篇。"[2]李廷敬喜

---

① 〔清〕陆继辂:《送李兵备入觐》,《崇百药斋文集》卷二,《续修四库全书》第1496册,第589页。
② 〔清〕归懋仪:《味庄师招看〈洞庭缘〉新剧,次祁生自题韵》,关德栋、车锡伦编:《聊斋志异戏曲集》,上海古籍出版社1983年,第240页。

爱戏曲，其家班的演出在嘉庆年间的松江地区颇负盛名。李家班曾习演陆
继辂早期的一部长达三十六出的传奇《秣陵秋》（与同里庄逵吉合著）。在
筹备李廷敬晋京述职的欢送筵席时，陆继辂受命填词作剧。他选择了《聊
斋志异》的《西湖主》与《织成》，将两则故事穿插一起，敷演成陈弼教、柳
宗望与西湖主、织成的遇合故事，即《洞庭缘》。故事以贾绾奉旨西征，陈弼
教与落第书生柳宗望相约先后随贾至其蜀地幕中开始，以洞庭君、陈弼教、
柳宗望为副将军贾绾饯行之《圆宴》作结。在《圆宴》一出中，贾绾所承受
的陈、柳二人之溢美："你本是左元仙伯，宰官身亲承帝眷。休问他怎时冲
举，只将你相业勤宣。圣贤仙佛转轮般，待细把千秋青史看。"实则为陆继
辂对幕主李廷敬知遇之恩的感激与歌颂。剧中的贾绾其实是对李廷敬的影
射，贾绾的"奉敕还朝"，所指实为李廷敬的晋京述职。宇文所安曾把唐代
的宫廷诗称作"一门社交的艺术"①，而"社交"的意味同样存在于陆继辂的
《洞庭缘》创作过程中。只是戏曲的"代言体"性质多少使他在其中表达的
对于李廷敬的歌颂不至于太过肉麻。为了更好地配合宴席的氛围，陆继辂
还在末出中着意安排了热闹的、载歌载舞的表演形式，并特地对于场上动作
加以说明："每一段歌舞毕，轮奉一巨觞。"

　　这样看来，《洞庭缘》的创作动机、创作旨趣似乎与前面分析的《鹦鹉
媒》的"写心""自传"截然不同。但是，细读《洞庭缘》会发现"写心"与
"自我情感的真实流露"依然是这部作品在题材选择中的依据，在架构情
节、设置关目时的内在逻辑。剧中的陈弼教与柳宗望（以柳生为原型）为
好友，两人相约同赴巴陵，先后与洞庭君的公主（据西湖主原型改编）、织成
（剧中作为洞庭君妃的婢女）相遇，结为神仙眷属。剧情于此戛然而止，不
复敷演《聊斋志异》中的后续情节。全剧共十六出，在情节设置上多为平
铺直叙，所重唯在于对人生际遇之离合兴衰的感怀。首出《幻影》以【满江
红】曲点明了全剧主旨："慧剑不挥离别感，罗巾合揾英雄泪。借荒唐旧梦

---

① ［美］宇文所安著，贾晋华译：《初唐诗》，生活·读书·新知三联书店2004年版，第173页。

写新愁，从憎爱。"随后，陈弼教场自我剖白："小谪红尘二十年，狂来欲笑李青莲。无端醉捉波中月，不作天仙作水仙"，表明的是一种高洁的归隐心态。随即引出柳宗望落第一事："这柳生雅抱金丹之癖，未灰用世之心。春初计偕北行，闻已下第。咳！元伯，元伯，你怎么这般看得不达！你见近科礼部这一张榜上，可有几个知名之士来吓！"陈弼教的一番言语正不妨看作是该年春试落第的陆继辂的一番自我慰藉。面对现实遭遇深感无奈与无力违抗，冀图以归隐、神仙之道来超脱俗尘，可以说是陆继辂在塑造柳宗望与陈弼教两位人物形象时的用意所在。

此外，《洞庭缘》中两对男女主角的爱情离合虽然占据了大部分的篇幅，然而，不论是主题意旨，还是行文的出彩之处，皆在于抒发人生遇合之感慨。几处对于爱情的描写皆袭用套路，未及深入人物的内心，皆不若首尾两出中表现的陈、柳二人对于功名前程的渴望、欣羡的心态，与作者创作此剧时适逢"落第归来"之际遇两相契合。第二出《寄幕》中【醉罗歌】唱道："有客有客天上来，谪堕谪堕恁苍黄。只愁你，如云意气忒轩昂，消不尽雄心壮。功名得失，今番浅尝；悲欢游戏，今番下场，道心肯被尘心障。非相谤，休悒怏，少不得白云红尾跨双双。"如果从对传奇"言情"模式的超越而言，《洞庭缘》的遇合感怀实不失其个性。

## 三、由"写心"而"情感的真实"及其与清代戏曲的案头化

李渔曾指出："传奇妙在入情"[①]，"传奇无冷热，只怕不合人情"[②]，"情到极真文便好"[③]。综合而言，可谓之"情感的真实"，此为构筑戏曲情节最为合理的内在逻辑，也是钱维乔与陆继辂改编时共同遵守的编剧原则。这一原则同样存在于清代红楼戏"绝大部分的作品，尤其是出数或者折数较多的

---

① 〔清〕李渔：《闲情偶寄·演习部·变调第二》，《李渔全集》卷三，浙江古籍出版社1992年版，第73页。
② 〔清〕李渔：《闲情偶寄·演习部·选剧第一》《李渔全集》卷三，第69页。
③ 〔清〕李渔：《寄答陈学山少宰》，《李渔全集》卷一，第189页。

作品"中，它们"并不甚关注是否符合'曹雪芹原意'"，而更为追求"阅读时情绪的满足感"①。所以，尽管名为"聊斋戏""红楼戏""三国戏"，却往往并非是对原著的忠实反映，更多的是"借他人酒杯，浇自己块垒"。

如果将研究的视域进一步放大，"真实"作为文人创作戏曲时的原则与特色之一将更为明显地展现出来。自清初廖燕在《柴舟杂剧》中"以作者自身为剧中人"，首开杂剧的自传性创作手法之后，乾隆年间徐曦以十八出《写心杂剧》秉承了这一传统，杂剧的写实特征已蔚然成风气②。如，陆继辂在《洞庭缘》之后创作的杂剧《碧桃记》，据其现存的《雨画》一折可知，剧本完全依照友人吴嵩梁姬妾岳绿春的事迹创作。同里汤贻汾曾在山东灵丘任上感于自身所经历之捕贼、访友事，而据实创作《逍遥巾》杂剧。剧中人名、事由完全据实敷演。除了备受关注的"写心"式杂剧之外，"写心"与"自传"之意亦已在嘉道年间文人的传奇创作中荡起层层涟漪。据曲家蒋学沂《纪龙夫人事》所载亦能窥见其端倪："嘉庆丙寅冬十月，值五郎镇兵叛，余客关中，得夫人事甚悉"，"甲申春，始（与杨将军）相遇于京邸，谈此事颠末，属谱传奇未暇也"③。曲家陈森亦曾坦言《梅花梦》传奇的创作"未半月而就"，从第一出至第十六出，谨依好友张若水《梅花梦》七律而成，剧中张若水、梅小玉、英济庭、沈愚山、海东川、言希立等皆为真人真名，只是对个别人物的身份有所改动。④可见在嘉道年间，以"传人事迹"而创作传奇同样成为一种风尚。降至光绪年间，仍不乏"纪传体"的戏曲创作，如同为常州曲家的谈小莲即将同里刘心珏的纪实性五言古诗《沈娥行》改编作《孝娥记》传奇，为一位普通的民间忠孝女子作传。⑤由此可见，戏曲创作由注重"情感的真实"，逐渐产生了对于真实的严重依赖，甚至于形成了"纪传体"的戏曲。由此带来了文人戏曲选材视视野的狭窄，创作情趣的孤芳自

---

① 李文瑶：《〈红楼梦〉戏曲研究》，复旦大学2010年硕士学位论文，第17页。
② 杜桂萍：《写心之旨—自传之意—小品之格—徐曦〈写心杂剧〉的转型特征及其戏曲史意义》。
③ 〔清〕蒋学沂：《纪龙夫人事》《菰米山房文钞》，清代抄本，南京图书馆藏。
④ 〔清〕陈森：《梅花梦事说》，《梅花梦》，民国石印本。
⑤ 胡瑜：《近代曲家谈小莲事迹考》，《文教资料》2009年第18期，第167—169页。

赏，对于舞台搬演、大众趣味的无暇顾及，必然加剧案头化的趋势。当然，对于趋实的题材演变特征的评价不能简单化，特别是深入到具体的作品中时，便会发现一些感情充沛、格高意淳、凸显时代文心之作。但相对于清代戏曲舞台艺术的成熟与大放异彩，"真实"亦难以扭转剧本创作的衰颓之势。

（本文原载《戏曲研究》2014年第1期）

# 晚清曲家蒋学沂及其孤本戏曲考论

胡 瑜

　　近年来，清代戏曲研究尤其是有关曲家曲作的发掘、整理与研究颇受学界关注，但仍存在为数众多的"戏曲作品今存，而生平湮没不彰、或所知甚少"[①]的清代曲家。蒋学沂即其中之一。学沂，字小松，号藕湖居士，江苏阳湖人。著有《菰米山房集》(内有《菰米山房文钞》、《菰米山房骈文钞》、《藕湖词》、《闽谈》)及传奇《紫兰宫》与《麒麟阁》。其生平未见方志著录。唯《清代毗陵名人小传稿》言其："工骈体文及诗词，词清句丽。诗文不难于丽，而难于清。学沂得之矣。"[②]蒋学沂的传奇最早见录于《清代毗陵书目》，现当代戏曲类书目中唯《明清传奇综录》见录，然仅言两种传奇为"藕湖居士"所作，现存钞本，藏于中国艺术研究院。邓长风、张增元曾分别在20世纪八九十年代分别对蒋学沂的曲家身份有所考证，指出他是常州词派成员、吴垲女婿，与陆继辂交好，曾合著《萍聚词》。[③]但在他们的考证中，蒋学沂现存的钞本《菰米山房集》与传奇《紫兰宫》、《麒麟阁》均未被提及。笔者分别于南京图书馆与中国艺术研究院图书馆查阅到了这几种珍贵文献，故结合其他资料，对蒋学沂生平与戏曲创作进行研究。

---

① 邓长风：《也谈清代曲家曲目著录的几个问题》，《明清戏曲家考略全编》，上海古籍出版社2009年版，第620页。

② 张维骧编纂：《清代毗陵名人小传稿》卷七，台湾新文丰出版公司1983年版。

③ 分别参见邓长风：《明清江苏五位戏曲家的生平》，《明清戏曲家考略全编》，第11页；张增元：《近年新发现的明清曲家史料汇录》，《中华戏曲》1997年第1期。

古代戏曲研究　233

# 一、蒋学沂生平考

## 1. 生卒

学界对蒋学沂的生平史实至今仍语焉不详。如赵伯陶即言其"生卒年不详，约与董士锡（1782—1831）同时"[①]。《清人诗文集总目提要》将其生年判定在乾隆五十一年（1786）至乾隆五十五年（1790）之间。朱德兹《近代词人考录》言其生卒约为（1780？—1840？）之间。邓长风则据陆继辂称呼蒋学沂之口吻，推测其年辈或当晚于陆。笔者将另据两则资料，进一步推测蒋学沂的生年。一为他所作《周卓云哀词》中所云："君亦以弟畜余，过从无间。"查周卓（亦写作"倬"）云，名为汉，浙江浦江人，生于乾隆三十九年（1774）四月丁未，年三十有九。[②] 另一则为陆继辂《冶秋馆词序》："自是二十余年，周伯恬、魏曾容、蒋小松、董晋卿、周保绪、赵淑珊、钱申甫、杨邵起、董子诜、董方立、管树荃、方彦闻又数十辈也，溺苦为之。其旨益深远，而言益文，骎骎驾张氏而上。"[③] 陆继辂所列举数人皆为常州词派早期核心成员，密切的乡谊、文谊令彼此极为熟稔，略核查此数人的生年，即可知陆氏在此大致是依照年序来进行排序的。其中，周仪暐最长，生于1777年。魏襄其次，生于1778年。周济与董士锡分别生于1781年与1782年。钱相初，字申甫，1783年生。董佑诚，字方立，生于1791年。方履篯，字彦闻，顺天大兴人，原籍阳湖，生于1790年。值得注意的是，董士锡与周济既为常州词派中坚，如非蒋学沂年龄略长于此二人，陆继辂当不至于将其置于董、周之前列出。因此，上述两则资料互证，即可大致确定蒋学沂的生年当在1778—1782年之间。

---

① 赵伯陶著：《张惠言暨常州派词传》"蒋学沂小传"，吉林人民出版社1998年版，第287页。
② 〔清〕陆耀遹：《清故登仕郎候选县主簿周君墓记（代）》，《双白燕堂文集》卷上，光绪四年刻本。
③ 〔清〕陆继辂：《冶秋词馆序》，《崇百药斋续集》卷三，《续修四库全书》第1497册，上海古籍出版社2002年版，第80页。

载有蒋学沂卒年信息的资料，可参见陆继辂《崇百药斋三集》卷十《里中朋旧徂谢，恽洁士、孙于丕、张翰风、丁若士、蒋小松半年中皆已下世，自顾衰病，过从寥落，归期渐近，怆然成篇》。依次查检诗题所载各人卒年：恽洁士，即恽秉怡，号梧冈，恽格后人，卒于1833年；孙于丕，即孙让，号仿山，卒于1832年；丁若士即丁履恒，卒于1832年；张翰风即张琦，卒于1833年4月4日。陆既指出数人在"半年中皆已下世"，则可推测蒋学沂去世的时间当在1832年末至1833年的上半年之间，终年当不超过55岁。

2. 家世

有关蒋学沂的家世，相关记载极少。据其自叙："舅氏……阳湖杨伦悉禾"（《七哀诗序》，以下凡在正文括号内标注篇名者，皆出自《菰米山房文钞》，不另说明），可知蒋母杨氏。杨氏为同里书香大族。杨伦（1747—1803），字西禾，为乾隆四十六年（1753）进士，官广西荔浦知县，晚年主讲江汉书院，与同里孙星衍、黄景仁、洪亮吉、赵怀玉、吕星垣、徐书受并称"毗陵七子"。杨伦的外祖为蒋金式①，其室号"菰米山房"，诗集名《菰米山房诗钞》②。无独有偶，蒋学沂亦以"菰米山房"为其文集命名，但蒋学沂及其亲友均未提及两者的关联，而蒋学沂是否即蒋金式后人亦无法遽定，暂且存疑。

蒋学沂之父名号、生平不见记载，暂不可考。唯《余翁传》中存只言片语提及其父与陆香森③为至交，两家由此结秦晋之好。据友人称其为"蒋大"，知学沂为家中长子④。兄弟中可知者仲弟永棋，字橼才，"力行家庭无间

---

① 杨伦《鹤宕放舟二首》自注："外氏祖蒋弱六、绍孟两先生皆读书于此"，《九柏山房集》卷一，清道光二十六年刊本。按，蒋金式（？—1722），字玉度，号弱六。阳湖人。康熙二十三年（1684）举人，授内阁中书。五十七年就怀宁教谕。工诗、古文，好著书。著有《翠楼居说骚》《菰米山房诗集》《杜诗编次》《批杜诗辑注》，最后一种存，前皆佚。

② 〔清〕汤大奎"吾乡蒋弱六（金式）先生读书鹤宕书斋，曰'菰米山房'。"《炙砚琐谈》卷中，《四库未收书辑刊》第十辑，第30册，北京出版社2000年版。另据乾隆十六年杨椿为蒋金式《菰米山房诗钞》所作序言，知该集为蒋金式孙惟梅所辑，或未经刊刻，今佚。

③ 按：陆香森（？—1808），江苏阳湖人。监生。历任广东阳江知县、天津知县、大同知府、平阳知府。因病卒于平阳署中。

④ 据其友人周仪暐《蒋大小松将赴洛阳、管大孝绎将赴都门送别一首》（《夫椒山馆诗集》卷十六，民国铅印本）等可知。

古代戏曲研究 235

言。为文尚跅弛。屡困童子试,年三十余以府首补府学生,岁试优等食廪。卒年三十九。制艺百篇,藏于家。子文保"(《十一哀诗传后序》);从兄维时,官县丞,曾与之订有"移住荒园之约"①。从舅钱季重,学沂曾为之作小传曰:"少以贵公子尚侠使气②,尝夜散千金立尽。家中落,行益不羁,蒙袂纳履,遇贵介或呼叱与语,时比之阮嗣宗、刘伯伦。卒贫死。"(《十一哀诗传后序》)

学沂为同里曲家吴垲婿,妻子为吴之养女紫③。吴垲(1757—1822),字古茨,一字礼石。武进人。乾隆四十九年(1784)召试二等。授中书,擢桃源同知、山东曹州知府,卒于任。著《礼石山房诗词》四卷,《皖江云》《人天诰》《护花幡》传奇三种,《金乡纪事杂录》若干卷。岳父吴垲无论就生活、事业还是文学创作均对学沂产生了较大影响。尽管所见文献中未明言学沂为赘婿,但据其友人周仪暐"一样依甥馆,今难与古同"④,又据学沂直言岳父"夙以科名助余,余愧不才,无所成就"(《外舅吴古茨先生传》),可知其于经济、事业上依恃于岳父之事实。吴垲殉职后五年,学沂撰《金乡城守日志》为其弘扬业绩,又以"恐家乘缺漏,无以贻后人,不为表彰而传述之,则余之责也"(《外舅吴古茨先生传》),作传详述其家世、生平与事功。

3. 主要经历

蒋学沂青年时期曾从张惠言学词,与董士锡、王曦及裘琨鸣合著《萍聚词》,张琦之子成孙于嘉庆二十四年(1819)为之刊刻。关于科举经历,现存资料中仅见:"忆戊寅秋,君馆汤阴幕中,余下第出都,过之。迎谓曰:'子来,大好! 知子资斧必罄,已储以待矣。'"(《家伯恺传》)可见学沂时

---

① 〔清〕陆继辂《怀东都故人》:"咏怀诗甫就,交共阿咸深。金石平生好,阔河此夜心。朝眠先饷粥,露坐戒被袗。何日分南宅(两君并有移住荒园之约),隔篱酬苦吟(蒋县丞维时、上舍学沂)。"《崇百药斋文集》卷十,续修1496册,第639页。

② 注:原本作"九",应为"气"之误,今据文意改。

③ 据吴垲《送紫寄女、棘生儿南归》(《礼石山房诗钞》卷一,嘉庆刻本)及蒋学沂《外舅吴古茨先生传》:"兄厚庵公卒,事嫂张孺人有加礼,抚孤侄女如己出",吴垲仅一女,应即为所收养之亡兄之女,名紫。

④ 〔清〕周仪暐:《与小松夜话感赋》,《夫椒山馆诗集》卷十六。

处窘迫境况，谋生所得远不足以应付各项开支，赴京参加科考所耗经费令其更加地捉襟见肘。而他何以占籍参加嘉庆二十三年（1818）戊寅恩科顺天乡试及与考试有关情形，未见记录。又，查此前后数年，学沂尚有两次流寓京师的经历，分别是嘉庆十八年秋与道光二年冬，皆是乡试之年（嘉庆癸酉科与道光壬午科）。因此或可推测他曾至少三次参加顺天乡试，均落拓下第。《紫兰宫》即作于壬午（道光二年，1822）暮冬，当时学沂遭受功名受阻的茫然，再加上岳父吴堦于前一年殉职离世，令其失去扶持，生计陷于困顿，暮冬仍滞留京城、困窘于寓中，其处境可以想象。学沂只有作曲聊度时日："拥败絮以挑灯，拨寒灰而命酒，凡二十余日而后脱稿。"（《紫兰宫自序》）

科举的挫折，使蒋学沂一生主要以幕僚为业，间或佣书[①]，萍踪漂移，南北不定。嘉庆十一年（1806），甫过而立的学沂即开始了游幕生涯，最初多折返于湖北之咸宁与关中之韩城、西安等地。如果说，初登旅程，似乎对天壤之间的奇丽景色怀还颇感新鲜："一磵隐深黑，双崖削远青。长河明似雪，残月小于星。卧趁轮蹄稳，铃声梦里听。"[②]待到差旅成为生活常态并须为之奔波，或身患疾病时，纵然同为车铃声，投射给人的感受也截然相反。嘉庆十三年（1808），学沂自西安启程前往山西高平，途经平凉等地，身患痒疾，曾记曰："道途况痒，忧思烦剧。铃声摇梦，车尘荡魂。"（《西行纪游诗序》）学沂的游幕生涯前后近三十年，先后浪迹于关中、中原、京、津、冀及闽地，期间或追随岳父宦迹（郯城、金乡、曹州），或独客异乡。他在频繁更替的工作及永难停歇的旅途中，曾以"怜君尚作无巢燕，似我真同不系舟"[③]作为自己与挚友陆继辂的共同写照，道出了碌碌营营、悲戚苦闷的人生况味。道光八年（1828），距去世仅五年的学沂踏上了最远的一次征程，也攀上了其幕僚

① 嘉庆十八年（1813），蒋学沂与陆继辂、管绳莱等共同客居洛阳，初冬时节蒋学沂前往开封，管作《赠小松并送之汴》，中有："伏剑酬知易，佣书作计轻。"《万绿草堂诗集》卷十四，光绪十二年刻本。

② 〔清〕蒋学沂：《回中晓行》，《毗陵诗录》卷五，民国十一年铅印本。

③ 〔清〕蒋学沂：《闻刘编修嗣绾请假南归次祁生韵奉寄》，《毗陵诗录》卷五。

生涯的巅峰,追随陈用光南下至闽协助其学政事务。<sup>①</sup>期间作《闽谈》一卷,是他留存至今的最后文字。

## 二、传奇《紫兰宫》与《麒麟阁》考

1936年,董绲庵将《藕湖词》排印,并附跋详述经过:

> 《藕湖词》一卷,蒋小松先生撰,向无刊本。其稿旧藏庄氏族"能惧思斋"。经屠敬山先生手校一过。……久欲付梓,而未暇。今校印《毗陵人品记》竣事,纸墨有余,遂排印五十部以贻朋旧。先生尚有《莜米山房诗文集》、《紫兰宫》、《麒麟阁》传奇,俟有机缘,当再合印。

"能惧思斋"主人即庄士敏,"向无刊本""俟有机缘,当再合印"数语说明庄氏旧藏皆为稿本。稿本年代无法确知,但既为庄士敏收藏,则可推测至迟应产生于同、光之际。《清代毗陵书目》(1944年著)与《清代毗陵名人小传稿》同为张维骧先生编纂,对清代常州文献的记录翔实而权威,其中所录《紫兰宫》与《麒麟阁》仍注明为稿本。看来,尽管董绲庵有意将这些稿本悉数付梓、促其流播,但或囿于局势,多半未能实现。庄氏藏本后下落不明。

1948年,齐如山《齐氏百舍斋戏曲存书目》发表,其中著录"《紫兰宫乐府》十二折,附《麒麟阁》八折,藕湖居士撰,钞本,一册一函",并将之归入"同光间及其他"时期版本行列。这很难不让人将之与阳湖庄氏旧藏相联系。两剧钞本或因战乱散佚,后为齐如山收藏?该年年底,齐如山仓促抵

---

① 按:陈用光(1768—1835),字硕士,一字实思。江西新城人。嘉庆六年进士,官至礼部左侍郎,提督福建、浙江学政。工古文辞,著有《太乙舟文集》《祝被录》,并传于世。 另,判断蒋学沂入时任福建学使陈用光幕的证据有二:一、学沂《闽谈自序》:"丙戌、丁亥之岁,客于津门……旋以忧去。兹来闽中,随学使辄车按试。"查《清代职官年表·学政年表》道光八年,陈用光任福建学使。二、陈用光《戏呈幕中诸友并索门人放卿砚云同作》中:"小松曾作平凉客,可向酒泉恣游厝。十余年梦转风轮,复向闽南觅环伯。"(《太乙舟诗集》卷四,《清代诗文集汇编》第489册,上海古籍出版社2010年版,第354页)

达台湾，其藏书则散落几处。旧藏《紫兰宫》与《麒麟阁》最终归于中国艺术研究院图书馆。该钞本为一册一函，蓝布函套，套面左侧贴白纸用正楷题签："钞本紫兰宫乐府麒麟阁传奇附"。首页为作者自序，右下方钤"高阳齐氏百舍斋存书之印"。次页首行题"紫兰宫乐府全本目录"，下为齐氏藏书标志性的篆体藏章"齐林玉世世子孙永宝用"，章左侧为作者署名"藕湖居士题词"，次则开场【蝶恋花】及各出目录。正文页首行书"紫兰宫传奇全本"，下钤"齐氏所藏戏曲小说印"。《麒麟阁》附于《紫兰宫》末，无封面，以作者自序始，次为开场页，右下方亦钤"齐氏所藏戏曲小说印"。两剧均无题词、无作者印章，或为他人手抄而成。素纸，以楷书抄写，每半页十一行。曲顶格写，每行二十三字。白字略小，降两字写，每行二十一字。该本与南京图书馆所藏钞本《菰米山房集》在版式上相同，抄自同一人的可能性极大，唯是否仅抄存一份，原本是否保留，仍然存疑。此一南一北的藏本是否即为庄氏旧藏，亦不得而知。历经变迁，现藏于中国艺术研究院图书馆中的清代钞本《紫兰宫》与《麒麟阁》，是国内公共图书馆中仅见藏本，当为海内孤本。

1.《紫兰宫》

据作者自序云"壬午冬莫，流寓京师""制剧十二出，名《紫兰宫》""凡二十余日，而后脱稿"，可以明确该剧创作于道光二年暮冬时节。结合上文所考，学沂在是年秋试中再次下第，岳父又于前一年去世，临近年关仍流寓京师，正是在此失意困顿中，"检阅乐莲裳孝廉《耳食录》二编《何生了奴》一则"，如获至宝，"喜其新异，尽脱凡径""因广其意"而制为传奇，酒酣笔快，仅二十余日完成。序中自嘲所作传奇不过"空中楼阁，影里情郎，作如是观、想当然语，不足资歌场一噱也。""莲裳"即乾嘉时期著名文人乐钧，尚未发现学沂与之有直接的交往。但学沂曾从张惠言、洪亮吉学骈文，而张、洪与乐钧为乾嘉文坛齐名的骈文大家；另外，学沂交谊深厚的陆继辂、刘嗣绾等则曾与乐钧共同赏文论经、倡和无虚日，可见学沂对乐钧的崇仰、推尊其实是其来有自的。

《紫兰宫》本事出自《耳食录·何生》，并据之敷衍一段仙侠情缘。全剧

古代戏曲研究　239

十二出:《仙谪》、《侠遇》、《却赠》、《奸构》、《兽警》、《窥真》、《刺藏》、《剑幻》、《骑媒》、《病遘》、《收剑》、《还宫》。【蝶恋花】开场云:"忙里光阴心暗数,醉剔残灯,制出鹍弦谱。一种闲情无觅处,情多只合瑶宫住。 娇凤雏莺难遣去,闲唤红儿,赌唱旗亭句。别有伤心谁与诉,头衔老被词人误。"剧叙香幻天宫紫兰仙座下的捧剑仙女惠芳、了奴奉令携神剑下凡,与书生何蔺缔结前世姻缘。何生本是宫中司花童子,以耽游误职而沦谪尘寰。在人世的何生由于耿直不阿,素为邑令臧蔼彤不喜,又被奸朋包完与魏聘暗中设计,捏造罪名致其身遭牢狱之灾。何生家奴变卖家产将其保释。何生逃难途中险遇怪兽幸得惠芳相救,了奴则暗中前往刺杀臧、包、魏三贼。惠芳因思念何生怏怏致病,了奴遣神马迎何生前来与惠芳成就姻缘。了奴往万丈崖制服狼妖,收回前被何生遗失的神剑,随行的何生以惧怕求庇护而强搂了奴,两人遂了前缘。剧终紫兰仙召三人重归仙位共享逍遥之乐。

《紫兰宫》"取裁说部,不事臆造"[1],与乐钧《耳食录》相呼应,皆为"借异类之声,大谈人间得不到的真性情"从而消解人生的失意[2]。就其创作缘起、取材及主旨等方面而论,均体现出了清代文人戏曲的典型特征。

2.《麒麟阁》

据学沂自叙云"李陵生降,太史公以救友被刑,古今遗恨,志士流涕。向欲翻演为传奇,未暇也",可知《麒麟阁》的创作与一时兴起而作《紫兰宫》是截然不同的,乃其夙愿萦绕于心,只因疲于生计而一直没能完成。《紫兰宫》"稿本既毕,谬为同人许可",大受鼓舞的同时或技痒难耐,于是"暇日复制此曲"。至于创作时间,学沂并未明言,不得确知,但据其自叙口吻可大致判断两剧创作间隔不长。另据学沂《龙夫人纪事》或可判断创作时间应为道光三年:道光四年春,学沂仍寓居北京,与湖南提督杨芳结识。杨芳之妻龙夫人,"娴韬略,善驭士卒,麾下兵咸信惮之",嘉庆十一年十月五郎镇兵变,时杨芳远在固原提督任所,龙夫人以智勇将之平息,其事迹为人称颂

---

① 吴梅著:《中国戏曲概论》,王卫民辑:《吴梅戏曲论文集》,中国戏剧出版社1983年版,第145页。
② 邹自振:《乐钧评传》,萧相恺主编:《中国文言小说家评传》,中州古籍出版社2004年版,第763页。

一时。事变原委，时游幕关中的学沂获悉甚详。时隔十八年，杨芳嘱托学沂将龙夫人事迹谱为传奇，学沂深感"吾辈不能置身国史，仿《列女传》为国家增色，至采录纪实，备史官征信，固儒生事也"，于事理或情理，学沂皆应欣然受命，但却终因"未暇"只能以《龙夫人纪事》一文承应。杨芳自嘉庆年间即因战功显赫，备受赏赐与擢升，道光元年起任直隶提督，道光三年方改任湖南提督，身份、地位显赫一时。而他之所以能够青睐于学沂，请其为妻子谱写传奇，则学沂在此前于戏曲创作有所成就、小有声誉则是必然的。《紫兰宫》改编自说部，为证仙缘；《麒麟阁》为太史公翻案，文心史笔慷慨激昂，学沂以度曲为人知，应与两部传奇的创作及流播有密切关系，因判断《麒麟阁》的创作应在道光三年。此后，学沂既无暇应杨芳之请，又如何能完成自己已然一再拖宕的《麒麟阁》呢？另据《开场》两支曲子：

【西江月】有限光阴短短，无边哀乐匆匆。头颅渐老笑冬烘，毕竟有谁知重。　　兴到磨墨一寸，狂来酒引千钟。荒唐休更问天公，拥效痴人说梦。

【鹧鸪天】买田无计误归耕，苦辣经尝已半生。放眼忽怜人事改，搔头顿使客心惊。　　看舞蝶，听流莺。风光渐已近清明，铜琵铁板高歌去，行乐从须写性情。

开场未安排副末或其他脚色登场，终场诗亦安排在角色悉数退场之后，云："无聊清味最难禁，枉向名场学呕心。落得自家寻快活，闲中涂抹醉中吟。""旧恨于今再补天，当场真假有疑然。三千年后重翻案，笑倒泉台班孟坚。"由此看来，开场与终场更似曲家现身，以己之口吻表达创作感想。而【鹧鸪天】中"风光渐已近清明"，应与创作时间相关，如是则可判断《麒麟阁》作于道光三年春。

虽与至今仍盛演于昆曲、京剧舞台的"秦琼戏"《麒麟阁》同名，但蒋学沂《麒麟阁》本事却是出自《汉书·李广苏建传》："甘露三年，单于始入朝。

上思股肱之美,乃图画其人于麒麟阁,法其形貌,署其官爵姓名。"以汉宣帝所表彰"麒麟阁十一功臣"中未有李广、李陵,而重新结撰,将李广补入麒麟阁功臣行列,为李陵封侯,为司马迁洗冤。而其创作旨意,在《自序》中有所交代:"关壮缪之克复许都,葛武侯之功成归隐,南霁云之生灭贺兰,岳武穆之直抵黄龙,陆秀夫之崖山奏捷,皆人心必然之事。"将李陵、李广与关羽、诸葛亮、南霁云、岳飞、陆秀夫等并举,着力推崇这些历史上事功卓著者,其意旨似与追求"立言"的文人相异。而欲于创作中宣泄的"遗恨",其实也与岳父吴垲殉职之后,"亲族中以科第跻贵显者不乏,卒无能请于朝为先生表演功业"(《外舅吴古茨先生传》)颇有关系。

全剧八出:《佑忠》、《送别》、《奸阃》、《逃归》、《计诱》、《杀显》、《仙幻》、《赐宴》。开场诗云:"李都尉生还汉阙,飞将军补画功臣。博陆侯力除淫乱,太史公顿长须眉。"剧叙九天元女奉玉帝敕旨,命白狐化作胡妇与苏武生子,并助其立功封侯。苏武归汉后,狐女所生之子通国学就武艺,供职于管敢麾下。李陵兵败陷于敌军,虽得左贤王恩遇但一心思归报汉,卫律、李绪因忌其得宠频设计陷害。李陵趁机盗取令箭闯关,左贤王带兵追击,李广显灵助李陵逃脱。苏通国以智谋除去管敢,决计与李陵一同归汉。霍光与苏武在宣帝前奏明李陵之忠,宣帝命张安世带兵迎李陵还朝。李陵、苏通国寡难敌众之时,张安世恰好赶到,将匈奴军击退,完成归汉之举。霍光之妻显淫乱放纵,与冯殷在家私通,为霍光撞见后被杀。东方朔怜司马迁一介文人无辜受害,欲采灵药令其人道复生,后得上元夫人和麻姑所赐神丹与人参果。匈奴迫于李陵归汉,派使臣求和,贰臣卫律、李绪被械送回汉,双双被斩。司马迁终得获释洗冤,帝命追封李广,补画《麒麟阁功臣图》,李陵封侯。又在麒麟阁赐宴李陵、苏通国,司马迁、霍光、张世安与苏武陪宴。宴乐之中,群仙降临,以仙丹为司马迁补完缺陷,又以延寿人参果相赠众人。终场以"杂八人执灯",灯上书:"主圣臣贤,民安物阜,风调雨顺,海晏河清。"似有应景之意。

以西汉司马迁、李陵、李广的人生悲剧为关怀的《麒麟阁》,为翻案而作,以史为鉴,是为"写意"式的典型文人历史剧。①

3. 宜于当场的戏曲创作

十九世纪中叶之后,出现越来越多十出左右的传奇,数百年来形成的传奇与杂剧的文体规范在消解后互融,这也成了古典戏曲最后的身影。蒋学沂的这两部传奇虽然在立意上有浓厚的文人剧色彩,但在清洁布局、人物设置、语言风格上都体现出了对于文人"案头剧"的超越,具有较强的"当场性"。

首先,两剧情节紧凑、结构新奇。出与出之间衔接紧凑,不存枝蔓。《麒麟阁》在结构上的精心巧妙,尤为突出。该剧以汉宣帝朝作为叙事的时代背景,涉事人物包括苏武、李广、李陵、司马迁等历史上鼎鼎有名者,又以麒麟阁封赏功臣为全剧重要线索,可以想象演之舞台上必将对排场的宏大、壮观有着特殊的要求。对于此类具有宏大叙事的历史剧而言,如何解决剧情的连贯与场面的冷热调配之间的矛盾冲突,应该是编剧过程中的一大难题。蒋学沂仅以八出的精简篇幅来构造,将复杂变幻的情节分作苏武、李陵的各自归汉作为交错并进的两条线索分别展开,间以仙界因果照应与霍光杀妻之情节,最终以李陵封侯、赐宴麒麟阁为司马迁洗冤告终。固然,作者为了另辟蹊径、自圆其说,频频搬弄鬼神,但无论是剧中人物的身份性情,还是所处的历史境遇,无不遵从史实;虚幻结撰之处,大多能够合乎情理逻辑。剧中设计的舞台场景包括仙境、边塞、霍光府邸、麒麟阁等,出与出之间,场景的更换当极大调动观者的视觉神经。《麒麟阁》是替司马迁鸣不平的,但作为主角的司马迁却是在全剧最后一出后方才登场。其时,李陵归汉,又得封侯,实际上即是对司马迁冤情的最有力之洗刷。如此匠心独运,令人印象深刻。此外,《逃归》与《计诱》两出中,又用大量笔墨详之且细地写出打斗动作的设计与提示,《杀显》出由"风情旦"——贴扮演霍妻、小丑扮冯殷,所安排的调情戏亦具强烈的舞台观感。

---

① 孙书磊:《曲史观——中国古典史剧文人创作的中心话语》,《求是学刊》2002年第4期。

古代戏曲研究　　**243**

其次，在角色行当的设置安排上，更能看出蒋学沂对于场上矩度的熟悉。尽管情节与笔记《何生》无异，但《紫兰宫》却在脚色的安排上颇见用心与功力，比如由丑、小丑、副净分别扮演县令臧蔼彤、魏聘、包完三人，类似的脚色安排还有末演的土地神、杂扮演的狼妖等，蒋学沂在剧中将他们塑造得形神焕然。这些次要角色不仅推动了剧情的发展，调剂了场面的冷热，也为主角的换场赢得了时间，保证演出各环节的顺利衔接，而以上人物在乐钧笔记中大多仅为一笔带过。由此可见蒋学沂不愧为一位熟谙场上矩度的曲家，他并没有像其时大部分涉足作曲的文人一样只是把戏曲当成"借他人酒杯浇自己块垒"的"案头之作"。

蒋学沂曾渴望作品能够"披诸管弦，资学士大夫酒酣谭笑，兼使愚夫妇有所观"（《麒麟阁自序》），可见他绝非为了供奉案头、束之高阁而创作传奇。他在北京所寓居的"宣武坊南"，作为京城戏剧活动的中心区域，林立着歌楼戏馆，蒋学沂或许也曾从此领悟戏曲艺术场上的魅力所在，并运用到了自己的创作中。

（本文原载《戏曲艺术》2015年第2期）

# 百廿回本《红楼梦》第八十五回折子戏
# 《达摩渡江》考论

储著炎

　　一百二十回本《红楼梦》第八十五回贾府为了庆贺贾政升了工部郎中，更兼给黛玉做生日，于是上演了五出戏。第五出戏是"达摩带着徒弟过江回去，正扮出些海市蜃楼，好不热闹"。关于这出《达摩渡江》，历来颇有争议。中国艺术研究院红楼梦研究所自1982年以来发行的各版《红楼梦》校注本均认为这出戏即"明代张凤翼《祝发记》第二十四出《达摩渡江》"[①]，其他各版本的《红楼梦》校注均沿袭此说，都认为这出戏即张凤翼《祝发记》传奇第二十四折，这几乎已成学界定论；持不同意见的是《红楼梦大辞典》戏曲部分"达摩带着徒弟过江回去"条，认为这出戏"事出清代杨潮观所作杂剧《大葱岭只履西归》"，"唱念并重，较适合贾府家筵时演出"[②]。其实，不论是张凤翼的传奇《祝发记》还是杨潮观的杂剧《大葱岭只履西归》，达摩在渡江时都没有"带着徒弟"，而且也没有"海市蜃楼"的热闹搬演。对于这个问题，徐扶明先生《红楼梦与戏曲比较研究》一书在承认这出戏出自张凤翼传奇《祝发记》的同时，认为虽然"它是个独角戏，达摩并没有带着徒弟过江回去"，但这"可能是续作者高鹗另有寓意，所以就改为达摩带着徒弟过江回去"[③]。其实，结合百廿回本《红楼梦》第八十五回达摩渡江时"带着徒弟"和"海市蜃楼"的介绍及其他证据，这出《达摩渡江》既非出自明代张凤翼的传奇《祝发记》，也不是出自清代杨潮观的杂剧《大葱岭只履

---

① 中国艺术研究院红楼梦研究所校注：《红楼梦》，人民文学出版社2008年第3版，第1201页。

② 冯其庸、李希凡主编：《红楼梦大辞典》，文化艺术出版社1990年版，第664页。

③ 徐扶明著：《红楼梦与戏曲比较研究》，上海古籍出版社1984年版，第64页。

西归》，而是出自明末阮大铖的传奇《牟尼合》第二十六出《芦渡》，昆曲舞台本称"渡海"。本文即就这一问题展开相关考证与论述。

## 一、《红楼梦》达摩"渡江"戏并非出自《祝发记》或《大葱岭》

达摩是西土禅宗第二十八祖，中土禅宗初祖。关于达摩"一苇渡江"的传说故事，在《景德传灯录》、《五灯会元》等中国禅宗史料中并未见记载，但在日本曹洞宗莹山绍瑾禅师 (1264—1325) 的《传光录》中有达摩"一苇渡江"的记载。[①]传说达摩从南印度来到中国，因与梁武帝话不投机，于是北上弘法。梁武帝得志公禅师提醒，亲自率人想要追回达摩。达摩在江边折下一枝芦苇，脚踏其上，渡江而去，避地江北，来到北魏，在嵩山少林寺面壁九年，传法慧可。据《旧唐书·神秀传》记载："达摩赍衣钵航海而来，至梁，诣武帝，帝问以有为之事，达摩不说。乃之魏，隐于嵩山少林寺，遇毒而卒。其年，魏使宋云于葱岭回，见之，门徒发其墓，但有衣履而已。"[②]关于达摩的史迹，记载较早的历史文献有北魏杨衒之的《洛阳伽蓝记》以及唐初道宣的《续高僧传》，但记述简朴，且有出入，远远没有后世的记载与传说那么丰富多彩，富于传奇性。胡适先生认为，"我们剔除神话，考证史料，不能不承认达摩是一个历史的人物，但他的事迹远不如传说的那么重要"[③]。虽然对达摩的生平事迹难作定论，但达摩"一苇渡江"、"只履西归"等神话传说，通过明清小说、戏曲等通俗文艺的传播，已经成为中国家喻户晓的传奇故事。在中国古代小说、戏曲及诗词曲赋等文艺样式中所涉及的达摩事迹及典故，基本上与历史记载及民间传说相吻合，有的却是《诗经·卫风·河广》"谁谓河广，一苇杭之"诗句的化用。

---

① ［日］莹山绍瑾：《传光录》卷下，《大正藏》第82册，第376页。
② ［后晋］刘昫等撰：《旧唐书》第16册，中华书局1975年版，第5109页。
③ 胡适：《菩提达摩考》，《胡适文集》第4册，北京大学出版社1998年版，第250页。

与历史上的达摩传说相比较，《红楼梦》第八十五回达摩在渡江时多了一个徒弟，并且不是"避地江北"，而是"回去"；另外，这出戏文排场很热闹，有着"海市蜃楼"的热闹铺排。考察一百二十回本《红楼梦》各版本体系，程甲本、程乙本、东观阁本、梦稿本对于"达摩渡江"这出戏的描述均相一致，即："第五出是达摩带着徒弟过江回去，正扮出些海市蜃楼，好不热闹"，只是蒙古王府本这一回的相应文字为："第五出是达摩过江，正扮出些海市蜃楼，好不热闹。"少了"带着徒弟"与"回去"。清代吴镐《红楼梦散套》第九《釐诞》，写林黛玉生日那天，贾老太君命人在大观园摆下宴席，让家班演戏称觞。这天所演剧目也有《达摩渡江》这出戏，戏的出场就是"女乐扮达摩带徒弟捧钵上"[1]。戏中达摩同样带着徒弟，两人一起过江回去，在生角宝玉观剧后的唱词中也提到了"海蜃"。可见，《红楼梦》中的《达摩渡江》戏，与史料记载及民间传说中的达摩"一苇渡江"并不吻合，属于"新戏"。无论是百廿回本《红楼梦》，还是清代吴镐的《红楼梦散套》，都一再强调这是"新谱"的"新戏"。比较起来，明代张凤翼的传奇《祝发记》、清代杨潮观的杂剧《大葱岭只履归西》中的"达摩渡江"，达摩只是一人、"一苇"渡江，并没有带徒弟一起，更没有海市蜃楼的相关字眼，都不符合《红楼梦》对"达摩渡江"的剧情要求。

张凤翼《祝发记》传奇，乃据《南史》所载徐孝克事敷演而成，写徐孝克家境贫穷，三餐不饱，又遭侯景之乱，鬻妻养母。孝克母闻知后，责令他剃了头发，皈依沙门，一来可全夫妻之道，二来正可借此摆脱伪署官职。剧中增饰了达摩点化孝克的相关情节。此剧第十八折写达摩初见孝克，即点化他为徒，为他取名法整，并约定九月二十日招提寺前师徒再见；第二十四折写这天达摩准备与徒弟法整招提寺前相见，却被志公禅师说破他的西来密意，于是他只好临时渡江，避地江北。因一时无船可渡，达摩便在江边折下一枝芦苇，神通示幻，脚踏芦苇渡江而去，在江心偶遇王都督勤王之兵。他让王

---

[1] 阿英编：《红楼梦戏曲集》，中华书局1978年版，第458页。

都督带话给徒弟法整,孝克事迹由此得以上达朝廷,夫妻母子团聚,并得一家荣贵。此剧穿插达摩,目的是为了借达摩的神通,让离者复合,困者终亨。《祝发记》收入《古本戏曲丛刊》初集,清代《纳书楹曲谱》选录了其中的《祝发》、《渡江》两出,《缀白裘》选录有《做亲》、《败兵》、《渡江》这三出戏。与张凤翼原剧第二十四折相比较,昆曲舞台本《渡江》一折,虽有增删改编,但其剧情、唱念、科介基本与之相同,只是删去了外角王都督及丑角侯景等人的唱词与念白,并将原剧第十八折达摩出场时所唱的一支【浪淘沙】曲牌挪过来,变成了净角的独角唱功戏,达摩渡江只为避地江北,与史迹基本相符,没有带徒弟,更没有"海市蜃楼"的背景衬托与热闹敷演。

清代杨潮观的杂剧《大葱岭只履归西》,只有一折,是单折短剧,"一苇渡江"四字只是出现在达摩的开场白中①,剧作写达摩只履西归,在葱岭山顶龙潭遇魏将军宋云。作者只是将史料记载中的达摩与宋云之间的对话敷演一通。此剧虽然穿插有海中兵将、八部天龙、阴府签判、九幽鬼卒、散花天女等,但并非"海市蜃楼",而是奉命前来顶礼供养的神仙鬼怪,且是单折短剧,只有末角达摩一人主唱。昆曲界素有"七红八黑四和尚"之说,"四和尚"是昆曲净角的"四和尚"戏,即《昊天塔·五台》中的杨五郎,《虎囊弹·醉打山门》中的鲁智深,《西厢记·下书》中的惠明和尚,还有就是达摩祖师。杨潮观的这本单折短杂剧虽然也是达摩戏,但它敷演的只是达摩"只履西归"的传说,与《红楼梦》第八十五回中的《达摩渡江》戏并无关涉。

在明清时期,涉及"达摩渡江"传说的戏曲作品还有清代张中和的传奇《西来记》、无名氏的传奇《三世记》等。但这些戏曲作品,或者依照禅宗史料,据实搬演,或者凭空想象,都没有凭空虚构出达摩带徒弟一起过江,更没有过江时"海市蜃楼"的紧要关目。如《西来记》,虽然未见传本,但据《曲海总目提要》介绍,此剧是"近时人张中和撰"②,作者张中和,是曹洞宗第

---

① 〔清〕杨潮观著,胡士莹校注:《吟风阁杂剧》,上海古籍出版社1983年版,第206页。
② 董康编著:《曲海总目提要》,人民文学出版社1959年版,第1159页。

三十七传弟子,生卒年不详,所谓"近时人",恐怕与《红楼梦》的时代相距较远。并且《曲海总目提要》有此剧各折详细的剧情介绍。如此剧第十三折写达摩至金陵,因与梁武帝言语不合,知机不契,遂潜回江北,"自达磨至慧能,东土六祖事迹,俱本传灯录诸书"①。可见,剧中的"达摩渡江"与史迹相符,并不与《红楼梦》相关。另如清代无名氏的传奇《三世记》,今佚。《曲海总目提要》谓此剧"未知谁作,演王桂香三世修行前因后果,故曰三世记也"②。此剧虽然也涉及达摩,但据《曲海总目提要》介绍,此剧有三教赴会一出,稍涉达摩故事,但以降龙罗汉为达摩弟子,柳树精偷去达摩禅鞋一只,达摩遂只履西归,全是凭空杜撰,与《红楼梦》中的"达摩渡江"毫无关涉。

## 二、阮大铖《牟尼合》传奇与《红楼梦》达摩"渡江"戏

明末阮大铖的《牟尼合》传奇第二十六出《芦渡》,与《红楼梦》第八十五回对"达摩带着徒弟过江回去"这出戏的介绍相一致。《牟尼合》创作于明崇祯末年,又名《马郎侠》、《牟尼珠》、《摩尼珠》。康廷传《牟尼合题词》谓"梁武帝机缘未凑,当面错过,然折芦慈航,犹得及于子孙",所以此剧才"拈出达摩旧案,广宣牟尼新闻"③,可谓是"补恨"之"新戏"。剧中的"牟尼珠"乃达摩祖师送给梁武帝萧衍之物,代代相传,传承到其后裔萧思远手上。萧思远因奸人陷害,被迫离乡背井,妻离子散。他避祸海州,又遭强盗杀害,尸首漂浮大海之上,幸得达摩祖师垂念与梁武帝旧好,出手搭救,用返魂香将他起死回生。考虑萧思远"难限未满,未便怀归",所以达摩收他为徒,让他跟随自己在聚窟洲上修行数年。此剧第二十六出写世乱已平,萧思远难限将满,并且"还有二十年富贵功名之缘未了",所以达摩送他

---

① 董康编著:《曲海总目提要》,第1160页。
② 董康编著:《曲海总目提要》,第1961页。
③ 徐凌云、胡金望点校:《阮大铖戏曲四种》,黄山书社1993年版,第310页。

回去。这一出《芦渡》，写的正是"达摩带着徒弟过江回去"①。达摩让萧思远在江边折下一枝芦叶，抛放水中，亲自送徒弟回去，师徒二人一起"一苇渡江"。这出戏除【北粉蝶儿】一支曲牌外，【北醉春风】、【北乱柳叶】、【北上小楼】、【幺】、【北尾声】这些曲牌都在描写海市蜃楼，其中既有生角萧思远的唱念与科介，也有外角达摩的唱念与科介，排场热闹，完全符合《红楼梦》对这出戏"正在扮出些海市蜃楼，好不热闹"的介绍。《红楼梦》中的贾母最爱看热闹戏文，《红楼梦》第十九回宁府演出《丁郎寻父》等类的戏文时，"满街之人个个都赞：'好热闹戏，别人家断不能有的'"。像《祝发记》中的"达摩渡江"，既无徒弟跟从，又是以唱功见长的独角戏，自然不会热闹到哪，这与《红楼梦》的描述是不一致的。

《牟尼合》传奇第二十六出《芦渡》，昆曲舞台本又称《渡海》，不仅在明代崇祯年间、南明弘光小王朝时期勾栏争唱，而且有清一代也盛演不衰。清代乾隆十一年(1746)钦定刊刻的《九宫大成南北词宫谱》，收有《牟尼合》第二十六出【北粉蝶儿】这支曲牌的工尺谱式②，乾隆五十七年(1792)刊刻的《纳书楹曲谱》将此出归入《外集》，题作"渡海"，并在卷首《凡例》中曰："至外集所选，因向来家弦户诵，脍炙人口者，故不忍遽弃。"③据近人天柱外史氏(程演生)《皖优谱》记载，阮大铖的传奇作品"其科介排场，无不紧凑，流传至今，搬演不辍"④。《曲海总目提要》谓阮大铖的《牟尼合》传奇："因达摩尝折芦渡江，故又翻为折芦渡海也。"⑤正因为"翻为折芦渡海"，所以才有了"海市蜃楼"的热闹扮演，符合《红楼梦》这回一再交代的"新出的小戏"、"新戏"的特性。但达摩"一苇渡江"的传说早已深入人心，脍炙人口，所以观者乍看此戏，疑其上演的是达摩"一苇渡江"的传说，也就在

---

① 徐凌云、胡金望点校：《阮大铖戏曲四种》，第264—266页。
② 〔清〕周祥钰、邹金生等辑：《九宫大成南北词宫谱》，《续修四库全书》第1754册，上海古籍出版社2002年版，第218—219页。
③ 〔清〕叶堂：《纳书楹曲谱》，《续修四库全书》第1756册，第244页。
④ 天柱外史氏编著：《皖优谱》，世界书局1939年版，第5页。
⑤ 董康编著：《曲海总目提要》，第539页。

情理之中了。

  由于阮大铖曾经投靠阉党魏忠贤，后又与马士英拥立福王，成立南明小朝廷，把持朝政，党同伐异，为士君子所唾弃，但他的传奇作品不仅排场热闹，注重舞台效果，而且音调旖旎，情文宛转，很符合像贾府这样的封建豪门贵族的欣赏趣味。除《牟尼合》传奇外，阮大铖还创作有《燕子笺》、《春灯谜》、《双金榜》，合称"石巢传奇四种"，另外他还创作有《老门生》、《忠孝环》、《赐恩环》、《桃花笑》、《狮子赚》、《翠鹏图》、《井中盟》这七种传奇，可惜均未见传本。吴梅先生认为阮大铖诸作，"自以《燕子笺》最为曲折，《牟尼合》最为藻丽"①。明末张岱曾在阮大铖家观看阮氏家班演出的《春灯谜》、《牟尼合》、《燕子笺》三剧，赞叹"其串架斗笋、插科打诨、意色眼目，主人细细与之讲明。知其义味，知其指归，故咬嚼吞吐，寻味不尽。至于《十错认》之龙灯、之紫姑，《摩尼珠》之走解、之猴戏，《燕子笺》之飞燕、之舞象、之波斯进宝，纸札装束，无不尽情刻画，故其出色也愈甚"②。吴梅先生评价说："明人传奇，多喁喁儿女语。独圆海诸作，皆合歌舞为一。"③如果单就传奇创作来说，阮大铖在中国戏曲史上的地位是很高的。近代学者胡适甚至认为明代的传奇作家大多不懂得戏剧的艺术和舞台的需要，"直到明朝晚年的阮大铖和清朝初年的李渔一派，才稍稍懂得戏台的艺术"④。由于阮大铖的传奇剧本适合舞台演出，所以他的传奇剧本虽然因其背负骂名而少有刻本，却能通过舞台演出流传下来，《狗洞》(《燕子笺》第三十八出《奸遁》)这出折子戏，至今仍是昆曲舞台上的保留剧目。《牟尼合》一剧曾经"南中一时歌茵舞席，卜夜达曙，非是不欢"(文震亨《牟尼合题词》)⑤，其能在《红楼梦》中的贾府上演，并不为怪。

---

① 王卫民编：《吴梅戏曲论文集》，中国戏剧出版社1983年版，第162页。
② 〔明〕张岱：《陶庵梦忆》，上海古籍出版社1982年版，第74页。
③ 王卫民编：《吴梅戏曲论文集》，第436页。
④ 胡适：《缀白裘序》，汪协如校：《缀白裘》，中华书局1941年版。
⑤ 徐凌云、胡金望点校：《阮大铖戏曲四种》，第313页。

## 三、结　论

　　综上所述,百廿回本《红楼梦》第八十五回"达摩带着徒弟过江回去"这出戏,乃是出自明末阮大铖的《牟尼合》传奇第二十六出《芦渡》,昆曲舞台本又称《渡海》,与明代张凤翼的传奇《祝发记》、清代杨潮观的杂剧《大葱岭只履西归》等剧都无关系。从百廿回本《红楼梦》的情节架构来说,第八十五回颇为关键,可谓贾府盛衰的转捩点。在这一回中,贾政升了工部郎中,所以贾府才特意选了个好日子唱戏庆贺,恰巧这天又是黛玉生日,小说此回也一再交代"不但日子好,还是好日子"。正如这回所说:"接连着亲戚族中的人来来去去,闹闹穰穰,车马填门,貂蝉满座,真是:花到正开蜂蝶闹,月逢十足海天宽。"孰料正在上演"达摩带着徒弟过江回去"这出折子戏时,乐极哀来,薛家的人闯进来禀报薛蟠打死了人,弄得内外愕然,此后更是"悲凉之雾,遍被华林"。《红楼梦》中的戏曲剧目安排,往往暗示出一种征兆,这样便于读者预知后文。如王希廉《红楼梦回评》认为:"《蕊珠记·冥升》一出,是黛玉夭亡影子。《吃糠》是宝钗暗苦影子。达摩带徒弟过江是宝玉出家影子。"①阮大铖的《牟尼合》传奇,"正人因恶人之奸谋而陷一家离散之苦境,亦为作者寓愤慨之意者"②,贾府后来"一家离散的苦境",借助此剧的搬演,格外令人深思。《红楼梦》描绘此剧时说"正在扮出些海市蜃楼,好不热闹";在《牟尼合》第二十六出"芦渡"中,阮大铖正是浓墨重彩地刻写"海市蜃楼",让达摩对徒弟随机点化:"世上荣枯得失,人我是非,颠倒轮转,也是如此";"萧生你看一答儿蜃市空烟,九万里鹏海连天,当来再度你回头岸,请重做一回黄粱梦儿转"。《红楼梦》第八十五回之所以安排贾府上演这出《达摩渡江》,其实也是借剧中"海市蜃楼"的热闹排场,传达荣华富贵不过是黄粱一梦的人生感慨。戏中的"海市蜃楼",可以看作是贾府

---

① 朱一玄编:《红楼梦资料汇编》,南开大学出版社2012年版,第639页。
② [日]青木正儿著,王古鲁译:《中国近世戏曲史》,中华书局1954年版,第313页。

荣华将尽、骨肉离散、大厦将倾的预兆。

另外,不仅《红楼梦》中的贾府曾经上演了阮大铖的《牟尼合》传奇,而且,曹府也应该搬演过阮大铖的《牟尼合》等戏曲传奇。据《皖优谱》记载:"皖上阮氏之家伎,于天启崇祯时,名满江南。"① 阮大铖死后,曾经名满江南的阮氏家班星落云散,"优儿散入他室"②,如朱音仙进入曹府成为曹寅的家班曲师,曹寅《念奴娇·题赠曲师朱音仙》题下原注云:"朱老乃前朝阮司马进御梨园。"③ 另外,马士英之子马銮又曾为曹寅塾师。《明史》将阮大铖放在《奸臣传·马士英传》中,因为两人早年同中会试,后又沉瀣一气,命运相牵。阮大铖与马士英的奸恶形象借助孔尚任的《桃花扇》流播天下,深入人心。有人认为,《红楼梦》之所以没有提及《桃花扇》,就是因为"曹雪芹顾及父祖恩谊,不忍提及此剧"④。从这些层面考察,曹府对阮大铖的戏曲传奇应该不会陌生。如果再从曹府曾经上演过阮大铖的《牟尼合》等传奇这个角度来看,百廿回本《红楼梦》后四十回不能排除有曹雪芹原稿的成分。

(本文原载《红楼梦学刊》2015年第2辑)

---

① 天柱外史氏编著:《皖优谱》,第5页。
② 〔清〕周亮工著:《书影》,上海古籍出版社1981年版,第251页。
③ 〔清〕曹寅撰:《楝亭集·楝亭词钞》,上海古籍出版社1978年版,第610页。
④ 王宪明:《曹府不演〈红楼梦〉》,《红楼梦学刊》2000年第2辑。

# 论《牡丹亭》性心理及其生命意识的升华
## ——以蔼理士性心理学理论来观照杜柳爱情

魏远征

《牡丹亭》有着类似中国古代文化宝典般丰富的文化内涵，但爱情毫无疑问是这部传奇最核心、最动人的内容，也是这部传奇真正的价值所在。叔本华说："所有的恋爱，不管所呈现的外观是如何的神圣、灵妙，实则，它的根柢只是存在性本能之中，那是经过公认的、带有特殊使命的性本能。"[①]《牡丹亭》不只是表现古代社会的青年男女对爱情和婚姻的执著向往和追求，而且对杜丽娘和柳梦梅的性心理有着极深细精微的艺术表现，而这种性的心理在中国古代社会生活中又具有普遍性。中国古代心理学本来就不发达，对性心理的研究则更少，虽然有不少性学方面的著作，但主要是从房中术、养生之道、繁衍子嗣等实用功能的技术层面来论述的。古代生活中无处不在的性心理现象主要散见于中国古代丰富的史籍、笔记、小说、诗词、戏曲中，而没有形成专门的性心理科学知识系统和理论体系。20世纪初随着西学东渐，西方人富于理论逻辑思辨的思维方法也开始影响中国，中国学者也开始以科学的眼光来探索和思考这一问题。潘光旦先生20世纪40年代翻译的蔼理士《性心理学》一书，对性心理进行比较系统科学的研究和阐释，尤其值得我们注意的是潘氏在他的译著中大量引用中国古代正史、野史、笔记、小说等资料以论证蔼氏性心理学理论，同时也启悟人们认识这些资料中所隐含的中国古代社会生活中的性心理现象。本文试以潘氏这部译著理论来观照汤显祖的《牡丹亭》，发现20世纪的《性心理学》的科学理论在16世

---

① ［德］叔本华著，陈晓南译：《叔本华论文集》，百花文艺出版社1987年版，第126页。

纪的《牡丹亭》中就已经得到形象诗意的艺术展现;《牡丹亭》在16世纪就以文学的诗意形态呈现了20世纪《性心理学》的科学理论;透过对杜、柳性心理的分析,我发现《牡丹亭》有着不同于明代其他同类传奇的深刻意义,那就是汤显祖赋予性爱心理以灵性成长的启悟与引导内在精神生命成长的力量,性爱升华了生命意识。《牡丹亭》不仅对个体生命的自然情欲与文明习俗之间的紧张冲突所产生的复杂性心理现象,表现得淋漓尽致、深细精微、富有诗意,而且赋予性爱以神圣崇高的价值,它激活人的灵性生命,并且具有无所不至的神秘力量。

## 一　青春的白日梦

汤显祖曾说"一生四梦,得意处唯在《牡丹》",而《牡丹亭》的灵魂是《惊梦》,《惊梦》是真正的戏核。前9出是为《惊梦》作铺垫的,后40出情节发展和人物一系列行动的内在动因是《惊梦》,没有这一出就没有后来杜丽娘为了追求爱情而由生至死、又死而复活的动人故事。所以说"从第一出起,所有笔墨都是为《惊梦》一出巧作安排的。《惊梦》是全剧最亮的一颗明珠,各个情节都是围绕它而存在。无此一出,便无《牡丹亭》"[①]。而"惊梦"恰恰是性心理的重要现象。杜丽娘是在游园回房后做这个白日梦的。汤显祖对杜丽娘梦境的描写是很直露、真切而又优美的:

(睡介)(梦生介)(生持柳枝上)……小生顺路儿跟着小姐回来,怎生不见?(回看介)呀,小姐,小姐!(旦作惊起介)(想见介)(生)小生那一处不寻访小姐来,却在这里!(旦作斜视介)(生)恰好花园内,折取垂柳半枝。姐姐,你既淹通书史,可作诗以赏此柳枝乎?(旦作惊喜,欲言又止介)(背想)这生素昧平生,何因到此?(生笑介)小姐咱爱杀你哩!

---

[①] 郭汉城主编:《中国十大古典悲喜剧集》,上海文艺出版社1989年版,第457页眉批。

【山桃红】则为你如花美眷,似水流年,是答儿闲寻遍。在幽闺自怜。小姐,和你那答儿讲话去。(旦作含笑不行)(生作牵衣介)(旦低问)那边去?(生)转过这芍药阑前,紧靠着湖山石边。(旦低问)秀才,去怎的?(生低答介)和你把领扣松,衣带宽,袖梢儿揾着牙儿苫也,则待你忍耐温存一晌眠。(旦作羞)(生前抱)(旦推介)(合)是那处曾相见,相看俨然,早难道这好处相逢无一言?(生强抱旦下)①

其实梦中情境和柳梦梅的一切言行都是杜丽娘内心自我渴望的示现,是她生命深处的企望。我们注意到杜丽娘的梦有以下几个特点:1. 梦的情节过程十分完整且详细;2. 梦的情境相当具体清晰,在芍药阑前、湖山石边,很美的地方;3. 他似乎一直在寻访她;4. 他完全是陌生人;5. 他手拿柳枝,请她题诗,他显然是读书人,并且很赏识她的才华;6. 他对她既多情大胆又温存体贴,他的态度和气质是儒雅而活泼的;7. 梦中的杜丽娘惊喜、害羞,半推半就。

这个"梦"按蔼理士《性心理学》的观点正是"性的白日梦"。"一切不由旁人刺激而自发的性情绪的现象都可以叫做自动恋。"②杜丽娘是在没有现实的恋爱对象的情况下做的梦。"性爱的白日梦与贞操有相当的关系,大抵守身如玉的青年容易有白日梦"③,可见"性的白日梦"与性的欲望受到现实的压抑有密切关系。白日梦的"主要方式可以叫做'连环故事'","连环故事是男女都有的,不过女童与少女中间比较多"④。"有些白日梦的例子是富有戏剧与言情小说意味的","然后达到一个性爱紧要关头","也许只是接一个吻,也许就是性欲的满足"⑤。杜丽娘游花园回房后,在那长长的一大段内心独白中特别表现出对古代小说中女子能够"前以密约偷期,后皆

---

① 徐朔方校注:《牡丹亭》,人民文学出版社1982年版,第44—45页。
② [英]蔼理士著,潘光旦译注:《性心理学》,生活·读书·新知三联书店1987年版,第124页。
③ [英]蔼理士著,潘光旦译注:《性心理学》,第127页。
④ [英]蔼理士著,潘光旦译注:《性心理学》,第126页。
⑤ [英]蔼理士著,潘光旦译注:《性心理学》,第127页。

得成秦晋"的向往,因而她在梦境中有如此清晰完整的"连环故事"。蔼氏还指出,性梦是伴随着丰富的情感心理活动内容的,性梦的异性对象往往是陌生人①,"对象的身上要有些甚么特殊的品性才最足以打动一个人的性欲"②。梦中的"他""年可弱冠,丰姿俊妍",他虽然"不是前生爱眷,又素乏平生面",完全"素昧平生",但是却"书生可意",可意处何在?他"恰恰生生抱咱去眠",将她"玉山推倒,便日暖玉生烟",梦中的他"恨不得肉儿般团成片,逗的个日下胭脂雨上鲜",他"欢毕之时,又送我睡眠,几声'将息'","他"是如此温存!汤显祖真是从"筋节窍髓"(王思任)处写出她"幽香美满不可言"幸福感。在这个青春的白日梦中,杜丽娘潜在的情欲显然得到了满足,她享受了自我生命的甜美爱情。柳梦梅"性爱的睡梦"是《幽媾》。虽然《牡丹亭题辞》中说"仿佛晋武都守李仲文、广州冯孝将儿女事",但汤显祖显然已经把古代幽冥通婚的"人鬼恋"故事置换为"性爱的睡梦"了。在宋话本《杜丽娘慕色还魂》中的"柳梦梅"名字由来是"因母食梅而有孕",而在《牡丹亭》中则因为这个书生梦中与一美人在梅花树下幽会,醒来后才改名换字的(第二出《言怀》)。他是在花园拾画回到书房、玩味画的时候入梦的(剧中有"打睡介"的说明)。当杜丽娘的魂上场时也说"完其前梦",剧中柳梦梅梦中念诗、梦中说梦、梦中忆梦。因此《幽媾》其实是"性的睡梦"。这个梦使他体验了生命无比美妙的境界。

无论对杜丽娘"青春的白日梦"还是柳梦梅"性爱的睡梦",汤显祖以诗人的笔触描绘了性的睡梦美妙,但又没有停留于性心理层面,而是赋予它们以灵性启悟和内在精神生命成长的引导意义。在宋话本《杜丽娘慕色还魂》故事中,杜丽娘主要借此春梦而完成与柳梦梅的婚姻并最终"生两子,俱为显宦,夫贵妻荣"的圆满结局。而在《牡丹亭》中汤显祖赋予杜丽娘"惊梦"以灵性启悟意义。"惊梦"的刹那,照出她以往人生的枯寂、灰黯,那是一种昏睡、了无生趣、毫无血色的死生活!"惊梦"使她认识到除了绣

---

① [英]蔼理士著,潘光旦译注:《性心理学》,第132页。
② [英]蔼理士著,潘光旦译注:《性心理学》,第134页。

房女工、闺塾读书,生命还有另一种美妙境界,那就是她梦中的自由舒展、真爱和美!所以"惊梦"之后,她再也无法回到原来的生活轨道中去了,只能以肉体之死来求得灵魂之活了,踏上漫长艰辛的追寻旅程。这个"青春的白日梦",使她成为自己命运的主宰者,她永远摆脱了任人摆布的奴隶的命运,而完成了真正的"人"的成长。汤显祖同样赋予柳梦梅"性爱的睡梦"以灵光照见、心性开悟的意义。柳梦梅在剧中虽然秉承柳宗元之后而具有诗人的瓣香脉息、灵性天资,但毕竟"自小孤单,生就微寒",虽然"三场得手",对自己充满信心,但毕竟需要漫长的等待,"等俺梅子酸心柳皱眉、浑如醉",漫长的等待会把生命消磨成什么,这是谁也无法预知的,或许被消磨成像陈最良一样麻木空洞、灰黯、猥琐的腐儒也未可知。然而汤显祖让柳梦梅在这个缘于生命原力的"性的睡梦"中体验了少女天仙般"艳软香娇"的灵肉之美,梦中美妙至极的境界使他"惊魂化"!这使柳梦梅不可能再重复杜宝式的僵化古板、陈最良式的空洞麻木的生命之路,而使他迅速成长为敢于承担、英勇无畏、百折不挠,用杜丽娘的话说"我那信行的人儿,他穴地通天"(第48出)的英雄式人物。汤显祖让我们看到这个"性的睡梦"所激发出来的爱情的精神力量能使生命死而复活!这个青春的性梦激活了人的灵性生命,汤显祖升华了性的睡梦,赋予它完成内在自我生命成长的神圣价值。这是《牡丹亭》远远超出同时代传奇品格之处。

## 二 性爱苦闷的替代:物恋与影恋

在《牡丹亭》中,无论杜丽娘还是柳梦梅,他们都处于青春期,对异性有着强烈的渴望,虽然性别不同、出生环境不同,但他们同样承受着青春的激情在现实中难以实现的压抑和苦闷。杜丽娘没有任何与异性青年接触的可能、甚至哪怕连一点点对爱情向往之情的流露也会受到父母或老师的严厉指责和教训,这种压抑无疑是极其痛苦而难言的。如果说杜丽娘由于是官宦之家的少女才这样没有自由的话,那么作为有行动自由的男性青年柳梦梅对爱情的渴望就有自由吗？也没有，他也同样受到现实的制约，那就是一个读书人必须为自己谋求功名、取得一定的社会身份和一定的社会地位后才有可能与自己真正心爱的女子恋爱结婚，然而功名的获得又带有很多的偶然性，有种种难于预料的复杂因素，是不能完全由自己掌握的。一方面，青春的激情如此强烈地渴望异性，另一方面社会生活的现实又没有提供任何可能，于是个体生命的欲望与现实的可能性之间产生冲突，性爱只能以替代的方式来实现。在《牡丹亭》中，汤氏充分展现了这对青年男女对爱的强烈渴望而在现实中又得不到满足时，各自以各自的替代方式来满足性心理的需求。

　　首先我们来看柳梦梅。上文我们论述了《幽媾》是柳梦梅性的睡梦，但柳梦梅在进入性的睡梦之前，其实也有一个漫长而充足的性心理诱发、准备和积欲的过程，那就是《拾画》和《玩真》。"拾画"其实是写柳梦梅的"游园"。他看到的花园是"寒花绕砌，荒草成窠"（第24出《拾画》）的废园，让我们感到惊异的是，由于他潜意识里对异性的强烈渴望，他竟然恍惚中看到从空冷的秋千架上拖下少女的裙子："断烟中见水阁摧残，画船抛躲，冷秋千尚挂下裙拖。"（第24出《拾画》）正是由于这样的心理前提，才会在回房后反复玩味在花园中拾的这幅画，对着画像如痴如醉，不住的叫着"美人！美人！姐姐！姐姐"，对画像浮想联翩。《玩真》把柳梦梅对画像的迷恋状态写到了极致，是《牡丹亭》最精彩的出目之一。其实他对"画像"如痴如醉的迷恋状态，完全是对"物"的迷恋。这个偶然拾到的画像其实是柳梦梅"性爱的替代对象"。蔼理士在《性心理学》对"物恋"的性心理现象做了科学论述："一个春机发陈期前后的青年，在一度强烈的性兴奋之际，对身外的某一件事物有时候会突然感觉到极深刻的印象，而成为欲念的对象"①。"物恋"其实是"情"与"物"的关系；每一种恋物多少有它的象征的意味，"象征意义的深刻程度，当然也因人而异"，"一个恋物往往是一个人的性情的真实表现"②。正是因为个人性情的原因"使一种寻常的象征得有偌大的

---

① ［英］蔼理士著，潘光旦译注：《性心理学》，第204页。
② ［英］蔼理士著，潘光旦译注：《性心理学》，第202—204页。

教人系恋的力量"①，甚至在一段时间内成为性情绪全神贯注的对象。蔼氏指出，发生这种现象的"因素之一，是一个神经异常锐敏而通常又发育得特别早的个体，另一因素是外界种种的刺激了"②。在《牡丹亭》中，柳梦梅饱读诗书，情感丰富敏锐，丰姿俊妍，虽暂为功名羁绊，但不掩其风流浪漫的情怀。他内心涌动着对异性的强烈渴望和激情，而现实中又不可能有实际的恋爱的对象，于是对这幅"画像"浮想联翩，产生"物恋"是极为符合他的性情的。"画像"其实成为柳梦梅寄托情思、倾注爱情的象征物。

　　围绕这幅"画像"而展开的《拾画》、《玩真》情节当然渊源有自，它采自《太平广记》卷二百八十六《画工》。其实这个叫"真真"的画中美人是被青年进士赵颜苦苦呼唤才从画上走下来与他同床共枕的。这个美丽而神奇的幻想故事，当然有着"物恋"的性心理意味。汤显祖恰恰是因为看中这个故事中所隐含的意味才把它写进《牡丹亭》。在明代传奇故事中，也有这种"物恋"性心理描写，范文若的《梦花酣》在第21出中，萧斗南面对一棵桃花树念念有词，看到桃花凋谢而"哭得我似痴似呆"。完全将桃花作为自己情感倾诉的对象，日里梦中都系念着桃花。《牡丹亭》中《玩真》所表现的"物恋"性心理更为鲜明，艺术境界更高，它极为直观地表现了柳梦梅对异性渴望所达到的强度，他对着画如痴如醉的玩味、叫唤，近乎神圣的宗教招魂仪式，冥冥中产生物、神、人的交感呼应，人内在生命中无形无相的"情"借此"物"在宇宙天地间产生奇迹。在"物恋"性心理情境中，汤显祖赋予性爱以无所不至的神秘力量。

　　我们再来看杜丽娘。她在那个青春的白日梦醒来之后，对梦中情人刻骨铭心，瞒着母亲背着春香，一个人来到花园去寻梦，她渴望重温梦中美妙情境，可是花园冷寂空荡，她绝望地哭喊："明放着白日青天，猛教人抓不到梦前！"可是在什么也抓不着时，她忽然发现了一棵大梅树，梅子磊磊可爱。于是梅树成了她梦中之爱的"情感性替代"。"梅花树"成为她对梦中之情

---

① [英]蔼理士著，潘光旦译注：《性心理学》，第204页。
② [英]蔼理士著，潘光旦译注：《性心理学》，第207页。

生死以守的标志物。她对着这棵"梅树"敞开胸襟,尽情倾诉自己隐秘的欲望:"花花草草由人恋,生生死死随人愿。""梅树"成为她痴恋的替代。"梅树"作为恋爱的"物"的象征在剧情发展中不断出现:第14出《写真》中"捻青梅闲厮调",画像中的她,手捻青梅以示对梦境之难忘;第18出《诊祟》中感叹自己因"弄梅心事"而花容憔悴;第20出《闹殇》中,杜丽娘临死时对母亲说要将她葬于"梅花古洞";在第32出《冥誓》中,当柳梦梅问她"仙坟何处"时,她很安然地回答"记取太湖石梅树一株"。"梅树"使她灵魂有了附着而安定,"梅树"既是她梦中之情的替代,又是她灵魂的物质化现。梅树成为"人道交感"(第32回《冥誓》)的凭藉。而在中国古代文化中梅既是爱情的象征,又是清孤幽淡的人格境界。汤显祖将性心理的"物恋"升华为诗的意象。

《牡丹亭》中杜丽娘孤独的恋爱还有一种替代是"影恋"。杜丽娘临死之前自己给自己画的"真容"成为她由没有现实之爱到有现实之爱的重要"道具"。寻梦不得,她从此"意懒心乔",整日精神萎靡不振,茶饭不思,夜不成寐,她无论怎样自我挣扎也无法使自己重新振作。《写真》感人的原因在于淋漓尽致表现了这个少女对孤独寂寞的深深咀嚼,令人断肠。汤显祖在这里深刻展现了性的压抑对生命、对青春的戕害和毁灭的真实状态。当她揽镜自照时,不禁震惊地悲叹道:"俺往日艳冶轻盈,奈何一瘦致此!"她对镜描画自己的容貌时,那种对自己的怜爱欣赏达到了近乎病态的程度:

【雁过声】(照镜叹介)轻绡,把镜儿擘掠,笔花尖淡扫轻描。影儿啊,和你细评度,你腮斗儿恁喜谑,则待注樱桃,染柳条,渲云鬟烟菁飘萧;眉梢青末了,个中人全在秋波妙,可可的淡春山钿翠小。①

---

① 徐朔方校注:《牡丹亭》,第64页。

她对着镜中的自己自言自语,絮絮叨叨,她长久而仔细地欣赏着自己美丽的容貌:远山般的淡眉,樱桃般红润的小嘴,如云的美发,柔柳般的纤腰:"对垂杨风袅,忒苗条",她一边画一边对镜看自己,真是越看越爱,越爱越伤心,对着镜中自己的影像缠绵不已。

其实杜丽娘的这一"对镜自赏"行为有"影恋"的性心理特征。蔼氏《性心理学》中说:"'影恋'或称为'奈煞西施'现象(Narcissism),是自动恋的一种。"①"奈煞西施"是古希腊神话故事中的神,因过分爱自己而受到天神的惩罚,罚他整天坐在水边看自己的影子,死后化为水仙花。后被心理医生移用到医学学科中来,成为医学的专有名词,用来表示一种病理现象。蔼氏强调说:这种状态在女性中较为多见些,主要表现为把她性的情绪的大部分甚至全部倾泻于自我赞美的行为中,被自我赞美的活动所吞并。这种现象又被称为"自动而孤独的性现象"②。潘光旦先生在这一节内容的注释中补充论述道:"不论此影恋为镜花水月的映像,或绘制摄取的肖像,都可以用影字来概括;中国旧有的顾影自怜之说,一种最低限度的影恋原是尽人而有的心理状态,蔼氏在别处也说'这类似奈煞西施的倾向,在女子方面原有其正常的种子,而这种种子的象征便是镜子'。"③影恋其实是由于极端的孤独寂寞时用以满足自我情感需求的心理替代行为。在明代传奇中对这种"影恋"心理作艺术描绘的作家并非只有汤显祖一人,比汤显祖稍晚的范文若在他的传奇《梦花酣》第25出中,写到冯翠柳临终前也有一幕"临水自照"的情景:

(照水作惊介)呀,一个姐姐,(回头不见介)(作照水又见介)呀,元来就是俺的影儿。影!影!你一向右那里?到在荒塘逝水之间,与你相逢。【九回肠】【解三醒】俺问你春寒春冷?可知道心喜心疼?春风

---

① [英]蔼理士著,潘光旦译注:《性心理学》,第153页。
② [英]蔼理士著,潘光旦译注:《性心理学》,第154页。
③ [英]蔼理士著,潘光旦译注:《性心理学》,第178页。

无谱伤孤另,捧晴光那处婷婷。(作无语细视介)你看我亭亭独立,我看你楚楚无言,不知你是我的影,还是我是你的影(作痴介),你怜我飘来翠羽花无梗,我怜你长出仙衣水一泓、相厮映。【三学士】若不是春波儿洗朱蟾净,抵多少照孤清,白草幽扃。春波春波,俺翠柳的影,凭你活现、凭你收拾,那冰姿总比牵风荇,我生色谁悬冷画屏。影儿,影儿,俺和你絮絮叨叨,说了半晌,怎没半句回我?【急三枪】早难道田田水、喃喃絮、晶晶艳,不会解、惜惺惺。①

"临水自照"与"对镜自赏"同样都是"影恋"的性心理表现。杜丽娘对镜自照的"影恋"性心理,其实是很普遍的社会现象。潘氏对中国古代生活中的影恋现象做过研究,三十年代曾写过《冯小青》,不仅剖析冯小青的"影恋"性心理,还征引了清人乐宫谱所作的《蕊宫仙史》中写的宋代女子薛琼枝的影恋故事。其实这也是世界性普遍现象,莎士比亚的《哈姆雷特》中奥菲丽亚就是对着溪流照自己的影子而淹死的。"影恋"不仅是极端孤独寂寞的自我心理补偿和满足情感的替代,而且也是来自生命本能的自我保护性的心理行为。蔼氏在他的《性心理学》中引用弗洛伊德的观点:"每一个人,不分男女,都有一个元始的影恋倾向,人生都有保全一己性命的本能。"②《牡丹亭》的深刻在于汤显祖赋予杜丽娘对镜自照的"影恋"行为以生命意识觉醒的意味。《写真》中杜丽娘唱道:"可甚的红颜易老?论人间绝色偏不少,等把风光丢抹早"(【普天乐】)③,她由自我哀怜而怜及人间红颜易老,悲叹时光无情。这种由自怜而产生的对"时间的焦虑"其实来自人类个体生命与宇宙无限相对峙的本能焦虑。朱良志先生说:"自怜是人生的觉悟、自我警醒,由哀我,到哀人生,哀天地,哀万物,自怜中传达的不仅是现实

---

① 《古本戏曲丛刊》第十函十一册下卷,第25页。
② [英]蔼理士著,潘光旦译注:《性心理学》,第154页。
③ 徐朔方校注:《牡丹亭》,第64页。

之叹,更是宇宙之沉思。"①

《牡丹亭》之所以能够既深刻表现人类性心理,又使这种性心理升华为崇高的精神价值,是有其时代和个人原因的。首先,在思想理论层面,王阳明心学、泰州学派以及李贽"童心说"对整个明代中后期思想界的巨大影响,这股思潮的一个重要核心内容是对个体生命与道德伦理修养关系的重新思考。汤显祖无疑是明代的思想家之一,他曾在《贵生书院说》中说:"大人之学起于知生,知生则知贵,又知天下之生皆当贵重也。"②汤显祖认为"贵生"首先要"知生",即对个体生命意义和价值的自觉自明,这种"贵生"思想也渊源于先秦时代的先贤们对自然性的肉体生命的重视,所以是"大人之学"。汤显祖所贵重的"生"既依托于个体的自然生命又不限于此,认为人是自然性、个体性与社会性、精神性密切结合的存在。从重视个体自然生命出发,他认为一切人伦道德修养都必须立足于此,所以他说"吾人集义勿害生,是率性而已。"(《明复说》)③,保全人的个体的自然生命和追求精神价值、注重道德修养,都是人性的基本要求。汤显祖从王阳明心学、泰州学派以及传统儒学中汲取思想资源,形成自己的"贵生"说,并落实于他的仕途生涯和艺术创造中。所以,他的思想能够使本来极其普通的宋话本《杜丽娘慕色还魂》放射出奇异的光彩,赋予《牡丹亭》中所涉及古老故事和旧传说以新的生命。其次,由于明代中后期倡导个性解放的社会思潮、重理与尚情相激荡的时代风尚,影响了整个社会生活风尚,对自我的张扬和对感情的追逐,涌现出大量的言情作品,同时也产生大量色情作品,就小说而言出现了以《金瓶梅》为代表的大胆直露的性描写的世情小说;就戏曲而言,"十部传奇九相思"。与汤显祖同时代的作家表现爱情故事的传奇很多,前有周朝俊的《红梅记》、梅鼎祚的《玉合记》、高濂的《玉簪记》等,后有吴炳的《画中人》、范文若的《梦花酣》、孟称舜的《娇红记》等等。这些故事

---

① 朱良志著:《中国美学十五讲》,北京大学出版社2006年版,第98页。
② 徐朔方笺校:《汤显祖全集》,北京古籍出版社1999年版,第1225页。
③ 徐朔方笺校:《汤显祖全集》,第1226页。

对爱情和性心理的种种复杂状态或多或少都一定程度的表现。例如高濂的《玉簪记》第16出《叱谢》写陈妙常苦守清规已经数载，无奈尘心未尽，她在【前腔】中唱道："云堂松舍，清灯长夜，听钟儿敲断黄昏，拥被儿卧看明月。心中自思，心中自思，猛可的身如火热，直恁的睡不宁贴。"[①]在第19出《词媾》中男主人翁潘必正借陈妙常的词来揣测她的性心理："【醉太平】(生)非痴，我青灯愁绪，听黄昏钟磬，夜半寒鸡，孤衾独抱，未曾睡先愁不寐。相思，静中一念有谁知，欲火炎遍身难制。把凡心自咽，只少个萧郎同并，彩凤同骑。"[②]描写她性的渴望受到压抑的心理状态。范文若的《梦花酣》也涉及性的睡梦、物恋、影恋的性心理状态。当然由于主人翁萧斗南与三个女子发生纠葛，繁杂枝蔓的故事线索冲淡了对人物内在性心理丰富的表现，郑元勋《梦花酣题词》说"《梦花酣》与《牡丹亭》情景略同，而诡异过之"[③]。总之，明代言情作品数量之多是任何时代所无法比拟。大量言情作品的出现甚至使评点话语出现色情化倾向，出现专门从情色角度来探索《牡丹亭》、《西厢记》的评点著作。吴震生、程琼夫妇的《才子牡丹亭》就是这样的大型著作。虽然此书成书于清康熙、雍正年间，但"自晚明以降，有关性、身体、情欲、疾病的话语借助于商业出版而成为公共知识的一部分，《才子》的性诠释承其余绪"[④]。

《牡丹亭》在性心理描写达到如此深刻、细腻、真实、传神，而又不局限于此，而是赋予性爱以激活灵性生命的神圣价值，并且具有无所不至的神秘力量，达到生命意识的诗意升华境界，这是《牡丹亭》远远超出同时代同类作品的原因。

（原文载《戏曲研究》2007年第3期）

---

[①]〔明〕毛晋：《六十种曲》第三卷，中华书局1990年版，第50页。
[②]〔明〕毛晋：《六十种曲》第三卷，第53页。
[③] 吴毓华编：《中国古代戏曲序跋集》，中国戏剧出版社1990年版，第255页。
[④] 华玮主编：《汤显祖与牡丹亭》（上、下卷），"中研院"中国文哲研究所2005年版，第433页。

# 后 记

安庆师范大学地处"戏曲之乡"——安庆,这里是徽班、京剧故里,是乾嘉以来中国戏曲重镇。安庆戏曲资源丰富,现有黄梅戏、青阳腔、徽剧、傩戏、岳西高腔等十余种国家级非物质文化遗产。清代包世臣《都剧赋》云:"徽班昳丽,始自石牌。"安庆石牌古有"无石不成班"之说,随着清代四大徽班进京之后,更是享有"安庆色艺最优"的美誉,涌现出程长庚、郝天秀、杨月楼等开一代风气的宗师。

安庆还具有"黄梅戏形成剧种和发展壮大"的"中国黄梅戏码头"地理优势,这里不仅走出优秀的表演艺术家,而且孕育出精彩的地方戏——黄梅戏,与京剧、越剧、评剧、豫剧并称"中国五大戏曲剧种",湖北、香港、台湾等地都有黄梅戏演出团体,受到海内外观众的广泛欢迎。多年来涌现出严凤英、王少舫、马兰、韩再芬等著名艺术家,以及《天仙配》、《女驸马》等经典剧目,在国内外产生了较大影响。2006年,黄梅戏经国务院批准列入第一批国家级非物质文化遗产名录。

安庆师范大学作为大别山革命老区办学历史最为悠久的本科院校,是皖西南唯一冠名"大学"的高校,是全国精神文明建设先进单位、首批全国普通高校中华优秀传统文化传承基地,始终将传承发展中华优秀传统文化,服务安徽文化强省建设视为学科建设的重要任务。戏曲研究与学科建设可上溯至省立安徽大学时期,时任校长程演生著有《皖优谱》等戏曲专著,同时赵景深、冯沅君等曲学大家也都在此弘文励教,开辟了戏曲研究的先河。中华人民共和国成立后,徐凌云、胡金望等学者薪火相传,围绕古代戏曲和黄梅戏等地方戏曲展开研究,逐步形成中国语言文学学科的特色方向。

近年来，学科依托安徽省高校人文社科重点研究基地黄梅戏艺术发展研究中心、安徽省高校人文社科重点研究基地皖江历史文化研究中心、安徽省首批哲学社会科学重点实验室皖江文化数字化保护与智能处理实验室等平台，积极申报教育部重大课题攻关项目（《徽班文献资料整理与研究》）、国家社科基金项目（《明代传奇戏曲文体批评研究》）等，在《文艺研究》、《文艺理论研究》、《戏曲艺术》、《戏曲研究》、《中华戏曲》、《文化遗产》等高水平刊物发表学术论文。本论文集主要选取中国语言文学学科老中青三代学人的戏曲研究重要成果，论文涉及古代戏曲文学和理论、近现代戏剧、戏曲方言、黄梅戏艺术研究等方面，较为集中地展现了我校戏曲研究的水平，这既是进行阶段性的总结展示，又是启示新时期的方向思路。

目前，中国语言文学学科正经历关键的发展时期，作为学校博士点立项建设学科和高峰培育学科支撑学科，学科建设目标高远、任务艰巨。相信经过学院同仁的共同努力，一定能够再次展现本领域的特色优势，将学院建设成为全国戏曲研究的学术重镇。

编者

2023年8月于安庆

图书在版编目(CIP)数据

曲苑拈梅:黄梅戏与古代戏曲卷/汪超,方盛汉编.—上海:复旦大学出版社,2023.11
(敬敷求是集;安庆师范大学人文学院高峰培育学科建设丛书/汪孔丰,金松林主编;7)
ISBN 978-7-309-17064-1

Ⅰ.①曲…　Ⅱ.①汪…②方…　Ⅲ.①黄梅戏-戏曲音乐-文集　Ⅳ.①J617.554-53

中国国家版本馆 CIP 数据核字(2023)第 215790 号